21世纪经济管理新形态教材·营销学系列

Digital Marketing

数字营销

彭英 ◎ 编著

清华大学出版社
北京

内 容 简 介

本书围绕市场营销管理和数字技术两条交织的主线,紧密结合我国企业特点,系统介绍了数字营销管理的理论和方法,通过对数字生态系统和数字营销中的消费者行为、营销工具和技术的全景式描述,使读者对数字营销体系有一个清晰的认识。全书共分为十章,包括绪论、数字生态系统、数字营销中的消费者行为、数字用户画像、全渠道营销、互动营销、跨界营销、关联营销、数字营销工具和技术、数字营销伦理,每章都配置案例、复习思考题、即测即评和扩展阅读,还附赠了机器学习精准营销等实例供读者学习参考。

本书适合作为高等院校计算机通信和管理类专业本科及研究生的教材,也可作为企业管理和相关技术人员的培训和学习用书。

本书封面贴有清华大学出版社防伪标签,无标签者不得销售。
版权所有,侵权必究。侵权举报电话及邮箱:010-62782989,beiqinquan@tup.tsinghua.edu.cn

图书在版编目(CIP)数据

数字营销/彭英编著. —北京:清华大学出版社,2023.9(2025.1重印)
21世纪经济管理新形态教材. 营销学系列
ISBN 978-7-302-64575-7

Ⅰ.①数… Ⅱ.①彭… Ⅲ.①网络营销–高等学校–教材 Ⅳ.①F713.365.2

中国国家版本馆CIP数据核字(2023)第168550号

责任编辑:付潭娇
封面设计:李召霞
责任校对:王荣静
责任印制:曹婉颖

出版发行:清华大学出版社
网　　址:https://www.tup.com.cn,https://www.wqxuetang.com
地　　址:北京清华大学学研大厦A座　　邮　编:100084
社 总 机:010-83470000　　邮　购:010-62786544
投稿与读者服务:010-62776969,c-service@tup.tsinghua.edu.cn
质 量 反 馈:010-62772015,zhiliang@tup.tsinghua.edu.cn
课 件 下 载:https://www.tup.com.cn,010-83470332

印 装 者:天津安泰印刷有限公司
经　　销:全国新华书店
开　　本:185mm×260mm　　印　张:12.5　　字　数:272千字
版　　次:2023年9月第1版　　印　次:2025年1月第2次印刷
定　　价:49.00元

产品编号:098892-01

当今时代,数字经济作为发展最迅速、创新最活跃、辐射最广泛的经济活动,已经成为推动经济社会高质量发展的重要支撑和关键引擎。党的十八大以来,以习近平同志为核心的党中央深刻把握新一轮科技革命和产业变革趋势,高度重视、统筹推进数字经济发展,作出一系列重大决策部署,指引我国数字经济发展取得显著成就。

习近平总书记指出:"发展数字经济意义重大,是把握新一轮科技革命和产业变革新机遇的战略选择。""数字技术、数字经济可以推动各类资源要素快捷流动、各类市场主体加速融合,帮助市场主体重构组织模式,实现跨界发展,打破时空限制,延伸产业链条,畅通国内外经济循环。""数字经济具有高创新性、强渗透性、广覆盖性,不仅是新的经济增长点,而且是改造提升传统产业的支点,可以成为构建现代化经济体系的重要引擎。"这些重要论述,聚焦新形势、新情况,深刻揭示了数字经济的本质特征、发展规律和演进方向,科学地阐释了数字经济赋能经济社会高质量发展的重要作用,蕴含着丰富的战略思维、创新思维、辩证思维,是我们理解数字经济规律的"金钥匙"。

数字经济是我国未来经济发展的主要形式之一。"十四五"规划与2035年远景目标纲要指出,"充分发挥海量数据和丰富应用场景优势,促进数字技术与实体经济深度融合,赋能传统产业转型升级,催生新产业、新业态、新模式,壮大经济发展新引擎",是打造我国数字经济新优势,建设数字中国的重要组成部分。随着数字生态系统的构建和发展,大数据、云计算、人工智能等技术的应用正改变着传统的商业模式,给商业企业带来机遇和挑战。作为工商企业管理核心职能之一的市场营销管理,其理论和技术也受到数字业态带来的巨大影响而转型,营销人员受益于数字技术带来的生产力提高。数字营销可以通过社交媒体、在线互动等方式与消费者直接对话,收集消费者意见和反馈,及时调整产品、改进服务,帮助企业更好地满足消费者需求,进而增强品牌忠诚度和用户体验。

基于以上背景,本书围绕市场营销管理和数字技术两条交织的主线,紧密结合我国企业特点,系统介绍了数字营销管理的理论和方法,通过对数字生态系统和数字营销中的消费者行为、营销工具和技术的全景式描述,使读者对数字营销体系有一个清晰的认识。全书共分为10章:第1章,绪论;第2章,数字生态系统;第3章,数字营销中的消费者行为;第4章,数字用户画像;第5章,全渠道营销;第6章,互动营销;第7章,跨界营销;第8章,关联营销;第9章,数字营销工具和技术;第10章,数字营销伦理。每章都配置案例、复习思考题、即测即评和扩展阅读，供读者学习参考。此外，为便于读者更好地理解和掌握书中的内容和编程工具，附录分别给出了缩略语英汉对照表、客户聚类分析的 Python 编程、零售行业的关联销售数据挖掘案例以及机器学习精准营销的实例。

本教材依托南京邮电大学信息文科特色，该校工商管理专业是全国首批国家一流本科专业建设点、国家级特色专业建设点、江苏省品牌专业。非常期待本书的出版能够对更多年轻人步入职场或是对从业人员了解相关技术应用起到抛砖引玉的作用。本书可以作为高等院校计算机通信和管理类本科专业高年级学生及研究生的教材或参考书，也可作为企业经营、市场营销管理和相关技术人员的培训和学习用书。

在本书编撰过程中，笔者所参阅的文献除了参考文献所列出的一部分以外，还有大量相关分析报告、报刊文章和网络资料。在此，谨向所有使本书受益的优秀作者致以诚挚的谢意。

本书得到 2022 年南京邮电大学重点教材项目和江苏省政府留学奖学金（批准号：JS-2020-008）的资助，教材编写的部分工作内容得益于笔者主持的国家社科基金后期资助项目（批准号：19FGLB017）和江苏省社科基金后期资助项目（批准号：18HQ009）的研究成果。

本书编写工作还获得了南京邮电大学管理学院及市场营销系、海外教育学院，南京邮电大学国际电联经济和政策问题研究中心，英国格拉斯哥大学亚当斯密商学院、英国曼彻斯特大学商学院创新中心，江苏移动，江苏铁塔，江苏电信，江苏联通等单位领导和专家学者提供的建议和帮助，在此一并表示感谢。广州数说故事信息科技有限公司陆玮娜女士、中国移动通信常州分公司曹星女士、淮安洪泽区政府闫家梁先生对案例内容给出了建设性的意见，我的研究生余小莉、梁宸、吴敏、刘文婷、肖嘉乐、王宁、葛蒙妤、孙大嫒、张燕、李琦、刘宇、夏梦、李睿、王星然、王玟、鲁姝祺等同学帮助搜集和整理各章节素材，对他们的辛勤劳动表示衷心的谢意！最后，要感谢我的家人，他们对我工作一贯的理解和支持是我前行的动力。

鉴于时间和编者水平有限，书中疏漏之处在所难免，恳请同行专家、广大读者批评指正！

彭 英

2023 年 4 月

第 1 章 绪论 ······1
1.1 什么是数字营销 ······1
1.2 从传统营销到数字营销 ······2
1.3 数字营销的特点 ······7
1.4 数字营销的方法 ······10

第 2 章 数字生态系统 ······17
2.1 数字生态系统的演化 ······17
2.2 数字媒体的类型 ······20
2.3 数字社区 ······23

第 3 章 数字营销中的消费者行为 ······31
3.1 数字消费者行为特征 ······31
3.2 数字消费者购买决策过程 ······35
3.3 数字消费者网络信息行为 ······43
3.4 数字消费者行为的研究方法 ······47

第 4 章 数字用户画像 ······53
4.1 用户画像 ······53
4.2 企业画像 ······61
4.3 画像系统建设项目流程 ······66

第 5 章 全渠道营销 ······71
5.1 什么是全渠道营销 ······71
5.2 数字触点及其管理 ······72
5.3 常见的数字渠道策略 ······75

第 6 章 互动营销 ······95
6.1 互动营销概述 ······95

6.2 互动营销类型ᅟ96
6.3 互动营销策略ᅟ97

第7章 跨界营销ᅟ114
7.1 跨界营销概述ᅟ114
7.2 跨界营销类型ᅟ118
7.3 跨界营销策略ᅟ121

第8章 关联营销ᅟ130
8.1 关联营销概述ᅟ130
8.2 关联营销类型ᅟ131
8.3 关联营销策略ᅟ132

第9章 数字营销工具和技术ᅟ137
9.1 网站分析ᅟ137
9.2 社交分析ᅟ145
9.3 搜索引擎优化ᅟ153
9.4 用户体验设计ᅟ158

第10章 数字营销伦理ᅟ172
10.1 数字安全与隐私保护ᅟ172
10.2 数字营销的伦理治理ᅟ176

参考文献ᅟ182

第1章 绪 论

本章学习目标

通过本章学习,学员应该能够:
1. 掌握什么是数字营销,对数字营销有一个全面、清晰的认知;
2. 了解从传统营销到数字营销的发展历程;
3. 了解数字营销的特点以及数字营销方法。

1.1 什么是数字营销

习近平总书记指出:"数字技术正以新理念、新业态、新模式全面融入人类经济、政治、文化、社会、生态文明建设各领域和全过程,给人类生产生活带来广泛而深刻的影响。"

自从人类社会迈入信息时代以来,计算机数字技术的快速发展和广泛应用衍生出数字经济。与农业经济、工业经济以土地、劳动力和资本作为关键生产要素有所不同,数字经济最鲜明的特点就是以数据作为关键生产要素,以有效运用网络信息技术作为提升全要素生产率和优化经济结构的核心驱动力。数字经济带来一种全新的企业生态,引发了社会和经济的整体性深刻变革,日益成为全球经济发展的新动能。

根据中国国家统计局的定义,数字经济是指以数据资源作为关键生产要素、以现代信息网络作为重要载体、以信息通信技术的有效使用作为效率提升和经济结构优化的重要推动力的一系列经济活动。受益于数字经济提供的历史机遇,中国在许多领域实现跨越式发展。围绕科技新产业的数字经济基础设施,数字经济所催生出的各种新业态,成为中国经济新的重要增长点。

数字经济作为一种新型经济形态,是以云计算、大数据、人工智能、物联网、区块链、移动互联网等信息通信技术为载体,基于信息通信技术的创新与融合来驱动社会生产方式的改变和生产效率的提升。在数字经济时代,传统企业实现数字化时,财务管理、生产管理、市场营销这三大核心管理职能将蜕变为数字财务、数字生产和数字营销。

数字营销,是指借助互联网、计算机通信技术和数字交互式媒体来实现营销目标的一种营销方式,也被称为网络营销或是在线营销。从本质上讲,如果营销活动涉及数字通信,那就是数字营销。它是利用网站、社交媒体、搜索引擎和电子邮件等互联网和其他形式的数字通信促进品牌与潜在客户建立联系,配合其在线营销策略来投放广告和销售产品和服务的行为。利用数字营销的渠道将信息传达给潜在客户,并且在正确的时间和地点提供正确的报价。

在数字经济形态下，消费者高度依赖网站或线上媒体等数字手段来研究产品。数字营销可以使品牌、产品出现在消费者使用社交媒体阅读新闻、浏览博客或搜索商品信息的时候，实现消费者与企业实时在线交流，获得更多产品和服务的信息，培养品牌熟悉度。企业使用互联网上的数字技术通过手机应用程序，展示广告以及其他数字媒体对产品或服务进行营销，借助数字网络，将产品价值从生产者传递到消费者终端。

数字营销的发展改变了品牌和企业使用技术进行营销的方式。随着数字平台越来越多地纳入营销计划和日常生活中，人们也越来越多地使用数字设备来代替实体店购物，数字营销活动已变得越来越普遍。

1.2 从传统营销到数字营销

1.2.1 传统营销的发展

市场营销，英文为"Marketing"，它是一种社会交换和管理过程，在该过程中，个人或组织通过创造和与他人交换产品或服务来实现一定预期价值。市场营销是商品或服务从生产者手中移交到消费者手中的一种过程，是企业或其他组织以满足消费者需要为中心进行的一系列活动。

市场营销既是一种职能，又是组织为了自身及利益相关者的利益而创造、沟通、传播和传递客户价值，为顾客、客户、合作伙伴以及整个社会带来经济价值的活动、过程和体系。

传统营销始于以产品为中心的销售，它强调将尽可能多的产品和服务提供给尽可能多的顾客。伴随着商业企业的形成和发展，市场营销理论的产生与发展也经历了漫长的过程，不断地完善并走上成熟之路。

根据史料记载，我国古代集市起源于商、周时期。《说文》："市，买卖之所也。"《易·系辞下》："日中为市，致天下之民，聚天下之货，交易而退，各得其所。"西方管理学大师彼得·德鲁克认为，营销作为企业的自觉实践，最早起源于17世纪的日本。17世纪50年代，日本三井家族的一位成员，作为商人，在东京成立了世界上第一家现代意义上的百货商店，并为该商店制定了一系列经营规则。250年之后，世界上最大的零售百货公司西尔斯·罗巴克才提出类似的规则：公司充当顾客的采购员；为顾客设计和生产适合需要的产品；保证满意，否则原款奉还；为顾客提供丰富多样的产品，等等。

彼得·德鲁克还指出，直到19世纪中叶，市场营销才在美国国际收割机公司（International Harvester Company）产生。第一位把市场营销作为企业的核心管理职能，并把满足顾客需求当作管理的专门任务的管理者，是美国国际收割机公司的联合创始人塞卢斯·豪尔·麦考密克（Cyrus Hall McCormick）。尽管在历史书籍中，多次提到他发明了机械收割机，但事实上，他还创造了现代市场营销的基本工具，如市场调查与市场分析、市场定位、定价策略、向顾客提供零部件和各种服务、提供分期付款的信贷方式等。

随着资本主义经济的发展，到了 20 世纪初，各主要资本主义国家经过了工业革命，生产迅速发展，生产能力的增长速度超过了市场增长速度。在这种情况下，少数有远见的企业开始设立市场营销研究部门，注重在企业的经营管理过程中，研究如何推销商品和刺激需求，探索推销方法与广告方法。1911 年，柯蒂斯出版公司（Curtis Publishing Company）率先设置了市场营销的研究部门，当时这个部门被称为"商品研究部门"。

在企业经营管理实践的基础上，"市场营销"这个词组首次出现在大学开设的课程名称中。1904—1905 年，克鲁希（W. E. Kreusi）在宾夕法尼亚大学沃顿商学院（the Wharton School of Commerce and Finance）开设了"产品市场营销（The Marketing of Products）"课程。1910 年，巴特勒（Ralph Starr Butler）在威斯康星大学麦迪逊分校讲授"销售、采购和运输方法（Sales, Purchase, and Shipping Methods）"课程，后更名为"营销方法（Marketing Methods）"。1912 年，以哈格蒂（James E. Hagerty）编写的《市场营销学》为代表的市场营销学教科书相继问世，被视为市场营销学作为一门独立学科诞生的标志。但在这个阶段，市场营销学主要讲授的是商业组织的演变及各部门之间的关系、广告及其心理规律，市场营销学本身缺乏理论体系，尚处于初创时期。

1929 年，资本主义世界爆发经济危机，许多企业因产品销售困难而纷纷倒闭。幸存的一些企业则求助于市场营销学专家，寻求帮助和指导，开拓产品销售的新途径。营销理论与营销实践的进一步结合，有力地推动了市场营销理论研究的深入，促进了市场营销学理论体系的形成。但此时市场营销学理论和方法的应用范围仅限于商品流通领域。

第二次世界大战后，美国原来急剧膨胀的军事工业迅速向民用工业转移，加之第二次科技革命的发展，人类进入电气时代。资本主义生产的社会化程度大大加强，垄断组织应运而生，劳动生产率大幅度提高，市场产品供应迅速增加。同时，在高工资、高福利、高消费和缩短劳动时间等改革措施的刺激下，消费者的需求和欲望发生了很大的变化，购买产品时可选择的范围扩大。消费者虽选择面广，却并不清楚自己真正所需。企业开始有计划、有策略地制定营销方案，希望能准确且快捷地满足目标市场的欲望与需求，由此出现了从产品推销观念向以消费者需求为中心的市场营销观念的转变，现代市场营销学得以确立。其研究范围突破了流通领域，深入到生产领域和消费领域，并嵌入企业生产经营的全过程。20 世纪 50 年代中期，温德尔·斯密斯在总结西方企业市场营销实践经验的基础上，提出了市场细分理论，由此形成了现代市场营销学中"目标市场—营销组合"这一基本结构。

20 世纪 70 年代以来，新科技革命在世界范围内迅速蔓延。随着新兴技术的兴起，许多国家和地区都受益于科技革命，在这段历史时期，集成电路在全球范围内大量普及，科技产业得到了迅猛的发展。社会政治经济和人们消费观念的新变化，给市场营销学的发展带来了新的机遇和挑战。经济学、社会学、心理学、信息科学等学科的前沿内容被迅速引入市场营销学中。企业开始注重对营销活动与营销环境、营销战略决策、营销手段综合系统化的研究。20 世纪 70 年代，随着企业履行社会责任的新趋势在全球的兴起，理论界提出了社会营销观念。20世纪80年代，营销学大师菲利普·科特勒针对国际贸易保护主义的抬头，提出了大营销（Mega Marketing）理论。加拿大市场学会主席兰·戈登则提出了要把市场导向与研究竞争者的长期经营战略统一起来的竞争观念。与此同时，随着服务业的迅猛发展，出现了服务营销。进入20世纪90年代，市场营销学得到进一步发展，西方国家提出了关系营销等观念，我国学术界提出了全营销观念（营销产品全满意、营销活动全参与、营销职能全组织、营销服务全时空、营销谋略全方位和营销关系全发展）。

信息社会的到来，改变了传统市场营销的运作模式，将企业之间的市场竞争从一个物理的空间转化到一个虚拟的空间。21世纪，以互联网技术为基础的信息通信技术与市场营销资源融合在一起，在信息社会发展的催化与影响下，生成新的市场营销模式——营销虚拟化：消费者身份虚拟化，消费行为网络化；广告、调查、分销和购物结算等都通过互联网而转变为数字化行为。在20世纪工业时代创造的市场营销4Ps要素与互联网技术资源重新整合，建立起一个全球性的统一而又抽象的市场。不受空间限制的24小时网上营销，可以将产品或服务通过互联网，最直接、最快速地传递给处于世界任何一个角落的客户。商品或服务的推广不再是面对面地与客户产生交易，而是借助手机或电脑终端以及互联网在网上与客户接触；客户不再是被动地去接受商品或服务，而是利用互联网、多媒体手段主动与企业建立互动式的商业关系。数字技术正在改变我们的生活，推动社会快速向前发展。

1.2.2　数字营销的发展

数字营销是借助互联网、计算机通信技术和数字交互式媒体推广产品和服务，来实现营销目标的一种营销方式。随着数字技术的进步和数字营销工具的更新，数字营销的手段在不断拓展，数字营销的理论也在不断更新。

1971年，汤姆林森发送了世界上第一封电子邮件，虽然这封电子邮件是在两台放置在一起的电脑之间发送的，但是这一技术却成为互联网技术的一项标志性突破，并被沿用至今。随后在1990年，第一代搜索引擎雏形Archie出现，尽管最初仍依赖于低效的手动过程，但是它使商业企业能够更加有效地追踪到客户的信息，从而改变了买卖双方的关系。接下来，世界上第一笔网购订单来自名为Net Market的网站，于1994年8月11日卖出的第一件商品是，斯汀（Sting）的《十个召唤师的传奇》专辑CD，单价12.48美元，买家支付时通过数据加密软件安全地发送了信用卡号码。

随着智能终端的普及与移动互联网技术的快速发展，越来越多的数字平台出现在人们的生活中。人们更多地习惯于通过数字设备及网络平台进行消费，数字营销活动已经渗透于人类生活中的各个角落，打开手机阅读、看视频、购物、社交等，随时随地都可能看到各种各样的数字广告。数字营销被视为能够创造更深层并且具有交互关系性的顾客关系的有效方式，纵观其发展历程，可以划分为四个阶段：基于Web 1.0的单向营销、基于Web 2.0的互动营销、基于大数据的精准营销，以及基于产业共生的商业生态圈营销。

1. 数字营销1.0：基于Web 1.0的单向营销

20世纪90年代初，万维网（World Wide Web）的诞生，使因特网真正变成了触达全球的互联网，开始走进人们的生活。Web 1.0 是互联网最早版本的术语，从技术角度来说，Web 1.0 的网页是"只读的"，用户无法进行编辑，只能通过浏览器进行信息浏览或搜索信息。尽管如此，互联网仍为人类开辟了新的视野，互联网用户数量不断增长，激发了商业企业利用互联网进行营销的兴趣。在数字营销 1.0 时代，互联网内容创造由网站主导，用户没有交互权，广告以单向传播为特征，用户被动接受网站上的营销信息，主要以展示类横幅广告、弹出式广告、搜索引擎广告等为主要形式，营销的理念则是以销售产品为主要目的，市场营销工作的重点是建立知名度并为网站带来流量。

2. 数字营销 2.0：基于 Web 2.0 的互动营销

互联网的第二次迭代被称作 Web 2.0，也就是"可读写"网络。与 Web 1.0 单向信息发布的模式不同，在 Web 2.0 时代，用户不仅可以浏览，也可以自己创建内容并上传到网络。典型的代表就是以脸书、推特、微博为代表的社交媒体，用户既是网站内容的浏览者，也是网站内容的创造者或参与者。在数字营销 2.0 时代，随着社交媒体和视频网站的异军突起，企业拉近了与用户的距离，建立了全面的营销策略，实现了对数据实时监控和定期分析，因此，互联网逐步成为企业营销的重要渠道，广告主将更多的广告预算投入，从线下媒体转移到线上媒体，市场营销变得更加注重用户参与度并与客户建立关系。

3. 数字营销 3.0：基于大数据的精准营销

随着移动互联网和智能手机的迅速普及，消费者的生活方式日益信息化、数字化。由于消费者在互联网上留下的个人数据存在潜在的商业价值，因此各大互联网公司开始积累和争夺数据，催生了大数据技术在商业领域的广泛深入应用。对于传统营销来说，通常是基于市场调查的人口统计信息（如性别、年龄、职业等）以及用户主观感受（如个人喜好、价值取向等），来判断和预测消费者的需求、购买力和购买的可能性，从而帮助企业细分市场、确立目标市场和定位产品。而以大数据技术应用为特征的数字营销 3.0 时代，使收集和分析用户搜索、浏览、点击、购买和共享等数据变得可行，基于这些海量数据的"用户画像"帮助企业精准了解用户的需求和偏好，甚至可以做到比消费者更了解他们自己，从而使市场营销活动更加集中和高效，使品牌得到充分有效的展示。

4. 数字营销 4.0：基于产业共生的商业生态圈营销

近年来，随着信息技术的不断创新，产业环境日趋演化，基于互联网构建的商业生态圈的出现，也改变了传统的商业模式。大型互联网企业通过平台建设、资源整合、兼并重组、资本运作、连锁经营等方式不断拓展商业版图的边界，如阿里系、百度系、腾讯系、小米系，等等，纷纷布局商业生态圈，实现企业运营管理创新。在数字营销 4.0 时代，市场营销更加重视商业生态圈内部企业间的协作，打破数据垄断和数据孤岛，通过生态圈内企业间数据共享、策略导流，实现产品的个性化定制、广告的定向投放、线上线下渠道的融合和消费者需求的精准锁定，生态圈内部企业同时具有竞争性和协作性，在产业发展中共同进化。

1.2.3 传统营销与数字营销的区别与联系

传统营销是一种交易营销，强调将尽可能多的产品和服务提供给尽可能多的顾客。虽然传统营销和数字化营销都是针对消费者现实和潜在的需求而开展的营销活动，其营销策略的制定都围绕着产品、价格、渠道和促销等关乎企业利润的各方面因素，但是数字营销实现了将顾客需求放到与企业利润同等重要的地位上，使得顾客能够真正参与整个营销过程，加强了顾客的参与性、信息对等和选择性。

对于商品的供销环节，在传统营销模式中，当制造商生产出成品后，往往要经过制造商、批发商、零售商、消费者这一链条来销售产品，过程交叠冗长，既降低了产品的实效性，也增加了运营成本。相比之下，数字营销成本更低、速度更快。

对于商品的推广媒介，传统营销主要依靠线下销售活动或传统媒介，如海报、门店、报纸等，传播范围局限性较大，成本高、粗放推广、难以衡量效果等，不利于产品推广。而数字营销主要通过互联网、电商平台、社交软件等数字渠道推广，受众群体更加广泛、高效，更具有多样性和个性化。

对于商品的推广内容，传统的营销广告，追求"品牌的金字塔"，但是这个稳定又牢固的结构并不能适应数字时代的快节奏，而数字化的内容营销，往往是讲品牌故事、做社群内容、运营电商转化、活跃私域流量等，为数字营销提供各种不同渠道的内容生产和运营。

传统营销模式满足市场个性化需求的成本过高。在通常情况下，企业降低平均成本的关键在于增加销量，而企业增加销售量的必然选择就是差异化营销，可是差异化营销又导致经营成本的提升。现代市场的产品多样化、需求个性化趋势不断加强，传统的生产制造模式为每一个顾客提供个性化产品的成本很高，所以拒绝了许多顾客对个性化产品的需求。数字营销借助互联网、大数据分析以及智能制造等技术，可以实现差异化营销与降低成本矛盾的统一。

传统营销模式满足市场需求的时间长、速度慢。现代的市场竞争是时间与速度的竞争，企业的发展和持续盈利能力主要受满足市场需求的时间和速度的制约，即确认顾客的需求、市场的机遇并把它们转化为产品和服务组合的时间和速度。传统的营销过程是先开发概念产品，然后制造样品，再试制产品，最后才是产品营销，因此满足市场需求的时间长、速度慢。而数字营销基于云计算、大数据、人工智能等信息技术，结合企业的数字化转型，做到快速识别并满足市场个性化需求。

从一定意义上讲，只要存在商品供给与需求之间的不均衡，只要存在市场竞争，企业就需要市场营销的管理职能。但是营销一定会随着市场环境的变化，特别是随着技术手段的变化而不断演化。数字营销是企业利用数字化的媒体、工具与目标人群进行互动，向其推广品牌或产品信息，从而激发目标人群的购买兴趣，并将购买兴趣转化为企业销售的过程。其中，目标人群是数字营销的起点，越了解目标人群，越能够传递精准的信息，提高营销效率。

数字营销注重效果的追踪和归因，能通过数据更好地洞察客户，这个过程是与客户双向互动的过程。另外，也是思维模式的转变，传统营销有相对成熟的理论和研究范式，而数字营销则需要探索与企业自身的业务和场景的结合，不断进行数据分析和模型迭代，这样才能达到预期的效果。

传统营销所服务的对象是卖方，就是企业方，通过传统的投放渠道和投放方式，把想要传递给客户的信息和价值传递出去，但是能不能收到有效的反馈，往往是不确定的；数字营销所服务的对象是买方，也就是客户，将传统营销的单向传播变成了交互式传播，能够更好地了解客户数字消费行为，追踪每一个步骤，然后依据客户分析，有针对性地投放，从而获得更好的结果和更有效的反馈。相信随着数字技术的持续发展，新的营销工具和手段不断涌现，必将推动数字营销的进化以及互联网商业模式的持续创新。

1.3 数字营销的特点

数字营销是数字时代一种独特的营销方式，其具有深度互动、高度精准、平台多样、服务个性化与定制化等特点，如图1-1所示。

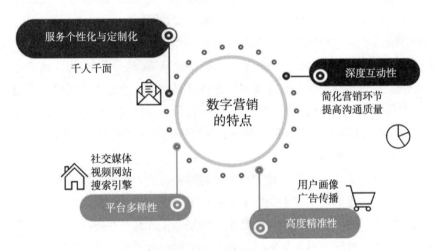

图 1-1　数字营销的特点

1.3.1　深度互动

随着数字时代的来临，数字营销彻底改变了企业市场营销的传统观念以及传统做法，现代企业由此迎来了新的发展机遇。由于数字营销的深度互动性，简化了一些传统营销的环节，有效地提高了与客户沟通的质量，在降低成本的同时提高了效率。

数字技术使信息的流动更加迅捷，并且借助互联网提供的信息服务不受时空限制，企业可以随时更新客户所需商品或服务的信息，客户也可以在任何时间上网查询其所需要的信息。这使得企业和客户能够快速交换信息，形成更深层次的互动。

企业通过互动式交流，向客户提供尽可能多的产品及相应服务，缩短了生产厂商与消费者之间的距离，弱化了中间商的作用。例如，企业可以将产品目录、公司介绍和产品规格说明书等信息都储存在网络服务器上，供客户随时查看。这种方式既可以节省印刷、包装、存储和运输费用，与纸媒相比，所有的营销材料还可以直接在网上更新，无须送回印刷厂修改。此外，企业还可以通过网络鼓励客户参与产品决策，让他们自己选择颜色、款式、包装、运输方式等，并自助下订单，从而增加客户的选择范围。在定制、销售产品的过程中，客户参与程度越高，越能提升客户满意度，增加产品的销售机会。

数字营销的互动性会越来越受到渴求信息互动的消费者的青睐，因为它能够快速及时地提供给客户各种所需信息，为消费者购买决策的制定提供帮助。

1.3.2 高度精准性

数字营销可以将来自不同渠道的商业数据整合为一体，从而打破数据孤岛，为信息的双向流动创造条件。企业除了可以获取消费者的特征及需求信息，更全面、及时、精准地构建用户数据模型以外，还可以结合营销反馈对消费者的需求进行再次分析，并对已有的营销策略进行改进，从而在后续的营销工作中实现精准化预测和精准化投放。此举有利于全面提高营销的精准性，改变传统营销的粗放推广模式。

数字营销可以实时追踪用户信息和数字行为数据，例如网页浏览轨迹、浏览时间和浏览时长等。通过这些数据，可以直观地看出客户的消费喜好、消费行为、消费心理，以及哪些渠道的流量比较多、渠道的获客情况等。在此基础上，营销人员可以进行用户群体维度划分，绘制出不同的用户画像。同时还可以根据用户基础身份信息加上后期交互行为的协同评估，对用户价值划分，建立用户画像，区分哪些是重点客户、一般客户和潜在客户，帮助营销人员实现千人千面的营销触达。

除了建立精准的用户画像外，数字营销还能够提高广告投放的精准性，对降低企业的营销成本产生积极的影响。因缺乏数据来源和技术手段，传统营销采取的是相对粗放的营销方式，大量投放广告，营销反馈和效果却往往是差强人意，在提高企业经济效益方面所能够发挥的效力十分有限。更有甚者，企业因巨额的广告费用而影响运营资金导致身陷泥潭。通过数字营销，企业可以改变这一状况。借助大数据分析、人工智能等新技术，基于客户所处情境对之进行针对性的广告投放，立足于客户的消费心理引导客户购物。企业除了要分析客户的需求以外，还需要对客户的消费情景进行科学甄别，例如可以通过分析客户IP地址了解其所处的环境，增加广告推送的灵活性和针对性。与此同时，广告推送需要考虑多方面因素，要选择恰当的时间投放恰当的广告内容，避免引起不良后果。

1.3.3 平台多样性

随着数字生活空间的普及，全球的消费者信息总量呈现爆炸式增长。数字营销的基础和源泉是承载着消费者网络信息行为的海量数据。这些用户数据来源通常是多样化的，多平台的数据采集可以使企业对消费者数字行为的刻画更加全面而准确，它包含互联网、移动互联网、广电网、智能电视、社交媒体（如微博、微信、抖音、小红书等）、搜索引擎、电子广告、旗帜广告、户外智能屏、可穿戴设备等智能终端、电商交易平台等。

企业在营销传播的过程中，需要关注每一类营销传播的主体和接触点，积极构建全方位的营销传播平台，从而打造品牌独有的信息传播生态系统。借助互联网络，企业将不同的传播营销活动进行统一设计规划和协调实施，避免因不同传播的不一致性而产生的消极影响。

数字营销正以"技术+数据"双轮驱动，对传统营销进行在线化和智能化改造，进而帮助企业构建消费者全渠道触达、精准互动和交易的数字化营销平台。数字营销的本质是借助数据与算法，利用营销资源，依靠实时数据跟踪，实现营销由粗放向集约发展；依靠数据中台的强大连接能力，实现渠道从单一向多元发展；内容策划和投放借助数据算法进行预测，由经验决策变为智能决策，最终帮助企业提高营销效率，使营销资源利用更高效，推广费用更合理。

1.3.4 服务个性化与定制化

移动数字时代的快速到来，使用户获取信息的渠道和花费时间越来越碎片化。移动互联网具有不受空间和时间限制的特性，这对数字营销来说，既是挑战，也是新的发展机遇。

服务个性化、定制化是伴随着移动互联网技术和数字化营销工具的发展而出现的数字营销特征。正是因为这一特征的存在，数字营销才会更有针对性。不同的用户有不同的需求，不同的用户有不同的侧重点。通过数字营销，企业可以快速了解用户的需求，并根据需求展开个性化或者有针对性的服务。这样，不仅提高了营销的准确性，也提高了客户的满意度。

数字营销不仅可以按照客户的需要提供个性化的产品，还可跟踪每个客户的消费习惯和喜好，推荐相关产品。与传统营销相比，数字营销是一种低成本、人性化的营销方式，体现出其特有的竞争优势。当前的数字营销服务需要"千人千面"，将每一位顾客都视为一个单独的细分市场，从顾客需要出发，与每一位顾客建立良好关系，根据个人的特定需求来进行市场营销组合，并为其开展差异性服务，实施一对一的营销，最大程度满足用户的个性化需求，实现市场的快速形成和裂变发展。

在移动数字时代，品牌体验式消费、个性化消费正成为消费升级趋势，消费者都渴望被理解、被关注，他们的消费心理需求会直接体现在所选择使用的产品或服务中。个性化和定制化，让企业提供的产品或服务更贴近用户的使用习惯，并能够兼顾产品设计的本质和精髓。服务的个性化和定制化，是构建更深层关系并最终保持客户忠诚度的有力途径。

数字营销通过建立和管理比较完整的顾客数据库，向企业的研发、生产、销售和服务等部门和人员提供全面的、个性化的信息，以便理解顾客的期望、态度和行为。在这个网络平台上，企业能够了解每一位消费者的要求并迅速给予答复，在生产产品时就对其进行定制。企业根据网上顾客在需求上存在的差异，将信息或服务化整为零或提供定时定量服务，顾客根据自己的喜好去选择和组合，形成"一对一"营销。例如，摩托罗拉的销售员携带笔记本电脑，根据顾客设计要求定制移动电话；该设计通过网络转送至工厂，在17分钟内开始生产，两个小时后，顾客设计的产品就生产出来了。

基于以上特点，数字营销具有许多前所未有的竞争优势：能够将产品说明、促销、客户意见调查、广告、公共关系、客户服务等各种营销活动整合在一起，进行一对一的沟通，真正达到营销组合所追求的综合效果。这些营销活动不受时间与地理空间的限制，综合运用文字、声音、影像、视听等载体，以动态或静态的方式呈现，并能方便快捷地更新资料，同时，消费者也可以无限重复地上线浏览查询资料。数字营销的这些功能，相当于创造了无数的经销商与业务代表，彻底改变了商业企业的传统营销模式。

1.4 数字营销的方法

下面介绍一些常见的数字营销的方法。

1.4.1 搜索引擎营销

搜索引擎营销（Search Engine Marketing，SEM），简单来说，就是基于搜索引擎平台的网络营销，利用人们对搜索引擎的依赖和使用习惯，在人们检索信息的时候将信息传递给目标用户，因此具有精准度高、交互性强、成本低、覆盖面广等特点。搜索引擎营销的基本思想是让用户发现信息，并通过搜索引擎搜索点击进入网站/网页进一步了解所需要的信息。企业通过搜索引擎付费推广，让用户可以直接与公司客服进行交流、了解、实现交易。

一般认为，搜索引擎优化设计主要目标有两个层次：被搜索引擎收录、在搜索结果中排名靠前。搜索引擎营销所做的就是以最小的投入，在搜索引擎中获最大的访问量并产生商业价值。但从实际情况来看，仅仅做到被搜索引擎收录并且在搜索结果中排名靠前还很不够，因为取得这样的效果并不一定能增加用户的点击率，更不能保证将访问者转化为顾客或者潜在顾客，因此只能说是搜索引擎营销策略中两个最基本的目标。

根据搜索引擎推广的原理，需要有五个基本要素：信息源（网页）、搜索引擎信息索引数据库、用户的检索行为和检索结果、用户对检索结果的分析判断、对选中检索结果的点击。对这些要素以及搜索引擎推广信息传递过程的研究和有效实现，就构成了搜索引擎推广的基本任务和内容。搜索引擎的作用具体表现在：网站推广工具、网络品牌传播渠道、产品网络推广工具、网上市场调研工具、网站优化检测工具以及竞争对手制造网络推广壁垒等。

搜索引擎营销的方法包括 SEO、付费排名、精准广告以及付费收录等。SEO（Search Engine Optimization，搜索引擎优化），是一种利用搜索引擎的搜索规则来提高目的网站在有关搜索引擎内的排名的方式。SEO 的目的是：为网站提供生态式的自我营销解决方案，让网站在行业内占据领先地位，从而获得品牌收益。SEO 可分为站外 SEO 和站内 SEO 两种。网站 SEO 的任务主要是认识与了解其他搜索引擎怎样紧抓网页、怎样索引、怎样确定搜索关键词等相关技术后，以此优化本网页内容，确保能够与用户浏览习惯相符，并且在不影响消费者体验前提下使其搜索引擎排名得以提升，进而使该网站访问量得以提升，最终提高本网站宣传能力或者销售能力。

1.4.2 社交媒体营销

社交媒体营销（Social Media Marketing，SMM），又称为社会化媒体营销、大众弱关系营销，是指利用社会化网络、在线社区、博客、百科或者其他互联网协作平台、媒体来传播和发布资讯，从而形成的营销、销售、公共关系处理和客户关系服务维护及开拓的一种方式。一般社会化媒体营销工具包括论坛、微博、微信、博客、SNS（Social Networking Service）社区、图片和视频通过自媒体平台或者组织媒体平台进行发布和传播。社交媒体的特性不仅是利用社交网络、微博等发布信息，更重要的作用利用社交媒体平台发起与潜在用户的互动。

数字营销中的社会化媒体主要是指具有网络性质的综合站点，其主要特点是网站内容大多由用户自愿提供（User Generated Content，UGC），而用户与站点不存在直接的雇佣关系。社会化媒体的崛起是近年来互联网的一个发展趋势。无论是国外的脸书、推特，还是国内的微博、微信、抖音、B 站、快手、知乎，都极大地改变了人们的生活，将我们带入了一个社交网络的时代，给营销带来深刻变革。

社交媒体的应用改变了以往过于依赖搜索引擎的营销模式，通过社交媒体，不仅可以直接将社交媒体上的用户流量转化为企业官方网站的流量，而且可以通过企业在社交媒体上的信息吸引与服务互动来发展注册用户。常见的社交媒体营销策略包括在社交媒体档案上发布内容，与粉丝互动，以及投放广告和活动。利用社交媒体平台，企业可以增加网络曝光量、提升搜索排名，吸引更多粉丝，进而推广产品和服务，建立品牌知名度，减少整体营销预算投入，带来高质量的销售机会，增加网站流量和销售额。社交媒体的属性特征使得用户在社交媒体上能够获得比搜索引擎更加全面和完善的资讯，也更容易判断合作伙伴的经验和能力，从而帮助企业吸引更多业务合作伙伴，带来更多潜在的合作机会。

社交媒体营销的周期长，传播的内容量大且形式多样，每时每刻都处在营销状态、与消费者的互动状态，强调内容性与互动技巧，需要对营销过程进行实时监测、分析、总结与管理，需要根据市场与消费者的实时反馈调整营销目标。

1.4.3 付费点击

付费点击是一种在线广告模式，由广告商支付费用。本质上，这是一种购买访问网站的机会，而不是赚取有机流量的方式。

付费点击（Pay Per Click，PPC），也称作每点付费（Cost Per Click，CPC），是一种网络广告的收费计算形式，广泛应用于搜索引擎、广告网络以及网站或博客等网络广告平台。规则是只有当用户点击广告并访问广告主的网站时，广告主才需要支付费用。付费点击引擎可以被分类为两种主要的类别："关键字"或者赞助者匹配以及"内容匹配"。赞助者匹配显示广告主的关键字列表于搜寻引擎网站本身，而有内容匹配功能的广告显示在出版者网站、商务通讯以及电子邮件上。广告主可以竞标他们认定的目标市场对象在寻找某一种类的产品或者服务时，可能会在搜寻时输入的关键字。当使用者键入关键字查询与广告主的列表匹配或者浏览某相关内容的网页时，该广告主投放的广告就会显示。该连结被称为"赞助连结"或者"赞助广告"。它通常出现于自然或者随机结果页的侧栏（有时位于其上）、网管或博客主决定放于内容页的任何地方。企业使用付费点击模式来获得即时流量、目标和重定向受众。

此外，还有产品引擎和服务引擎。"产品"引擎让广告主提供它们数据库的"产品摘要"（feeds），当使用者搜寻某个产品时，连结到不同的广告主的相同产品将会依照广告主预标高低出现，不过它可让使用者按照价格排序并点击购买，这些引擎亦称为产品比较引擎或者价格比较引擎。"服务"引擎让广告主提供它们服务数据库的摘要，当使用者搜寻某种服务时，连结到不同的广告主的相同服务将会依照广告者预标高低出现，不过它可让使用者按照价格或其他方法排序。许多产品的付费点击拓展它们的业务到服务领域，而其他服务性搜寻引擎则针对特定的垂直市场提供增值服务。

1.4.4　电子邮件营销

电子邮件营销（Email Direct Marketing，EDM），是在用户事先许可的前提下，通过电子邮件的方式向目标用户传递价值信息的一种数字营销手段。电子邮件营销有三个基本要素：用户许可、电子邮件传递信息、信息对用户有价值。三个要素缺少一个，都不能称之为有效的电子邮件营销。电子邮件营销是利用电子邮件与受众客户进行商业交流的一种直接的数字营销形式，包括向潜在客户发送电子邮件，以推广产品或服务，还可以改善与现有客户的关系、让客户了解情况或接触潜在客户。

电子邮件营销具有以下特点。范围广，可以在很短的时间内向数千万目标用户发布广告信息，营销范围可以是中国全境乃至全球；操作简单、效率高，使用专业邮件群发软件，单机可实现每天数百万封的发信速度，操作简单，不需要繁锁的制作及发送过程，发送上亿封的广告邮件一般几个工作日内便可完成；成本低廉，电子邮件营销是一种低成本的营销方式，所有的费用支出就是上网费，成本比传统广告形式低得多；应用范围广，广告内容丰富多彩，适合各行各业，广告的载体就是电子邮件，具有信息量大、保存期长等特点，收藏和传阅非常简单方便；针对性强、反馈率高，电子邮件本身具有定向性，可以针对某一特定的人群发送特定的广告邮件，根据需要按行业或地域等进行分类，然后针对目标客户进行广告邮件群发，使宣传目标明确、一步到位。

相比其他数字营销手段，电子邮件营销见效迅速。搜索引擎优化往往需要几个月，甚至几年的努力，才能充分发挥效果；博客营销则需要时间以及大量的文章积累；社交媒体营销需要花时间参与社区活动，建立广泛关系网。而电子邮件营销只要有邮件数据库在手，发送邮件后，几小时之内就会看到效果，产生订单。许可式电子邮件营销的对象是最精准、最有可能转化为付费客户的一群人,在经过几封邮件的联系后,只要发送的信息对用户有帮助,他们就能变成一群忠实的订阅者。能数年保持与同一个订户的固定联系,在当今的互联网上是十分难能可贵的。以这种方式建立的强烈信任和品牌价值,很少有其他营销方式能够匹敌。网站有任何新产品,或有打折促销活动,都能及时传达给这批长期订户,销售转化率也比随机来到网站的用户高得多。

1.4.5 联盟营销

联盟营销(Affiliate Marketing),通常是指网络联盟营销,也称联属网络营销,是一种按营销效果付费的数字营销方式,即广告主(在网上销售或宣传自己产品和服务的厂商)利用联盟营销机构提供的网站联盟服务,拓展其线上及线下业务,扩大销售空间和销售渠道,并按照营销实际效果支付费用的营销模式。

联盟营销的三个基本要素包括广告主、联盟会员和联盟营销平台。广告主按照联盟营销的实际效果(如销售额、引导数、点击数等)向联盟会员支付合理的广告费用,节约营销开支,提高营销质量。联盟会员则通过网络联盟营销管理平台选择合适的广告主,并通过播放广告主广告提高收益,同时节约大量的联盟营销销售费用,轻松地把网站访问量变成收益。

根据广告主给联盟会员的回报支付方式,联盟营销可以分为三种形式:按点击数付费(Cost-Per-Click,CPC),网络联盟营销管理平台记录每个客人在联盟会员网站上点击到广告主网站的文字、图片或者 Email 的链接次数,广告主按每个点击多少钱的方式支付广告费;按引导数付费(Cost-Per-Lead,CPL),也称为按获客数付费(Cost-Per-Acquisition,CPA),访问者通过联盟会员的链接进入广告主网站后,如果填写并提交了某个表单,管理系统就会产生一个对应给这个联盟会员的引导(Lead)记录,广告主按引导记录数给会员付费;按销售额付费(Cost-Per-Sale,CPS),广告主只在联盟会员的链接介绍的客人在其网站上产生了实际的购买行为后(大多数是在线支付)才给联盟会员付费,一般是设定一个佣金比例(销售额的 10%到 50%不等)。上面三种方式都属于按效果付费的营销方式,无论广告主还是联盟会员都是比较容易接受的。由于网站的自动化流程越来越完善,在线支付系统也越来越成熟,越来越多的联盟网络营销系统采用按销售额付费的方法,这种方法对广告主来说是一种零风险的广告分销方式,他们也愿意设定比较高的佣金比例,因此被越来越多地采用。

1.4.6 内容营销

内容营销(Content Marketing),是指企业通过创建和分享有价值的内容来吸引客户,并以图片、文字、动画等介质传达有关企业的相关内容,使客户获得信息、了解信息、并促进信息交流,从而促成销售的营销活动。数字营销中的内容营销,其表现形式包括软文、新闻稿、音频、播客、博客、白皮书、音乐、动画、图片、信息图、在线教学或电视广播、幻灯片、视频、研讨会、App、游戏等。品牌方所发布的内容并不会直接促成销售行为,而是通过持续不断地为消费者提供满足其各类需求的优质内容,逐渐与消费者建立深层次的情感、信任关系,从而最终达成其营销目的。

在内容营销中,其内容的组织策略包括:热点性内容、时效性内容、即时性内容、持续性内容、方案性内容、实战性内容、促销性内容。

热点性内容即某段时间内搜索量迅速提高,人气关注度节节攀升。合理利用热门事件能够在短时间内为网站创造流量,热点性内容根据自身网站权重而定,了解竞争力大小,以及是否符合网站主题;时效性内容是指在特定的某段时间内具有最高价值的内容,时效性内容越来越被营销者所重视,并且逐渐加以利用使其效益最大化,营销者利用时效性创造有价值的内容展现给用户;即时性内容是指内容充分展现当下所出现的事物,策略上一定要做到及时有效,第一时间完成内容写作,无论是软文投稿还是搜索引擎,其排名效果和带来的流量都远远大于转载或相同类型的文章;持续性内容是指内容含金量不随时间的变化而变化,无论在哪个时间段,持续性内容都不受时效性限制,持续性内容带来的价值是连续持久的,内容时间越长久,获得的排名效果越好;方案性内容即具有一定逻辑、符合营销策略的内容,方案的制定需要考虑很多因素,其中包括受众人群的定位、目标的把握、主题的确定、营销平台、预期效果等,这些因素往往是通过市场调查、数据分析并且依赖经验;实战性内容是指通过不断实践在实战过程中积累的丰富经验而产生的内容,实战性内容能够获得更多用户的关注,因为这是真正的分享经验;促销性内容即在特定时间内进行促销活动产生的营销内容,主要把握在节日前后利用消费者需求心理而制定的方案内容,促销性内容往往能使企业更加快速促销产品,提升企业形象。

1.4.7　问答营销

问答营销(Q&A Marketing)属于互动式数字营销方式,是指企业遵守问答站点(如百度,天涯社区,知乎等)的发问或回答规则,巧妙地运用软文,让自己的产品或服务植入问答的内容里面,达到第三方口碑效应。该营销方式既能与潜在消费者产生互动,又能植入商家广告,是做品牌口碑、互动营销较优的方式之一。

问答营销选取的是一个可以令信息迅速扩张的平台,这个平台人气较旺、话题新颖、争议性强、具有时代感,可以全方位展示产品或者服务信息,与客户零距离接触。

问答营销的表现形式,是以问和答的方式,达成营销的最终目的。常见的问答营销方式一般是一问一答,就像人们对话一样。不过大多数问答平台都是一问多答,比如百度知道,新浪爱问,腾讯搜搜等。问答营销的最终方式是引起争论,同时可控制引导争论的方向,在争论过程中达到商家的营销目的。问答营销也包括评论营销等变相问答方式营销。常见的问答营销操作方式如下。

开放问答:开放类的问答有很多,比如,知道、问问、论坛、文章评论等,这里的提问一般是不需要审核的,但是评论和回答是需要审核的。体现了问答营销可控制性的特点。

事件问答:针对事件问答,例如某个平台要测试平台的受欢迎度,会用其他的方式通知用户,让用户来参与回答和评论。

娱乐评论：娱乐项目是容易吸引人们的注意力并引起广泛讨论的一种方式，如果想针对娱乐事件营销，就应该选择热点事件，将相关内容植入评论中，例如"赶驴"事件讨论。

促销评论：商家在进行促销活动的时候都会进行调查，包括网络调查，在调查中以评论和问答的形式达到具有针对性、完整性的促销效果。

短信问答、传真问答、邮件问答和媒体代发，也是常见的问答营销方式。

1.4.8 短视频营销

短视频是一种互联网内容传播方式，一般指在互联网新媒体平台上播放的、适合在移动状态和短时休闲状态下观看的、高频推送的短片视频，时长从几秒到几分钟不等。内容融合了技能分享、幽默搞怪、时尚潮流、社会热点、街头采访、公益教育、广告创意、商业定制等主题。由于内容较短，可以单独成片，也可以成为系列栏目。随着移动互联网的发展，短平快的大流量传播内容逐渐获得各大平台、粉丝和资本的青睐，视频行业崛起一批优质 UGC 内容制作者，抖音、微博、秒拍、快手、今日头条纷纷入局短视频行业，募集一批优秀的内容制作团队入驻。

不同于微电影和直播，短视频制作并没有像微电影一样具有特定的表达形式和团队配置要求，具有生产流程简单、制作门槛低、参与性强等特点，比直播更具有传播价值，超短的制作周期和趣味化的内容，对短视频制作团队的文案以及策划功底有着一定的挑战。优秀的短视频制作团队通常依托于成熟运营的自媒体或网红，除了高频稳定的内容输出外，也有强大的粉丝渠道。短视频的出现，丰富了新媒体原生广告的形式。

除了以上介绍的数字营销方法，还有社群营销、病毒营销、漂流瓶发送、自媒体营销、手机 App、H5 活动等多种类型的技术手段，帮助企业在数字时代提高品牌知名度、吸引潜在客户、增加销售额、提高客户留存率和提高客户满意度，有效达成营销目标。

京东云优加驱动品牌数智增长

2023 年 3 月 22 日，京东云发布开放数智平台"优加"。该平台定位于全场景、全渠道、一体化，不仅融合京东大数据、智能算法、系统软件工具等，而且面向品牌增长提出了基于京东平台全技术能力的解决方案。

行业研究机构调查显示，中国有 8.55 亿数字消费者，平均每天上网时长高达 6 小时，每年通过手机购买的商品和服务价值超过十几万亿元。随之而来的是更多触达客户的机会、触点和场景。对客户深度理解和更有效沟通，是品牌增长的关键。京东云以全局统一用户洞察、全场景整合营销、全域用户运营三大能力，为品牌提供数智增长驱动力。

品牌投放，全链路整合营销。优加 Marketing 支持广告投放前后链数据的拉通。投放前，通过标签、算法综合客户需求场景，输出高价值人群；投放中，通过监测采集媒介和广告数据，快速优化广告效果；落地京东域后，结合广告点击曝光数据进行归因，最终掌握全链路数据表现，反馈给广告主。以服务飞鹤为例，通过产品人群分析、数据洞察，定制备孕人群、低龄幼儿人群等种子人群包，兼备精准度和投放量级，实现京东店铺新客占比达 58%，京东母婴 Ta 浓度由 30%增加到 70%。

交互营销，线上线下融合与转化。基于京东在"人、货、场"等方面的洞察优势，围绕品牌商关注点，选择合适的时间、地点，圈选高潜客户，通过线上随单体验、线下品牌体验站，与消费者互动，激发消费者潜在需求。

全域运营，公域、私域互相成就的商业闭环。一方面，优加 DaaS 通过数据串联和打通公域和私域，以全域数据驱动公域提效和私域的精细化，形成京东生态具有丰富的流量场景和海量用户池。另一方面，优加给予合作伙伴及品牌商更多空间，开发运营工具。在为某品牌商服务中，通过公域拉新、私域经营，实现粉丝关注量、会员总量和高质量会员数的数倍增长，持续优化体验，提升销售业绩。

全场景智能服务，提升客户体验。京东云言犀智能客服，服务 5.8 亿活跃用户，支持京东域内超 17 万商家线上服务，沉淀了覆盖全品类的电商知识图谱。言犀旗下的京小智，覆盖"售前、售中、售后"30 个智能客服应用场景，顾客挽单率高达 36%；言犀虚拟主播，帮助品牌高效实现直播间自动化运营；言犀智能外呼，通过自动优化的人工智能算法，让人群选择更精准，呼叫内容相关性更强。伊利新品营销期间，通过明星代言人打给消费者的一段语音，当天卖掉 6 万瓶，ROI 高达 4。京东云言犀人工智能平台也在加速推进产业版 Chat GPT，加速在零售、品牌增长领域落地。未来，京东云将建立更开放的合作生态，与品牌共同成长。

资料来源：https://economy.china.com/business/20002552/20230322/25730528_1.html

1. 什么是数字营销？数字营销有哪些特点？
2. 试阐述数字营销的发展阶段。
3. 常见的数字营销方法有哪些？

营销科技（MarTech）
构建数字营销体系

即测即练
自学自测

扫描此码

扩展阅读

第2章 数字生态系统

本章学习目标

通过本章学习，学员应该能够：
1. 掌握数字生态系统的内涵及其演化；
2. 了解数字媒体的类型；
3. 掌握数字社区及其构成。

2.1 数字生态系统的演化

2.1.1 数字生态系统的内涵

早在古代，中国的哲学家就阐发了"天地与我并生，而万物与我为一"（《庄子·齐物论》）的重要生态哲学思想，其中以老子和庄子为代表的道家学派对人与自然的关系进行了深入探讨。1935年，英国生态学家亚瑟·乔治·坦斯利爵士（Sir Arthur George Tansley）在丹麦植物学家尤金纽斯·瓦尔明（Eugenius Warming）的研究基础上，明确提出生态系统（Ecosystem）的概念。生态系统是指生产者、消费者、分解者及非生物的物质和能量之间在一定时间和空间范围内相互作用所构成的统一整体。物种与环境之间基于复杂的互动过程形成了相互作用、相互依存、共同进化的关系。1989年，德国学者 Rafael Capurro 发表论文《迈向信息生态》（Towards an Information Ecology），提出信息生态的概念，并论述了信息平衡、信息污染、信息富有社会与信息贫乏社会的数字鸿沟问题。

在信息社会，数字技术极大地提高了人们收集、存储、分析和共享信息的能力，改变了商品和知识的流动方式，产生了更加灵活、高效的组织形态——数字生态系统。大数据时代，任何地区、任何行业、任何企业乃至每个个体都必须进行数字化转型，宏观上表现为数字政府、数字经济、数字社会等不同的数字生态。可以说，数字生态是我国各个领域数字化发展的必然结果，也是指引各领域高质量发展的重要指南。

数字生态的概念，我们将其定义为：数字时代，政府、企业和个人等社会经济主体通过数字化、信息化和智能化等技术，进行连接、沟通、互动与交易等活动，形成围绕数据流动循环、相互作用的社会经济生态系统。打造理想的数字生态，是推动数字经济与实体经济深度融合的必由之路。

《中华人民共和国国民经济和社会发展第十四个五年规划和二〇三五年远景目标纲要》

指出,"营造良好数字生态,坚持放管并重,促进发展与规范管理相统一,构建数字规则体系,营造开放、健康、安全的数字生态。"它包括:建立健全数据要素市场规则;营造规范有序的政策环境;加强网络安全保护;推动构建网络空间命运共同体。

数字生态系统,是由异构的数字主体,如数字要素的提供者和使用者,及其复杂关系构成的复杂应用系统。它可以通过数字主体之间的互动,提高系统效率,促进信息共享、主体内部和主体之间的合作以及系统创新。具体而言,可以从产业生态系统、商业生态系统、平台生态系统等不同层面上体现出来。从进化路径上看,数字平台本身就可能演化为生态系统,通过构建参与者协同架构,最大限度形成资源的战略协同性。以创新平台为例,通过搭建技术模块,为创新开发者提供互补创新产品或服务,与互补者共同组成了平台主导的创新生态系统。这类数字平台往往具有三个核心特点:发挥中介效应、需求方驱动与数字技术赋能,尤其是基于数字技术分层架构带来的自生长性,为数字生态系统的形成奠定了基础。以创新为导向的数字生态体系是指促进数字创新成果应用和扩展的数字创新生态系统。它具有通过创新实现价值创造和共享的创新生态系统的基本特征,也可以理解为围绕数字形成的创新生态系统。数字生态系统具有趋同性、可扩展性、自生长性和模块化的基本特征。

趋同是指数字化能够增加新的生产要素组合或产生新的生产函数,促进原有生产要素的优化重组。随着传统实体和数字实体的深度融合,产品边界、组织边界、产业边界不再清晰,体现了数字创新的趋同性。创新的数字生态体系也有收敛性。这种新的生态系统可以促进数字技术的迭代升级和深化应用,同时推动创新发展的数字化转型。还与其他生态系统深度融合,从而改变其他生态系统行为逻辑创新导向的数字生态体系。它既能不断发展创新自身,又能作为基础生态系统进行整合应用,从而推动创新生态系统的数字化转型,促进数字技术的产生、扩散和应用。

可扩展性是指数字元素可以共享和重复使用,几乎可以零成本应用。因此,具有可扩展性的数据可以作为一种新的生产要素进入创新过程。同时,数字技术的存在使得这种低成本的投入要素带来产出水平的快速提升,使得规模的增加成为可能。产生数字化创新和可扩展创新导向的数字生态体系。在推动数字创新的应用和扩散时,也可以实现规模增加,仍然具有可扩展性。

自生长性是指数字技术的模块化和交互性,促进了创新主体之间的交流与合作,使之有效反馈数字用户和数字主体的需求,以用户需求为核心进行交互式创新和大规模定制成为可能。数字技术是动态的,自我参照的,可重新编辑的。数字创新可以不断改进和改变,具有自我成长性。数字生态系统可以高效地响应来自外部的动态需求。作为致力于推动数字创新应用和扩散的创新导向型数字生态体系,它可以通过持续,创新高效满足用户需求,实现技术创新迭代和生态系统进化升级,从而具有自我成长性。

模块化使得数字生态系统具有层次模块化的特点,系统中的元素可以分解为独立但又相互依赖的子系统,保证了系统的完整性,同时也具有很大的灵活性。以创新为导向的数字生态系统还具有模块化,这使得数字创新适用于多场景。数字生态系统可以通过虚拟现实技术扩展信息空间,因此,平台组织在支撑社会经济发展中发挥着越来越重要的作用,模块化使数字平台具有网络效应和生态系统。

今天的数字生态系统是以万物互联为基础的，并且是以数字化的形式呈现。我们能够通过手机或计算机来访问一切信息。数字生态系统蕴含了几乎所有能代表人类的一切信息，包括但不限于人们的生物特征、地理位置、文化、历史以及在世界中的位置等。数字生态系统的发展，不可避免地触发了数字创新，为传统商业领域的企业生态带来革命性的改变。

2.1.2 数字生态系统的演化

随着新兴数字技术的发展，数字治理成为新兴研究领域，而数字生态系统的治理与演化是一个重要议题。数字治理能推动产业转型升级，创新数字空间价值，变革数字治理理念，并通过数字技术赋能，重塑多方参与主体的社会关系。数字生态系统虽面临主体多元性、环境动态性和系统复杂性等挑战，但也存在政策空间、数字技术和海量数据带来的发展机遇。

一方面，数字生态系统面临挑战。首先，数字生态系统面临主体多元性挑战。"互联网+经济"下的诸多领域的平台化、网络化、数字化形成"三化叠加"，为行业生态构建、平台运营管理、服务质效感知带来影响。其次，数字生态系统面临环境动态性挑战。数字经济蓬勃发展，数字生态系统的演化不可避免地受到系统外部环境的挑战，其中政策的更迭与技术的创新是重要变化因素。最后，数字生态系统面临系统复杂性挑战，数字生态系统表现出自组织、涌现等重要的复杂系统特征。

另一方面，数字生态系统面临发展机遇。第一，充裕的政策空间是数字生态系统的保障。我国政府高度关注数字经济发展的瓶颈与困境，从中央顶层设计与地方意识响应两个层面综合建设现行政策环境；第二，海量高质数据是构建数字生态系统的基石，数据作为网络化、智能化发展情景下的重要生产元素，是数字时代的关键资源；第三，新兴数字技术是数字生态系统发展的驱动力，数字技术在一定程度上改变了现行生产方式与消费模式，催生数字经济的同时也服务于数字经济的变革与管理。

进入数字时代，数据与数字技术为各行各业数字化转型创造动力，为政府解决各类治理难题提供抓手，为建设数字中国与加快数字化进程奠定基础。要疏通数据使用和流转中的障碍，就需要数字技术对企业运营和政府治理赋能，促进数字经济健康发展。数字生态系统的演进过程是基于政企协同、政社协同，利用数字技术促进数据资源确权流通、数据隐私保护和安全管理等的过程，推动多元主体共治、平台数据开放、要素协同合作的统筹发展。数字生态系统的演进，对满足人民日益增长的美好生活需要具有积极意义，并为国家数字治理现代化提供新的支撑。其最终目标是以人为中心，而非以技术或是数据为中心，通过数字技术和数据分析及应用，更好地满足人们的需求，是数字生态系统的本质。数字化进程中，在重视用户感受的同时，还需要实现人、制度和技术的匹配和统一，促进数字经济的健康发展。

数字生态系统，从传统的单维、少量的数字主体构成，向参与主体多元、环境动态变化、系统复杂演化等多维时空发展。数字生态系统包括平台方、提供方、需求方、公共部门以及其他主体,其中提供方的资源与服务、需求方的选择与消费、公共部门的监督与管理等角色定位明确,而平台的中介性质与多元主体互动,促使主体角色增加。不同场景下,主体角色存在差异,因此,复杂场景下的多元主体角色定位还需进一步明晰。同时,网络化的特性导致平台发展具有强烈的社会性与公共性,企业平台的演化催生了交易——生态的多圈层构造,平台除去保障自身规范外,其责任边界的扩展深度与速度也需厘清。以平台为中心的多主体交互、联结过程的需求满足与价值追求呈现组合化、多元性的特点,往往表现在多元需求与价值追求之间形成难以磨合的冲突。数字生态系统演化中的数字场景日趋复杂化,利用新技术捕捉生态系统自组织演化、结构涌现、行为突变过程中的数字特征,有助于洞察其演化路径,从以下三个方面着手。

第一,多主体的结构演化路径。数字经济时代将网络空间与社会场景互联,使多方参与主体互通,多元主体通常涵盖了公私部门、群体组织、公民个体等,各方通过网络联结以优化配置信息资源并实现组织或个体的目标与愿景。数字生态系统的演化,本质上就是构成网络空间的多元数字主体以及各数字主体相互之间关系的协同进化。利用多种数字技术综合追踪、可视化主体需求及其数字信息行为,打破多方主体的数据流通壁垒,平衡多元需求与价值,实现需求匹配供给模式的精准刻画。

第二,数字技术赋能的技术演化路径。技术赋能实现主体个体行为与组织环境生态建设、公共部门行业监管与公众用户服务感知,以资源合理优化与劳动力价值化为基础,驱动新兴技术融于数字经济,形成新产品、新服务、新渠道。数据采集利用与网络迭代更新等相关技术的突破与激增,在交互与变革的过程中带动创新与赋能经济发展。数字技术赋能可以加速产业链资源的协同与共享,形成领域变革的创造性内生动力,使主体层与组织层的实体服务向虚拟智慧服务演化,推动数字生态系统的进化升级。

第三,多维体系的环境演化路径。数字生态系统的多维体系,体现在产业生态系统、商业生态系统、平台生态系统等不同层面。数字治理是以法律为前提、组织为基础、制度为保障、文化为导向,管理数据、数字技术及衍生物的过程。构成数字生态系统的主体经济行为嵌入社会结构时受到环境即政府监管和社会行为规范等的约束,因此要充分考虑各方需求,有机融合政府、社会、企业等内外部环境因素,将技术应用和数据使用等活动放在相应制度规则的监督下,解决多场景和多层面关联所带来的整体、协同、演化和突变等动态问题,塑造数字生态系统的共生、共享、共建和共治格局。

2.2 数字媒体的类型

媒体,其英文单词"media"源于拉丁文"Medius",意为"两者之间"。在中国古代,"媒"是指在男女婚嫁中起传情达意的中介作用。

媒体是传播信息的媒介。它是指人们用来传递信息与获取信息的工具、渠道、载体、中介物或技术手段,也指传送文字、声音等信息的工具和手段。可以把媒体看作实现信息从信息源传递到受信者的一切技术手段。

国际电信联盟（International Telecommunications Union，ITU）把媒体分成 5 类：

（1）感觉媒体（Perception Medium）：指直接作用于人的感觉器官，使人产生直接感觉的媒体。例如，引起听觉反应的声音，引起视觉反应的图像等。

（2）表示媒体（Representation Medium）：指传输感觉媒体的中介媒体，即用于数据交换的编码。例如，图像编码（JPEG、MPEG 等）、文本编码（ASCII 码、GB2312 等）和声音编码等。

（3）表现媒体（Presentation Medium）：又名"显示媒体"，指进行信息输入和输出的媒体。例如，键盘、鼠标、扫描仪、话筒、摄像机等为输入媒体；显示器、打印机、喇叭等为输出媒体。

（4）存储媒体（Storage Medium）：指用于存储表示媒体的物理介质。例如，硬盘、软盘、磁盘、光盘、ROM 及 RAM 等。

（5）传输媒体（Transmission Medium）：指传输表示媒体的物理介质。例如，电缆、光缆等。

通常所说的"媒体"（Media）包括其中的两点含义。一是指信息的物理载体（即存储和传递信息的实体），如书本、挂图、磁盘、光盘、磁带以及相关的播放设备等；二是指信息的表现形式（或者说传播形式），如文字、声音、图像、动画等。多媒体计算机中所说的媒体，是对后者而言，即计算机不仅能处理文字、数值之类的信息，而且还能处理声音、图形、电视图像等各种不同形式的信息。

在传媒领域，传统的四大媒体分别为：电视、广播、报纸、期刊（杂志），此外，还有户外媒体，如路牌灯箱的广告位等。随着信息技术的发展，逐渐衍生出新的媒体，他们在传统媒体的基础上发展起来，但与传统媒体又有着本质区别。数字化的出现使大量的传统媒体加入新媒体的阵营，这一改变主要呈现为媒体的技术变革，无论是内容存储的数字化，还是传播的数字化，都大幅度提升了媒介的传播效率。媒介形态也因新技术的诞生而呈现出多样化，网络电视、网络广播、电子阅读器等均将传统媒体的内容移植到了新的媒介平台上。

数字媒体，是指以二进制数的形式记录、处理、传播、获取过程的信息载体。这些载体包括数字化的文字、图形、图像、声音、视频影像和动画等感觉媒体，和表示这些感觉媒体的表示媒体（编码）等，通称为逻辑媒体，以及存储、传输、显示逻辑媒体的实物媒体。

数字媒体的发展通过影响消费者行为，深刻地影响着商业领域的发展，制造业、服务业等都受到来自数字媒体的强烈冲击。它改变了过去以传播者为中心的传统媒体方式，而转向以受众为中心的新媒体方式；将数字媒体的产品服务和创新技术融入品牌的市场推广体系，能够实现最大化的营销效果。可以从不同的维度对数字媒体进行分类。

2.2.1 按照时间属性划分

数字媒体可分成静止媒体（Still media）和连续媒体（Continues media）。静止媒体是指内容不会随着时间而变化的数字媒体，比如文本和图片。连续媒体是指内容随着时间而变化的数字媒体，比如音频、视频、虚拟图像等。

2.2.2 按来源属性划分

数字媒体可分成自然媒体（Natural media）和合成媒体（Synthetic media）。自然媒体是指客观世界存在的景物，声音等，经过专门的设备进行数字化和编码处理之后得到的数字媒体，比如数码相机拍的照片，数字摄像机拍的影像，MP3数字音乐、数字电影电视等。合成媒体则指的是以计算机为工具，采用特定符号、语言或算法表示的，由计算机生成（合成）的文本、音乐、语音、图像和动画等，比如用3D制作软件制作出来的动画角色。

2.2.3 按照组成元素划分

数字媒体可以分成单一媒体（Single media）和多媒体（Multi media）。顾名思义，单一媒体就是指单一信息载体组成的载体；而多媒体（Multimedia）则是指多种信息载体的表现形式和传递方式。一般来说，"数字媒体"指"多媒体"，是由数字技术支持的信息传输载体，其表现形式更复杂，更具视觉冲击力，更具有互动特性。图形图像数字出版，是以计算机技术、通信技术、网络技术、流媒体技术、存储技术、显示技术等高新技术为基础，通过设计规划和运用计算机进行艺术设计，融合并超越了传统出版内容而发展起来的新业态。如数字视听、数字动漫、网络学习、手机娱乐等都属于图形图像数字出版范畴。

2.2.4 按照传播媒体依赖的技术手段划分

数字媒体可以分成手机媒体、数字电视媒体、户外新媒体、互联网新媒体等。

1. 手机媒体

手机媒体是以手机为媒体进行信息传播的，即手机是信息传播的工具。随着移动互联网的发展与普及，智能手机终端成为网络媒体的延伸，它除了具有网络媒体的优势之外，还具有携带方便的特点。满足了消费者实时性、个性化、可移动的信息需求，使人际传播与大众传播相结合。

2. 数字电视媒体

数字电视媒体就是指从演播室到发射、传输、接收的所有环节都是使用数字电视信号或对该系统所有的信号传播都是通过由0和1数字串所构成的数字流来传播的电视类型。数字电视媒体是以数字电视作为载体进行信息传播的。

3. 户外新媒体

户外新媒体，是有别于传统户外媒体形式（广告牌、灯箱、车体等）的新型户外媒体，以液晶电视为载体，如楼宇电视、公交电视、地铁电视、列车电视、航空电视、大型LED屏，以及物联网的相关设施设备等，主要是新材料、新技术、新媒体、新设备的应用，或与传统的户外媒体形式的相互结合，使得传统的户外媒体形式有质的提升。

4. 互联网新媒体

以互联网为信息互动传播载体的数字媒体已经成为继语言、文字和电子技术之后的最新的信息载体。数字电视、数字电影、数字出版、网络游戏、数字图像、数字音乐、数字动漫、网络广告、数字摄影摄像、数字虚拟现实等以互联网为核心的新技术的开发与应用，创造了全新的信息传播和艺术呈现方式。全球数十亿网民接触到了丰富多彩的社交网络互动、虚拟音乐会、虚拟画廊和艺术博物馆、交互式小说、数字出版物、网上购物、网络电视（Internet Protocol Television，IPTV）、流媒体广告等互联网业务。从新媒体运营的角度划分，互联网新媒体主要包括：视频类平台、社交类平台、自媒体类平台、问答类平台、电商平台、搜索引擎、各类门户网站和专业网站等。

（1）视频类平台，包括短视频平台、直播平台、音频平台。其中，常见的短视频平台：抖音、快手、腾讯微视、火山小视频、全民小视频、趣多拍等；直播平台：映客、花椒直播、斗鱼直播、虎牙直播、熊猫直播、一直播等；音频平台：喜马拉雅FM、荔枝FM、企鹅FM、靖FM、懒人听书、氧气听书等。

（2）社交类平台，例如：微信、微博、QQ、百度贴吧、豆瓣、小红书、虎扑社区等。

（3）自媒体类平台，例如：百家号、头条号（今日头条）、搜狐号、大鱼号、凤凰号、网易号、企鹅号（腾讯内容开放平台）、一点号、简书等。

（4）问答类平台，如百度知道、知乎、悟空问答、腾讯问问、天涯问答、360问答、爱问等。

（5）电商平台，如淘宝、拼多多、京东商城等。

（6）搜索引擎，如百度、360、搜狗等。

2.3　数　字　社　区

2.3.1　数字社区的内涵及特征

"社区"一词源自拉丁语，意思是共同的东西和亲密的伙伴关系。20世纪30年代初，费孝通先生在翻译德国社会学家滕尼斯（1887）的著作《社区与社会》（*Community and Society*）时，从英文单词"community"翻译而来，这一术语一直沿用至今。

社会学把社区视为生活在同一地理区域内、具有共同意识和共同利益的社会群体。世界卫生组织于1974年召集社区卫生护理界的专家，共同界定适用于社区卫生职能的社区（community）定义："社区是指一固定的地理区域范围内的社会团体，其成员有着共同的兴趣，彼此认识且互相来往，行使社会功能，创造社会规范，形成特有的价值体系和社会福利事业。每个成员均经由家庭、近邻、社区而融入更大的社区。"

社区是指一定区域内能有序进行人流、物流、信息流、能量流、资本流等优化配置，提升居民生活质量的时空平台，是由若干个个体、群体和组织及资源等构成的生产、生活生态体系。是聚集在一定的地域范围内的人们所组成的社会生活共同体，是社情民意、社会基层各种矛盾和问题反映比较集中的地方,是城市的"细胞"。无论是对社区本身或对整个社会来说,社区研究都有重要意义。从一定意义上说,社区研究是研究整个社会的起点。

我国《"十四五"数字经济发展规划》指出,"十四五"时期,我国数字经济转向深化应用、规范发展、普惠共享的新阶段。随着数字化应用的纵深推进,各行各业将迎来颠覆性变化,新业态、新模式日新月异。移动支付、电子商务、网络购物、视频直播、远程会议等模式竞相发展。人与人、人与物、人与社会等人类社会运行的基本关系也将因为数字化的全面介入而发生质变。

数字社区,就是通过应用信息数字化手段将管理、服务的提供者与居民实现有机连接的网络系统。这种数字化的网络系统,使社会化信息提供者、社区的管理者与住户之间可以实时地进行各种形式的信息交流互动,是顺应数字技术创新、数字场景建设而产生的新型互联网社区。数字社区的内涵,可以从以下几个方面来理解。

在信息层面,数字社区是指包括论坛、贴吧、公告栏、个人知识发布、群组讨论、个人空间、自媒体等形式的网上交流空间,同一主题的网络社区集中了具有共同兴趣的访问者。

在技术层面,数字社区就是利用现代传感技术、控制技术、信息处理技术、互联网技术、通信技术、计算机技术、多媒体技术和信息系统集成技术,实现多网络融合、信息及数据共享、应用及功能协同,实现社区内相关信息的采集、传输、处理、分发、检索和显示达到网络及信息的高度融合与集成,以及数据共享。

从营销的视角来看,社区是一种由企业运营的、以为企业创造商业价值为目标、长期为社区成员输出价值的群体,可以是线上社区,也可以是线下社区,还可以是线上线下同时存在。社区存在形式多种多样,粉丝 QQ 群、用户微信群、门店会员组织、高档会员俱乐部等均可以成为社区的载体。

从数字生态的视角来看,在网络强国和数字中国战略实施背景下,我们把数字社区定义为:以新一代信息技术为基础,以海量数据为流通要素,以先进的数字化交互手段为主要表现形式,通过打造高互动的数字生活场景,建立人与人、人与物、人与社会之间的信任连接,从而实现线上线下高效融合的新型互联网社区。

数字社区有四个主要特征:普惠、连接、效率和信任。

普惠:数字社区的普惠是让普通人和中长尾内容更容易被看见,提升普通群体的收入水平,缩小收入差距、地区差距和城乡差距。数字社区的普惠包括技术普惠和流量普惠两部分:技术普惠是指数字社区通过机器学习、强化学习、图表示学习等技术手段,降低内容创作门槛,提升普通用户参与度。流量普惠是指数字社区利用"去中心化"流量分发机制,给每个普通人平等的展示机会,保证了更多好内容可以被发现,有效、全方位地为不同群体提供平等的数字化服务。

连接:数字社区打破内容创作者、商家、用户、商品、地域等因素之间的距离,实现人与人之间的连接、人与内容之间的连接、人与物之间的连接、人与社会之间的连接,实现实时交互体验,满足数字化生活的多元需求。

效率：数字社区通过数字化技术可有效提升用户信息获取效率、交易达成效率和经济系统效率。通过数字社区的内容推荐与连接，用户可足不出户接收各种信息，提升信息交换的效率；通过数字社区的强互动和实时反馈，不断积累信任关系，可极大地缩短社区用户消费决策时间，提升交易达成效率；利用数字社区的内容兴趣推送，需求端购物偏好测试等，可拉动产业链供给侧，提升经济系统的效率。

信任：数字社区通过短视频、直播等内容呈现形式，在内容创作者、主播、商家和用户之间建立情感连接和信任关系；通过内容事前审核、产品定期抽检，商家资质保障等机制，维护数字社区生态的健康发展；通过升级完善运行规则，提升信息安全保障，进一步增强用户体验感、提升用户信任感。

2.3.2 数字社区的构成及分类

数字社区作为一种新型互联网社区，将物理世界的要素——人、产业、区域，利用多样化的表现形式，在数字世界连接成一个又一个内容模块，多种多样的内容模块组成我们生活中的方方面面，形成数字社区内容生态，由底层技术/数据支撑连通这一生态系统，最终形成规模巨大的多边网络效应。如图 2-1 所示，构成数字社区的关键要素包括人、内容生态、表现形式、产业、区域和技术支撑六部分。

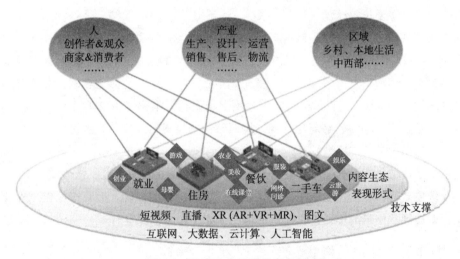

图 2-1　构成数字社区的关键要素

人：人在生态系统扮演主体角色，既是内容消费者，也是内容生产者，根据应用场景建立起各种关系，比如主播与观众通过高频互动，增进情感联系，建立信任关系；再如买家与电商商家、电商主播之间的互动，扩展了电商交易场景；用户、内容创作者（或机构）、广告商及营销服务供应商之间通过互动进一步丰富营销模式。

内容生态：数字社区从泛知识、体育、美食、母婴、美妆、时尚、健康、音乐、短剧，到电商、本地生活、房产、"三农"、招聘等，不断扩展各个垂类的创作者，扩展内容侧的供给。通过建立多元的内容生态以及商业生态，越来越多的人在数字社区获得了自己的价值，进而提升用户体验与社交互动，孕育出越发繁荣的数字社区生态系统。

表现形式：随着新媒体技术的快速发展，新媒体形态不断涌现，从最初的图文，到现在热门的短视频和直播，以及 VR、AR 与混合现实，不断改变着数字社区的内容传播形式。无论是工作、生活，还是学习、娱乐、商务等，实时交互与视频已经成为数字社区赋能实体产业与经济的重要基础。

产业：数字社区的每个内容板块背后都连接着多条产业链，各条产业链覆盖产品或服务供给的全链路，包括原材料生产、技术研发、中间品制造、终端产品制造乃至物流和消费等环节。

区域：数字社区同时面向城市和乡村双向发展。城市社区为用户带来更优质的本地生活产品和服务，推动城市社区生活服务业朝着更便捷、更高效的方向发展。乡村社区通过农村电商、农副产品直播带货，让更多乡村生活被看见，进一步缩小城乡发展差距，弥合区域发展鸿沟。

技术支撑：新兴技术和一站式开放平台，支撑着数字社区的有效运转。互联网、大数据、云计算、人工智能等新兴技术为数字社区内容生产、压缩、传输、分析、推荐等功能提供信息基础设施。一站式开放平台为经营者提供售前、售中和售后全功能生意场景，降低经营者门槛，实现长效经营。

从不同的视角，可以对数字社区进行分类。根据沟通的实时性，把数字社区分为同步和异步两类：同步社区，如网络联机游戏；异步社区，如 BBS 论坛等。也有人将数字社区分为横向数字社区和垂直型数字社区：横向数字社区指就某一个话题在网上交谈形成一个有共同兴趣的数字社区；垂直型数字社区指网上企业利用业务关系和新闻组、论坛等工具，形成以企业站点为中心的数字商业社区。按照营销功能不同，数字社区可以分为市场型、服务型、销售型三类。市场型社区，主要是 B2C（Business to Customer）的产品，由于消费者追求生活和文化，而不仅仅是某一个产品，因此，企业的使命是文化传播和市场推广；服务型社区主要提供专业售后服务和技术支持，如西门子的社区，拥有本地化工程师的支持；销售型社区常见于消费者自发组织的情况，如小区买菜群等。

2.3.3　数字社区的商业模式

目前，数字社区已经成为普通人数字化生活的入口和数字经济发展的重要载体，成为服务现代化产业体系建设、推进乡村振兴、促进区域协调发展的新型移动互联网产品形态。从其商业价值来看，数字社区有望成为推动数字经济和实体经济融合发展的新引擎，为数字经济发展注入全新动能。随着数字化时代的到来，数字社区深度连接了一个个企业与用户，不断提升用户价值、企业价值、社会价值，进而发挥数字化优势赋能传统产业，促进数实融合发展；随着内容生态的不断完善，直播、短视频等内容创作新领域的专业化分工，数字社区开始在引领企业数字化方面发挥重要作用。

数字社区在时间和空间上拓展了传统行业的经营半径。随着互联网技术的不断发展，依托互联网兴起的电商平台改变了人们以往的消费习惯，很多人的主流消费方式从线下转移到了线上。开拓销售新渠道、探索数字化转型，成为许多企业转变营销职能、达成营销目标的重要抓手。在这样的需求积累之下，以"直播＋短视频"为主要表现形式的数字社区成为联结消费者的核心中枢，许多传统行业乘势而为，抓住这一机遇，找到了新的发展机会。"直播＋短视频"的最大特点是"所见即所得"，能够帮助消费者建立对产品品质直观的印象；同时，"直播＋短视频"把单向购买变成双向互动乃至消费者的实时监督，让交流更具真实性和温度感，提升了对消费者的吸引力。

数字社区助力数实融合与产业升级。伴随互联网日新月异的更迭，大数据、云计算、新一代移动互联网等技术正快速与消费端相融合。中小企业和传统产业在过了成长红利期后，也开始积极谋求转型，例如一些老牌餐饮企业、实体店开始接入数字社区，用优质内容吸引留存用户，进行营销、团购等经营活动，获得了更多生意机会与客户线索。数字社区发挥数字化技术能力、产品能力赋能各行各业，依托相对普惠的流量分配规则，推动数字经济和实体经济融合发展，已在传统电商、本地生活、房产、汽车、招聘等领域取得重大进展，实现营销数字化、运营数字化和供给数字化。

创新招聘模式，促进就业。数字社区基于用户规模、信任场景和分发匹配等三大能力，在数字社区中推行"直播带岗"招聘新模式，通过政府网上搭台，企业和主播直播招聘，为招聘者和应聘者之间搭建起直通的桥梁，加大企业对接力度，创新开展招聘形式，多渠道供给就业岗位，帮助制造业企业、生活服务企业，高效率招聘蓝领工人，帮助中低收入群体提高收入，并带动招聘行业的数字化升级。

数字社区推动千行百业数字化转型。数字技术作为世界科技革命和产业变革的先导力量，日益融入经济社会发展各领域全过程。传统行业数字化转型将成为数字经济的重要增长极，推进千行百业的数字化，数字技术与实体经济的融合将变得更加紧密。数字社区从工具、流量与运营三大层面助力，发掘培养一批更加专业、富有潜力、具有人气的主播。在工具层面，发挥数字社区强大服务能力，为主播提供一系列营销分析工具；在流量层面，为主播制定专属活动，提供流量扶持与持续曝光；在运营层面，数字社区提供系统指导与专业培训，帮助房产、汽车等各行各业主播与更多用户连接，实现线索转化。

越来越多的企业从过去围绕线下展开，通过接入数字社区，转变为以人为中心、以线上场景为中心，实现数字化转型和商业模式革新。

农产品带货之城崛起，助农直播成农产品"新集市"。数字社区积极拥抱实体经济，重视农产品发展与扶持，以助农直播为主的新服务业态正在不断壮大。在这样的背景下，涌现出一批特色的"农产品带货之城"，不仅加速了农产品流通、带动农民致富，也丰富了城市农产品供给，让物美价廉的蔬菜水果进入寻常百姓家。同时，以"短视频＋直播"为主要表现形式的数字社区也正在加速从提升消费力向提升农业生产力延伸，通过数字赋能农业、农村和农民，推动农村高质量发展。

随着数字社区生态的不断完善，新业态不断涌现。数字社区中，既有品牌直营，也有达人分销。达人在货源和消费者两端均存在大幅度地理距离，对运营能力要求很高，相应地就需要分工和配套。由此，催生出多个专业化的服务行业，如针对选货环节的"供应链"行业以及针对精细化管理的"服务商"行业。前者提供生产企业和主播的直接连接，去掉了从主播到生产企业的中间环节，并提供培训、售后等全面服务；后者为商家提供营销管理、店铺管理、客服工具、装修市场、店铺服务、视频拍摄等运营服务。随着越来越多的人力、货品资源涌入，具备专业市场和产业创新优势的数字社区，将呈现出一个完整的产业链格局。

数字社区创造新经济，催生新职业，就业形态日趋多元。数字社区借助创新能力和先进工具，形成了层次丰富的就业体系，提供了各行各业、数以千万计的就业机会：其一为数字社区直接带动的就业机会类型，主要包括内容创作者和主播的就业；其二为数字社区电商生态拉动的就业机会，主要包括MCN、公会等内容机构就业，广告代理商等合作伙伴就业和达人团队化带动的就业；其三为内容生态带动的就业机会，包括品牌商就业、服务商就业和生产、物流、客服、直播设备制造等环节就业等。此外，随着数字社区与实体经济的不断融合，一批新职业正在涌现，涵盖衣食住行、教育、文化、娱乐等多个方面。比如，新农人、新教师、新驾训师、新职业技术培训师、新餐饮从业者、新美业师、新设计师、新匠人、新传承人、新导游、新演艺人等上百种新职业。

数字社区助力数实融合与产业升级。伴随互联网日新月异的更迭，大数据、云计算、5G等技术正快速与消费端相融合。中小企业和传统产业在过了成长红利期后，也开始积极谋求转型，例如一些老牌餐饮企业、实体店开始接入数字社区，用优质内容吸引留存用户，进行营销、团购等经营活动，获得了更多生意机会与客户线索。数字社区发挥数字化技术能力、产品能力赋能各行各业，依托相对普惠的流量分配规则，推动数字经济和实体经济融合发展，已在传统电商、本地生活、房产、汽车、招聘等领域取得重大进展，实现营销数字化、运营数字化和供给数字化。

伴随着数字经济的发展，数字社区这一新型网民生态圈，已成为普通人的数字生活入口。通过数字社区这个平台，企业可以更大范围地搜索有潜在需求的消费者和传播对象，将现实世界中分布于地理空间的目标顾客和受众精准地汇聚在细分的虚拟空间，利用新的技术手段扩大口碑传播，并且在日趋显现的新消费模式中实现及时的信息传递和反馈，成为数字营销的重要内容。当前，数字社区正通过多元化的信息交互技术搭建的内容矩阵连接起数亿用户与各行各业，并与实体经济深入融合，不断创造出新场景、新机会、新模式，推动着数实融合与数字中国的建设。

案例2-1

数字社区——智慧生活"新入口"

通过智能手机办理社区业务，借直播平台学习果树种植技术，通过短视频分享出海日常……得益于互联网、大数据、云计算、人工智能等数字技术的快速发展，依托网络社交关系建立的数字社区，正给越来越多的网友带来数字生活新体验。

在山东省青岛市崂山区沙子口汉河社区，居民只需打开智能手机，进入智慧社区平台App，一键呼叫，社区物业和网格员就会闻讯上门。这个网上智慧社区平台，连接整合了包括青岛市统一审批系统和"崂省事"微信平台在内的全区23个部门单位30余项共享资源，能为居民一站式办理养老保险、医疗保险、社保等100余项便民服务事项。这种线上平台与线下社区充分联动的数字社区，是众多数字社区形态的一种。

除了公共服务部门主导的数字社区建设，互联网企业和平台也在不断优化数字社区。美团、大众点评等平台搭建的餐饮服务类数字社区，帮助老牌餐饮企业、实体店通过"入驻"网络平台接入数字社区，吸引网上用户到店消费、线上网购，也让更多用户了解周边餐饮服务商家信息，交流消费购物体验，实现线上线下联动。哔哩哔哩网站通过搭建兴趣爱好交流、学习经验分享、动漫二次创作等平台，吸引年轻人创作视频内容，形成同类兴趣爱好者的"集散地"，打造富有年轻人特色的数字社区。不同互联网平台基于各自定位和目标用户特色，在数字社区的细分领域不断"耕耘"。数字社区依托大数据、移动互联网等技术，构建购物消费、惠民缴费、居家生活、交通出行等各类数字场景。

苹果树剪枝需要注意哪些细节？如何科学安排苹果树打药？江苏徐州果农陈厚武总会在直播中细心回答网友的疑问。通过在直播社交平台上传授苹果树种植经验，陈厚武已积累了60多万粉丝，是社交网络上的苹果种植"达人"。通过收看他的直播，远在甘肃农村的留守妇女杨文卓开始尝试种苹果，3年间，她的年收入从3000元增长到4万元。而这只是陈厚武帮助成百上千农民种植果树的一个缩影。

通过直播平台，天南地北的农民在"云端"聚集，一起学习种植技术；短视频平台上，外卖小哥、货车司机、远洋海员等不同职业的工作者找到自己的网上"同事"，分享各自工作生活的喜怒哀乐；通过短视频记录生活和直播带货，"北漂"家庭主妇为其他"宝妈"粉丝挑选生活用品，搭建粉丝的网上"小卖部"，既增加自己的收入，也为粉丝提供优惠购买渠道……依托丰富的直播、短视频等社交网络平台，广大网友正在超越物理空间的"社区"概念，构筑基于社交网络的数字生活场景。

资料来源：https://baijiahao.baidu.com/s?id=1757029032292760133&wfr=spider&for=pc

思考题

1. 什么是数字生态？数字生态系统有哪些基本特征？
2. 试阐述数字生态系统的演化路径。
3. 什么是数字媒体？数字媒体有哪些分类？
4. 什么是数字社区？如何理解数字社区的内涵？数字社区有哪些特征？
5. 构成数字社区的关键要素有哪些？
6. 举例说明数字社区的商业模式及应用场景。

"丝路智港"数字孪生大管家　　　即测即练　　　扩展阅读

自学自测　　扫描此码

第3章 数字营销中的消费者行为

本章学习目标

通过本章学习,学员应该能够:
1. 掌握数字消费者行为特征;
2. 了解数字消费者的购买决策过程及其网络信息行为;
3. 了解数字消费者行为的研究方法。

3.1 数字消费者行为特征

3.1.1 什么是数字消费者行为

根据《中华人民共和国消费者权益保护法》第二条规定,消费者是指为了生活消费需要购买、使用商品或者接受服务的单位或个人。狭义的消费者,是指购买、使用各种消费品或服务的个人与住户(Household)。广义的消费者是指购买、使用各种产品与服务的个人或组织。

消费者行为,是指为索取、使用、处置消费物品所采取的各种行动以及先于且决定这些行动的决策过程,甚至是包括消费收入的取得等一系列复杂的过程。在现实的消费生活中,消费者行为可以看成是由消费者的购买决策过程和消费者的行动两个部分组成的,这两个部分相互渗透,相互影响,共同构成了消费者行为的完整过程。消费者行为是动态的,它涉及感知、认知、行为以及环境因素的互动作用,也涉及交易的过程。消费者行为研究就是要研究不同消费者的各种消费心理和消费行为,以及分析影响消费心理和消费行为的各种因素,揭示消费行为的变化规律。

数字时代来临,数字消费属于数字经济形态下的新兴的消费方式。数字消费者,又称为数字化消费者,是指在网络环境下为了生活消费需要购买、使用商品或者接受服务的单位或个人。数字消费者行为是指消费者为获取、使用、处置消费物品或服务在网络上采取的各种行动,包括先于且决定这些行动的决策过程。数字消费者区别于传统的消费者,有其独特的特点和未来发展趋势。

3.1.2 数字消费者行为与传统消费者行为的区别

在科技赋能和消费升级驱动下,依托互联网、云计算、人工智能等新技术的深化应用,我国的数字经济蓬勃发展。与传统消费者行为相比,数字消费者行为有以下几方面的显著不同。

1. 消费环境

首先,从空间环境来看,传统消费者所处的消费环境是物理空间,是线下进行的、面对面的交易,而数字消费者的消费环境是网络虚拟空间、线上进行的,借助接入互联网的终端而实现消费活动,例如智能手机、电脑等智能终端。其次,就信息环境而言,传统消费者获得商品信息相对被动,获取商品或服务信息的手段单一,可选择范围窄,售后服务体验有限;而数字化消费者恰恰相反,具有信息丰富,获取信息的渠道多样化,商品或服务可选择范围广,售后服务体验极大地满足消费者心理需求等特点。

2. 广告载体及其效应

沿街商铺的传统消费者广告载体是最早的宣传和销售方式,可以是商铺经营者自己的销售,也可能是敲门、摇鼓和吆喝。后来出现了海报、报纸、杂志等纸质广告媒体,以及广播、扬声器、电子广告牌、电视等电子媒体。这种广播式的信息传递方式,没有区分人群,所有受众均获得相同内容的推广。结果是效率低,只有当用户经过广告空间时才能达到;另外,转化路径很长,从看到广告到找到商品销售点,并产生交易付款,将产生相当大的流失率。

数字消费者除了借助传统的媒体广告(如报纸、杂志、电视等)以外,还针对互联网产品内的广告位,网站上的广告位,App 的开机页,文章底部的宣传位等以及新媒体广告,主要是软文广告,通过微信公众号、微博、抖音、今日头条等新媒体平台进行广告宣传。采用数字化技术,基于云平台、大数据、机器学习等技术,进行个性化的内容精准推送,将不同的产品或服务信息推送到有不同需求的消费者人群。最终,它将达到"千人千面"的高效率;数字消费转换路径很短,当广告被触及时,用户只需点击一下即可进入产品页面进行购买。

3. 决策模式

市场营销一直在寻找那些消费者愿意接受品牌影响的关键时刻,或者说触点。在传统消费者行为研究中,人们通过"漏斗"的比喻来理解消费触点——消费者开始时心中有许多潜在的品牌(漏斗的宽端),然后被各种营销手段推动在漏斗中有条不紊地前进,逐步减少潜在品牌的数量,直到他们最后选择购买一个品牌。而对于数字消费者,由于产品选择和数字渠道的爆炸式增长,营销漏斗的概念已经不能捕捉到所有的触点以及关键的购买因素。埃德曼(Edelman)等人的研究表明,数字时代的消费者决策进程不再是逐步地缩小品牌选择范围,数字化决策进程是环状循环往复的,数字消费者即双环型消费者,其决策模型由"购买环"(purchase loop)和"品牌忠诚环"(loyalty loop)两个小环内切组成,包括考虑(consider)、评估(evaluate)、购买(buy)、体验(experience)、互粉(advocate)和互信(bond)六个关键阶段。

①考虑阶段,消费者在思考购买之初,就会想到一些平时最常提及的产品或者品牌,

并减少纳入考虑范围的品牌。②评估阶段，消费者将从各种渠道了解相关品牌和竞争品牌。一些新品牌将进入消费者的考虑范围，也可能排除已经被选中的品牌。③购买阶段，消费者将考虑和购买的产品。④体验阶段，消费者购买了产品，并进行体验形成后续决策意见。⑤互粉阶段，消费者对购买产品满意时便会推荐该产品，并为评价其他产品提供参考。⑥互信阶段，消费者会重复购买某类产品，形成一定的忠诚度。购买后体验决定了消费者对每个后续产品决策的看法，以及消费者和品牌之间是否存在紧密联系。消费者将完全跳过考虑和评估的两个阶段，进入互粉和互信的循环。消费者的购买行为是非理性的，用户在各种媒体平台上的信息很容易被消费者检索到，影响消费者的购买决策。另外，在互联网时代，数字社区的意见领袖因其社会知名度而受到网民的关注和追捧，他们对商品消费购物体验的个人观点会对普通数字消费者产生影响。

4. 购买行为

传统消费者购买行为产生的时间历程相对较短，受影响的范围相对较小。在消费行为学的分析中，消费者受两类情况影响较多：其一，从众效应，这点与口碑密切相关；其二，推断线索，就是消费者通过某种事物判断产品或服务品质的依据，比如产品包装、服务产品的消费环境等，推断线索不受口碑影响。从众效应能减少消费者的决策成本和决策疲劳，同时对消费者的能力、阅历、经验要求降低；相反，推断线索对消费者在这几方面的要求比较高。因此，在实际的消费决策中，口碑传播是非常重要的因素。传统消费者的口碑传播，往往依赖的是口口相传的方式，传播范围十分有限。而数字消费者购买行为产生影响的时间跨度相对很长，并且具有广泛的影响。在数字消费者购买行为发生之后，消费记录可以在线保存很长时间，还可以由商家进行评估、打印和响应。这些购买和评价信息，对后来有潜在需求的用户理解商家的产品或是服务，将产生长期的影响和借鉴作用。

3.1.3 数字消费者行为特征

数字经济时代，不同消费者的消费需求和消费偏好可以通过大数据图谱进行刻画和分析，精准地研判出不同场景、不同收入、不同年龄、不同地域等不同客户群体的消费特征与消费习惯。数字产品和数字服务的创新与应用，不仅改变了传统生产服务模式下的消费环境与消费方式，而且有效地激发了消费者数字化多元需求与消费，引发了消费者行为的新变化、新特征。数字消费者行为特征表现在以下几个方面。

1. 消费者行为更加个性化、定制化以及多元化

受互联网技术、数字技术以及人工智能技术等新技术的驱动，消费的个性化、定制化以及多元化已经成为消费者行为的重要的、不可逆转的发展趋势。随着消费品的日益丰富和消费者个性化需求的不断增强，消费者可以在全球范围选择产品，消费者开始制定自己的消费准则，市场营销的重心回到了对个性化需求的满足。在商品的供给环节，消费者参与到产品设计、生产过程中，产品或服务满足消费者的个性化需求，消费者可以通过数字技术对产品进行个性化定制。消费者行为的新特征，有利于为数字经济的发展开拓出更加细分的消费市场以及新兴的消费者群体。消费者行为的多元化主要是对消费内容的多元化，不同的消费者群体创造了不同的商业模式和商业机会。

2. 消费者行为的不确定性增加

在数字技术升级及其广泛应用的背景下，由于消费者在生活中接收到的各类信息冗余繁杂，反而会导致产生新的信息不对称，同时，受到诸如电商平台的直播带货等销售形式的影响，消费者的冲动性消费行为持续增加。消费者通过电商平台购买到的商品种类多，容易造成消费者消费行为的非理性化，甚至会出现冲动性消费。

3. 消费者更强的参与性，表现为体验消费和全渠道消费

伴随技术革新而带来的虚拟现实、数字孪生等新体验影响着消费者决策，我国消费模式正在从单纯的商品消费转向复合的服务体验消费，消费者不仅重视所购买的商品品质，而且愈加关注购买商品的过程中所经历的愉快体验。全方位的服务感知让消费者对购物旅程有了新的体验，与商家的良性互动使消费者产生了更多的购物需求。与此同时，消费渠道也发生了质的变化。伴随着虚拟空间的线上购物不断发展，依托传统物理实体商店的线下购物也在逐渐升级：线上购物方便快捷，线下消费则是"数实结合"的综合体验。目前，消费者对"逛街"式体验的心理偏好、对社交娱乐餐饮等的需求也促进着线下消费的发展。

4. 消费者购买的便利性

与传统消费方式相比，数字消费最大的优势是快捷方便，不受时间和地点的限制。消费者可以在短时间内浏览大量商品信息，也可以通过数字平台购买当地没有的商品。网购支付方式更加便捷，可以有效避免传统购物中的现金流失现象。此外，网购商品的价格比实体店便宜，越来越多的企业选择在实体店销售的同时进行网络营销，根据互联网对商品市场信息的及时反馈，不断调整最佳商品营销策略，大大提高了企业的经济效益和核心竞争力，有效地实现了市场资源的合理配置。

5. 消费者购买的即时性和灵活性

数字消费者不仅看重全渠道购物的灵活性，还希望能乘兴而至，随时随地随性购物。麦肯锡将此称为"场景触发式购物"。例如，当看到视频主播穿的服装、佩戴的饰品，或在微信聊天时得知新的美容产品，瞬间就被点燃的购物欲望。场景式购物的一个关键特征是顾客能即时买到心仪的商品。研究显示，1小时内送达货品不但能增加销量，还能大幅度提高客户满意度。在使用过O2O送餐服务的受访者中，36%的消费者表示对非餐饮类的即时送货服务兴趣浓厚。传统平台电商的"次日达已经足够快"的理念也正在被打破，各大品牌商可借鉴甚至利用O2O送餐平台的半小时内高效送货服务，通过加快商品配送，提升冲动消费的转化率。

6. 消费行为的交互性，社群消费需求提升

社会网络和社交媒体促成了虚拟消费者社群的广泛出现，互动、分享、众筹、共创的力量成为主导的社会动力。社群营销是通过数字生态社区来影响消费者购买行为的销售模式，借助线上社交媒体等与消费者交流互动，或通过意见领袖和社群的方式与消费者互动以影响其消费行为。以"Z世代"为代表的年轻消费者群体正在强势崛起，并对整个互联网消费产生多维度的影响。年轻一代是社交网络的活跃群体，也同样是网络消费的主要群体。各类社交圈、社交分享的力量具有很大的影响，社交App的出现也为社交购物提供了便利。利用碎片化的时间，通过微信公众号和小程序，与消费者之间建立联系；通过朋友圈、社交圈形成社交引力。在数字经济时代，通过社群传播来让更多新奇的商品脱颖而出，吸引消费者的眼球、建立消费者的忠诚度，进而让消费者产生购买行为。

在数字经济时代，商业价值与用户数量呈正比。企业依靠在某一主营业务累积起来的用户资源（数据资产），可以低成本地开展多样化相关联的业务与服务，从而衍生出更大的价值创造空间，捕获更多的利润。消费者和生产者高度交互，消费者是数据的生产者，也是数据的消费者。消费和生产通过创新技术将各种数据相融合，使得消费者的消费行为得以延展，生产者的价值创造空间得以扩大，形成了生产（供给）和消费（需求）之间的良性循环升级。

3.2 数字消费者购买决策过程

消费者购买决策是指消费者为了满足某种需求，在一定的购买动机的支配下，在可供选择的两个或者两个以上的购买方案中，经过分析、评价、选择并且实施最佳的购买方案，以及购后评价的活动过程。它是一个系统的决策活动过程，包括需求的确定、购买动机的形成、购买方案的抉择和实施、购后评价等环节。

与其他决策相比，消费者购买决策具有如下特点。

第一，独立性。消费者进行购买决策就是要完成一个或若干个消费目标的实现，其中有些购买决策通常是消费者自己单独做出的，如购买个人衣物、日用品和护肤品等，并且随着消费者支付水平的提高，购买行为中独立决策的特点日趋明显。

第二，复杂性。尽管消费者购买决策通常是消费者个人经常性和简单性的活动，但影响这一决策过程的因素较为复杂，既包括消费者个人的性格、偏好、习惯、经济水平等主观因素，也包括消费者所处的空间环境、社会文化环境、经济环境等客观因素。这些因素相互作用，共同影响着消费者的决策内容、方式及结果。

第三，情境性。影响消费者购买决策的因素并非一成不变，而是随着时间、地点、环境等的变化而不断发生变化，使得消费者的购买决策具有情境性。换言之，由于时间、地点、环境等因素的不同，不同消费者对同一种商品的购买决策存在差异，同一消费者对同一种商品的购买决策也是不同的。

传统消费者的购买决策过程由需求确认、信息搜集、方案评估、购买决策和购后行为等若干阶段构成。其中，需求确认阶段，需要识别需求并将需求与特定的产品或服务联系起来；信息搜集阶段，指消费者通过多种渠道获得产品或服务信息，以提高决策的理性；

方案评估阶段，指根据产品或服务的属性、价值和利益组合，形成多种购买方案，并确定购买态度；购买决策阶段，在不同方案之间形成购买意愿和偏好；购后行为阶段，指评估购买产品或服务所获得的价值，并通过行动表达是否满意等。在数字时代，消费者的购买决策行为受到各种数字媒体和渠道的影响，数字购买决策的内涵也因购买模式的不同而有所差异。一般来说，数字购买决策过程包括需求唤醒、信息搜索、比较评估、确认订单、授权支付、收取商品、评价分享等七个阶段。下面分别介绍数字购买决策过程的各个阶段。

3.2.1 需求唤醒

消费者购买过程始于某一个问题或某种需要，它可能由内部刺激引起。当一个人的正常生理需要，比如饥饿、干渴，强烈到某种程度时，就变成了一种驱动力；需要也可能由外部刺激引起，例如，广告或与朋友的讨论，可能促使消费者考虑是否要买辆新车。与传统购买模式相同，数字消费者购买决策过程的起点是需求的诱发或唤醒。

1. 数字媒体激发

各种数字媒体与网络广告可以利用其对消费者感官、情感的强大吸引力、感染力，唤醒消费者的需求。数字多媒体技术产生图文融合、音画同步、3D动画、实时录像、声情并茂的广告，以及关于产品的文字表述、视频说明、声音配置的导购信息都成为诱发消费者购买的动因。例如，得物App在用户分享的图片中可以圈出用户穿着的衣服或饰品等，消费者可以点击链接进行购买。利用体验式营销结合数字消费者的感受，在网页中融入文字、图像、动画、音乐等元素是对消费者增强吸引力的主要手段。例如，淘宝"每日首发"、大众点评"吃喝玩乐免费试"、拼多多"限时秒杀"等都是利用数字消费者的碎片化时间来唤醒其购物需求。

2. 智能推荐

商家可以根据消费者此前的信息浏览、交易及爱好、所处地区等情况，基于大数据进行购物的智能推荐，实现千人千面的产品展示。不同需求与不同画像的消费者，推荐页面会有所不同。智能推荐唤醒需求的常用方式有背景筛选和事件触发。

背景筛选是借助大数据技术，筛选、分析、发现目标客户，实现精准营销。根据营销策划者给出的条件，对数据库中已有的消费者进行筛选。例如，由微软和唯品会合作建立的智能化云平台会根据产品选择、仓库划分、预调配形成精准的用户推荐，利用大数据构建用户画像，进行精准营销。唯品会后台利用用户浏览网页的时间长度、浏览深度、访问次数等信息，对用户行为进行数据分析；通过收集用户的收藏内容和浏览的商品类别数据，总结用户的个人喜好；通过分析用户下单后所购买商品的交易方式、交易金额、交易频次等交易数据，评估用户的消费能力。在数据平台的管理下，综合分析后可得到每个用户的用户标签，然后将用户标签分为基本标签、消费标签、行为标签和客户标签。最后，根据大数据分析出的虚拟标签形象，向用户定向精准推送其可能感兴趣的产品，从而实现精准营销。

事件触发是指当数字消费者的生活状况发生变化，或其消费行为发生转变时，数据分析系统会立刻针对这些改变采取相应的策略。例如，携程、美团、飞猪等订票软件会根据用户的订票信息向用户推荐酒店、出租车、当地美食、景点等各种团购券，商家根据消费者的爱好、需求、兴趣、个性、知识等组合单元，打造出更加精准、智能、个性化的信息平台，就像一个便携式的"小秘书"，从而提供个性化的一站式服务。基于用户偏好提供个性化聚合服务，用户根据自己的喜好和使用习惯聚合网络信息，信息的获取变得比以往更加便捷而精确。例如，淘宝、京东等网购平台的情景智能模式可以通过信息，从购物、喜好、关注等多方面的维度获取用户的动态，然后根据时间、地点、位置、环境等一系列维度构建智能显示提醒方式，从而为用户提供个性化的信息服务。

3. 场景激发

数字消费行为的场景激发多与移动购物相关。数字消费者的潜在需求会在特定场景下被激发。例如，迅雷下载的用户打开软件时，就会看到迅雷小站的推送，开通小站会员后就可以免费使用很多办公资料及工具。

短视频直播的迅猛发展使得边看边买成为场景激发的主要形式。但是，场景激发的必要条件是场景中的人物与内容具有感染力与吸引力，数字消费者需求的激发也要在合适的场景与时间下进行。比如，在美食分享直播中，通过专业的探店达人来激发消费者对该店铺的兴趣。

4. 社交激发

数字消费者需求的产生也可能源于在线评论、数字社群成员的意见或朋友的即时推荐，它来自于数字网络社交因素的影响力。社交电商已成为一个重要的发展趋势，并衍生出多种形式，如微信朋友圈推送的售房广告、抖音网红主播的直播带货、社群团购、小红书内容营销、拼多多病毒传播式营销等。数字媒体社交激发的出现使得消费者的购买决策路径发生变化，呈现冲动式消费心理。与传统路径相比，社交激发的数字消费者购买过程具有决策时间短、发现式购买、需求非计划性的特点。

3.2.2 信息搜索

当消费者对某种产品感兴趣时，可能会搜寻更多的信息。如果消费者的需要强烈或满意的产品恰巧在手边，他很可能购买。反之，消费者会暂时将这个需要记在心里，然后进行与之有关的信息检索。例如，消费者已经决定购买一辆新车，那么至少可能会更多地关注汽车广告、朋友的车以及关于汽车的话题。或者，会主动在互联网上搜索，和朋友交流，或通过其他方式收集相关信息。数字消费者网络信息搜寻行为是数字消费者为完成某一购买需求所进行的网络信息检索、浏览和选择的行为。网络信息搜寻行为已成为消费者信息获取的主要行为方式。

在传统的市场环境中，高搜索成本往往限制了消费者的搜索行为，但随着数字媒体发展，网络所能提供的信息量越来越大，可以为每个消费者提供标准化的信息。互联网和移动终端为消费者获取或搜索相关信息提供了新的平台和工具。网络信息已成为最方便、最快、最有效、成本最低的信息源。一旦消费者意识到他们有某种消费需求，他们会立即上网查看是否有合适的产品和商品信息。与传统购物方式相比，数字消费者的信息搜索行为对其消费决策的影响更大。网络上提供了各种信息，大大提高了信息获取的普遍性、可信度、信息获取速度和效率，从根本上解决了传统交易过程中买卖双方的信息不对称问题，从而使消费者能够在及时和充分地访问商品信息的基础上做出正确的购物决定。网上商店的信用评级和消费者的网上评价也会鼓励商家建立良好的信用机制，从而形成注重诚信的商业环境。

厂商的门户网站信息、网络商店信息、网络广告信息、网络上其他消费者对产品的描述或评价信息（如论坛、新闻组、个人网站、个人博客等）、网络上其他消费者的评级信息、消费者通过网络（如 E-mail、QQ、微信等网络通信工具）与其他消费者讨论而获取的信息、来自综合或专业网站上的相关产品新闻报道以及行业调查报告信息等，都可以成为消费者关于商品或服务的信息来源。面对海量数据，消费者可通过网页、软件、图片、论坛、新闻等多种类别的搜索引擎进行信息搜寻。以下就几类常用的搜索工具进行介绍。

1. 网页搜索

网页搜索是目前最常用的一种搜索工具，具有信息抓取迅速，深入开展信息挖掘，检索内容的多样化和广泛性等主要特点。整个过程包括三个方面：一是蜘蛛在互联网上爬行和抓取网页信息，并存入原始网页数据库；二是对原始网页数据库中的信息进行提取和组织，并建立索引库；三是根据用户输入的关键词，快速找到相关文档，并对找到的结果进行排序，并将查询结果返回给用户。

搜索方式是网页搜索的一个关键环节，大致可分为四种：全文搜索引擎、元搜索引擎、垂直搜索引擎和目录搜索引擎，它们各有特点并适用于不同的搜索环境。所以，灵活选用搜索方式是提高搜索性能的重要途径。全文搜索引擎是利用爬虫程序抓取互联网上所有相关文章予以索引的搜索方式；元搜索引擎是基于多个搜索引擎结果并对之整合处理的二次搜索方式；垂直搜索引擎是对某一特定行业内数据进行快速检索的一种专业搜索方式；目录搜索引擎是依赖人工收集处理数据并置于分类目录链接下的搜索方式。

2. 图像搜索

在人工智能技术方面，图像视觉应该是被应用最广泛的技术之一，从最早的安防监控，到后面落地最多的人脸识别，都是图像技术的应用。图像检索技术在实际应用中包括了检索+识别（相似度度量）两个部分，目前重点应用于泛搜索引擎中，百度搜索、谷歌搜索、淘宝的"手淘拍立淘"等都可以支持通过图片检索实现信息查找。相对于文字搜索而言，图像检索更直观，更易操作，尤其是对陌生信息的检索，可以直接通过拍照实现信息的检索。

图像检索包括基于文本的图像检索和基于内容的图像检索。基于文本的图像检索主要通过对图像进行文本描述，提炼关键词等标签信息，后续在进行检索时，可以通过检索关键词的方式查找对应的图片。基于内容的图像检索是通过提取图像的纹理、颜色、梯度或者其他高层语义特征等作为图像特征来计算图像间的相似度，实现图像检索。虽然搜索精度可能低于文本搜索，并且容易受到图像质量（光照、遮挡、背景复杂度等）的影响，但是对用户而言，搜索难度将降低，可以实现所见即所得，只要拍照发出就可以搜索。因此，可应用范围将更加广阔。

3. 语音搜索

语音搜索指的是允许消费者通过对着手机或电脑说话进行搜索，即通过设备上传语音信息，经过服务器进行识别，然后根据识别的结果搜索信息。过去的语音识别技术多用于自动识别孤立的字词，如在专用的听写和电话应用方面，而对连续的语音识别则较困难，错误较多。目前，人工智能技术在自然语言处理方面的进展，克服了这类困难，为音频信息的检索提供了很大帮助。

通过语音搜索，用户可以使用语音说出搜索的意图，例如"明天天气如何""糖醋排骨的做法"等，就能立刻得到想要的结果。语音搜索让用户免去打字的烦琐，使搜索的整个过程更流畅、更便捷，因此，这一新模式发展迅速，深受欢迎。

以百度语音搜索为例，它不仅仅是语音识别和搜索的简单相加，而是语音技术、自然语言处理、智能搜索三方面的融合。以更自然的交互方式，对用户所说更准确地识别，对用户需求更精准地理解，进而为用户提供更满意的结果。目前，已通过人工智能做到了"听"和"说"，而且还尝试完成人类复杂的行为——沟通。集语音识别、语义理解、深度问答、知识推理、多轮对话、智能摘要、情感分析、语言生成、语音合成等能力于一体，百度语音搜索已经能够满足用户的多种复杂需求。

搜索广告是依托于搜索引擎发展起来的，它区别于其他数字营销手段，只有在用户主动搜索相关内容时，广告才有可能出现在用户搜索结果页面的某个位置。搜索广告成本低、见效快，是很多品牌进行网络营销的基本方式。搜索引擎广告，是一种通过提前设定关键词，在用户搜索相关信息时将品牌商的广告显示在用户搜索结果页面特定位置的一种付费广告形式，绝大多数的搜索广告包括标题、文本、网址等要素，也有一部分搜索广告含有图片等其他附加信息。随着信息技术的进步，网上信息搜索变得越来越智能化，除了网络广告、搜索引擎和门户网站，还可以通过视频、3D动画、AR、VR、即时通信或SNS社群、网上虚拟展厅等一系列措施，帮助消费者了解产品信息，促进购买行为的产生。

3.2.3 比较评估

为了使消费需求与自己的购买动机、购买能力、兴趣相匹配，比较评估是购买过程中必不可少的环节。消费者使用各种信息筛选出一组最终可供选择的品牌之后，是如何从中选择的呢？市场营销需要了解评估备选方案，即消费者如何处理信息并选择品牌的过程。

购买方案的评估根据消费者个人和特定购买情形而定。在某些情况下，消费者会精打细算，缜密思考。在其他情况下，同一位消费者却可能很少甚至不加思考地凭直觉或冲动进行购买。一般来说，消费者的比较评估过程主要考虑产品的价格、可靠性、功能、样式、性能和售后服务等，大多数消费者会综合考虑几种因素，而且各种因素的权重不同。

数字消费者对各种渠道汇集而来的商品资料进行分析比较与研究评估后，从中选择最为满意的一种。由于数字消费行为不直接接触实物，数字消费者对网上商品的比较，更依赖于厂商对商品的描述，包括文字的描述和图片的描述。企业对自己的产品描述不充分，就不能吸引众多的数字消费者。而如果对产品的描述过分夸张，甚至带有虚假的成分，则可能永久地失去数字消费者。因此，企业需要掌握产品信息描述的"度"，而消费者则需要判断这种信息的真实性和可靠性。

在网络环境下，数字消费者可以借助来自其他消费者的评价信息，而不必依赖营销人员传递的信息。同时，网络空间具有独特的信息评价和比较优势，它拓展了评价和比较对象的范围；大数据技术可以保存消费者的排列和筛选评价标准，并自动更新比较评估的结果，广告主可以根据上述评价标准向消费者推荐商品。

针对此阶段，商家多利用数字营销手段协助消费者作出购买决策。网站最强大的一个功能是以相对较低的成本提供大量内容。在消费者寻找最佳产品的过程中，这可以转化为优势。商家可以利用自己的网站，提供易于查找和理解的相关信息，从而说服消费者购买。数字渠道使该阶段能够与前期阶段尽可能重叠，使提供决策比较的商品信息环节前移。品牌的作用在这一阶段很重要，因为新的购买者倾向于从一个熟悉的且声誉良好的买家那里购买。如果商家不为人知并且网站速度很慢、设计不佳或质量低劣，那么它将很难展现自己。

3.2.4 确认订单

在评估选择阶段，消费者对品牌进行排序，并形成购买意图。一般地，消费者的购买决策将是购买他们最喜爱的品牌，但有两个因素会影响他们的购买意图和最终的购买决策。第一个因素是其他人的态度。第二个因素是意想不到的环境因素。消费者可能将购买意图建立在预期收入、预计价格和期望产品利益等因素之上。然而，突发情况可能会改变消费者的购买意图。因此，偏好和购买意图并不总是会导致实际的购买行动。

数字消费者在完成了对商品的比较评估之后，进入确认订单阶段，该阶段是做出购买决定的阶段。与传统购物模式相比，数字消费者相对理性，这是因为数字消费者在互联网上寻找商品的过程本身就是一个思考过程，有充足的时间和极大的便利来分析商品的价格、质量、外观和性能，然后冷静地做出自己的选择；其次，数字消费者使用数字化设备浏览商品信息，不会受到实物及其他消费者购买行为的影响，冲动性购买行为较少；最后，网上购物的决策行为较之传统的购买决策要快得多。

为了克服数字化购买行为中无法触及实体的缺点，同时获得"省钱"的好处，一些数字消费者往往采取"线下体验+线上购物"的购买方式，尤其是对服装鞋帽这样的体验商品。为此，一些商家也设立了专门的体验店，用于实现线上购物和线下体验的无缝融合。

一旦消费者决定购买，商家肯定不希望错失良机。商家的网站应建立标准的信用卡支付机制，并提供通过电话或电子邮件下单的选择。在线零售商非常重视能够促使顾客在购物车中添加产品后提交订单的措施。例如，提供安全保障、多种送货选择、免运费、七天无理由退换货等服务，有助于提高转化率。

3.2.5 授权支付

数字购买行为的另一个便利特征是，它改变了传统的面对面、以现金支付的购买交易模式，可以采用多种在线结算方式。现在大多采用更为安全的第三方电子支付，如支付宝、微信支付、财付通、网上银行及手机二维码支付等。

从数字消费者群体来看，使用第三方电子支付手段的消费者数量远高于使用货到付款的消费者数量。这种方式可以减少双方的资金安全问题，让双方都感到安全可靠。

数字人民币（字母缩写按照国际使用惯例暂定为"e-CNY"）是由中国人民银行发行的数字形式的法定货币，由指定运营机构参与运营并向公众兑换，以广义账户体系为基础，支持银行账户松耦合功能，与纸钞硬币等价，具有价值特征和法偿性，支持可控匿名。2023年3月6日，数字人民币App（试点版）"钱包快付管理"中新增"微信支付"，用户在微信小程序等场景支付时，可以选择用数币钱包支付了。这也是继支付宝后，在数字人民币App中可开通的第二大支付平台。当使用数字人民币在电商平台支付时，用户可以在母钱包下开通子钱包，用户的支付信息将被打包加密处理。电商平台将无法直接获取客户的银行卡号、银行卡有效期等信息，而仅能看到客户开通子钱包时用于关联电商平台账号的手机号。当前，数字人民币钱包支持京东、滴滴出行、美团骑车等多个子钱包应用。

数字人民币作为以国家信用为支撑的法定货币，具备一般电子支付工具所不具备的特点和优势，将形成我国数字支付的新格局，同时为我国货币政策和财政政策的精准施策打开了一个全新的空间，也将助力我国人民币国际化。

3.2.6 收取商品

与传统购物不同，数字化购物一般不支持消费者在付款后立即获得产品，需要一段时间的物流或邮寄时间，才能将产品送达买方。数字消费者还可以通过网络对商品的物流状况进行跟踪查询；网上卖家应该尽量缩短这个时间，确保产品完好无损，消除消费者的不安全感。某著名服装品牌十分重视客户的拆箱体验，没有选择标准胶带密封箱包装，而是定制了一个有类似行李箱把手的印刷箱，来强化自己的品牌。"行李箱"内的物品被精心布置，以促使开箱时商品能够被充分展示，并且客户能深刻体会其用心。为了进一步为客户建立一种定制般的品牌体验，所有订单内都包含一张设计师个性化的手写卡片来说明产品选择的缘由，这让消费者心中体会到特别的感受。此外，对于生鲜冷链物流的商品，要做到保证产品质量不受到运输存储过程中的破损，利用RFID等技术跟踪物流信息，监控产品的质保期，保证产品的质量。

3.2.7 分享评价

1. 购后评价

数字消费者试用和体验网购产品后,会根据自己的感受进行评价。网站、服务(包括售前、售中与售后)、物流和商品的体验都是影响数字消费者购物整体满意度的重要因素。在传统市场中,由于缺乏传播媒介,消费者口碑宣传往往是被动的,传播范围相当有限。而互联网提高了信息传播的速度和广度,数字消费者有无限的机会分享自己的想法、观点、经历和照片,这不仅方便了数字消费者在购买后谈论自己的感受,还极大地扩大了口碑影响力。不仅影响亲朋好友,还可以通过商品评价区、社区论坛、虚拟社群、通信软件、个人博客等多种渠道发表评论并对素不相识的其他消费者产生影响,从而对商家产生了强大的舆论监督,并成为其他数字消费者购买决策的主要参考依据。

2. 购后分享

数字消费者还可能积极地与他人分享购物经验,消费信息共享是网络时代消费行为的一个重要特征。例如,小红书是一个基于 UGC 内容的生活方式分享平台,数字消费者的购后分享行为也使其成为了著名的"种草平台"。随着微视、抖音、快手、火山视频、优酷、哔哩哔哩等短视频应用程序的异军突起,短视频以及视频博客也成为数字消费者进行购后感受分享的重要方式。

随着网络技术的发展和移动互联网用户的普及,越来越多的数字消费者愿意在点评类网站(如美团、知乎、大众点评网等)对产品和服务进行评价,以表达自己的感受和体验。商家可以利用 Python 等爬虫技术,获取店铺所有产品的月度截面数据,采用回归方法从产品销量的维度分析数字消费者在线评论对产品销量的影响,探究评论区域中获取的评价数量、评价长度、差评数量和可视化评论对产品销量的直接作用及交互效应。

哪些因素决定了购买者是否满意?答案取决于消费者预期与产品感知绩效之间的关系。如果产品未达到预期,消费者会感到失望;如果产品符合预期,消费者会感到满意;如果产品超过预期,消费者会感到高兴。预期绩效与实际感知绩效之间的差距越大,消费者越不满意。然而,几乎所有重要的购买行为都会产生认知失调,或是购后认知冲突而引起的不适。购买之后,消费者对所选品牌的优点感到满意,并庆幸避免了未购买品牌的缺点。然而,所有购买行为都涉及权衡。消费者会为所选品牌的缺点而担心,也会为没有得到未购品牌的好处而感到不安。因此,消费者每次购买后,或多或少都会存在心理不平衡感。

为增加客户的黏度,商家可以在网站上提供增值服务,如免费的顾客支持,从而鼓励消费者再次访问;为顾客提供产品反馈,提供这类信息可以向顾客表明商家正在努力提高自己的服务质量;通过电子邮件定期发送新产品和促销信息,鼓励顾客再次访问商家的网站;基于顾客以往的购买行为进行个性化促销,促使其重复访问网站,从而提供交叉销售和重复销售的机会。

3.3 数字消费者网络信息行为

3.3.1 信息环境与媒体演变

信息环境（Information Environment），指的是社会中由个人或群体接触可能的信息及其传播活动的总体构成的环境。它是与信息获取、交流、分享、利用等有关的各种要素的集合，它们构成信息生态系统。

人类信息环境的重大改变，与媒体的演变高度相关。从古至今，媒体的演变经历了三个主要时期：从人类社会早期受限的口碑、符号传播时期，跨入现代大众传播时期（四大媒体：报纸、杂志、广播、电视），再跃进到数字化媒体时期。21世纪信息环境的突变在很大程度上源自数字化媒体的蓬勃兴起和广泛渗透。哈特将人类有史以来的传播媒体按照先后顺序分为以下三类。

（1）直显媒体。即人类面对面传递信息的媒体，主要指人类的口语，也包括表情、动作、眼神等非语言符号，它们是由人体的感官或器官执行功能的媒体系统。

（2）再现媒体。包括绘画、文字、活字印刷和摄影等。在这一类系统中，对信息的生产者和传播者来说，需要使用物质工具或机器，但对信息接收者来说则不需要。

（3）机器媒体。包括电报、电话、唱机、电影、广播、电视、多媒体、互联网等。不单传播方需要使用机器，接收方也必须使用机器。

21世纪初，曾以新媒体泛称媒体的新进展。此前的媒体被视为传统媒体。新媒体在本质上就是数字化媒体，如1998年联合国教科文组织对新媒体的定义是："以数字技术为基础，以网络为载体进行信息传播的媒体。"有学者认为，新媒体是指数字技术在信息传播媒体中的应用所产生的新传播模式或形态。当前，对大众媒体的分类主要有印刷、录音、电影、电台广播、电视、互联网、智能手机七类。

在数字化媒体取代传统媒体的大趋势和转变格局中，消费者花费或分配在不同媒体上的时间有了根本变化，在数字化媒体上的消费时间有了极大的增长。同时，由于各种数字化媒体和社交媒体对传统媒体的大范围取代，信息基础结构从金字塔形变成去中心的立体网球形，消费者从不对称的不完全信息状态进入透明的几乎完全信息状态。获取信息的路径、信息传播的方式和效果、信息利用的充分性和有效性、个体影响力都完全不同。其结果是，消费者的信息行为完全改变，消费者有了更大的话语权和权利。

随着互联网和电子商务的发展，人们的数字消费行为在日常消费中的比重日益增加。其中，既有对物质产品的消费，也有满足精神需求的信息资源获取，其消费对象包括数据流、多媒体信息、网购、社交媒体等，统称为"数字消费"。消费者信息行为是指消费者为满足自身的信息需求而表现出来的需求表达、信息获取、信息分享、信息利用等行为。

3.3.2 消费者信息搜索行为

20世纪末以来，全球迅速普及的互联网从根本上改变了人类的信息环境，上网或在线开始成为消费者新的日常关键词。上网搜索各种需要的或感兴趣的信息，成为人们基本的生活方式和主要的生活内容。信息搜索由此成为数字消费者基本的信息行为，对于消费者认知、品牌选择、购买决策等都产生重要的影响。

用户的搜索行为，一般是在求解问题的过程中，对特定信息产生需求从而形成关键词，并将关键词通过搜索引擎进行搜索，然后对搜索结果进行浏览。如果搜索结果不能满足其信息需求，用户就会改写查询的关键词，以便更准确地描述自己的信息需求。随后，用户将新的关键词，提交给搜索引擎，用户和搜索引擎如此交互，形成了一个闭合回路，直到用户的信息需求得到满足或者被放弃。从用户产生信息需求到查询的过程有很大的不确定性，用户一开始可能找不到合适的查询词，或者查询词难以完全描述用户的信息需求，用户在查询过程中存在信息丢失的风险，所以，查询改写是用户逐渐厘清搜索需求的一个过程。

哪些因素会影响消费者信息搜索行为呢？

从理性的角度来看，影响消费者信息搜索行为的主要因素有：消费者特征，产品或品牌熟悉程度，市场特征与情境。这些因素又会因购买决策阶段、产品属性和消费者带入体验程度的不同而有所区别。此外，消费者对信息的搜索行为与其对品牌（产品）的熟悉度有关，消费者对品牌（产品）不熟悉时会搜索信息，具备一定认知后则会减少对信息的搜索。

互联网为消费者获取或搜索有关信息提供了全新的平台和工具，并成为方便、快捷、有效、成本低的信息源。大多数消费者都会利用上网搜索来获取信息，一旦有了购买的需求或者在网上购物时，也会使用网购平台和品牌官方网站等。所以，搜索引擎的优化十分重要，购物网站的用户界面和搜索性能对吸引消费者至关重要。同时，从传播技术的角度来看，消费者的网络搜索痕迹也给搜索引擎提供了最真实的消费者行为数据，使其能够更好地匹配消费者的需求。搜索引擎可以对用户行为进行准确分析，当用户有某种需求并搜索一个关键词时，企业通过揣摩用户需要，将相关产品或品牌信息展示给用户，以此方式来吸引潜在消费者。搜索引擎在这个过程中起到了桥梁作用，把消费者需求和企业的营销目标进行了有效地匹配，使用户的浏览转化为点击，继而转化为交易。

3.3.3 消费者信息浏览行为

数字消费者信息浏览行为，是指为满足已知或未知的信息需求，按照超链接在不同节点间自由游移的目标导向或非目标导向的网上信息查寻行为，包括点击相关超链接、网页浏览、阅读及与此相关的保存、收藏、复制等行为，还有对导航技巧、历史记录等功能的使用等。

在数字消费者的众多信息行为中，浏览商品信息是其中一个重要步骤。消费者信息浏览是购买过程的起点，是产生商品购买需求的前提条件。通过对消费者信息浏览行为进行研究，可以直接了解消费者进行网络购物时浏览商品信息的一些特征和习惯，从而根据这些特征和习惯对电商平台的系统界面和操作流程等进行改进，还可以根据消费者浏览商品信息的特征预测消费者的购买意向，有助于电商平台有针对性地提供服务或推荐商品，以提升数字消费者购物的满意度和平台的转化率。

由于信息需求通常是不明确的，加上网络信息的海量性、无序性和复杂性等因素的影响，消费者不一定能够利用检索行为来从海量信息中准确查寻到所需信息，因而，他们常常需要通过浏览方式来满足其并不明确的信息需求。另外，浏览作为与检索互异互补的信息查寻行为，还能帮助消费者在浏览过程中发现新的兴趣点，从而加深对欲知事物的了解。

数字消费者信息浏览行为不一定具有明确的信息需求目标，但却都有一定的浏览目的。由此可知，消费者信息浏览行为的目的呈多样化发展趋势的同时，仍以查寻信息为主。值得注意的是，"满足好奇"和"仅为消遣"占了一定的比例，这也许是因为网络是个无所不包的知识与信息库，人们在查找自己所需信息的同时，会根据网络中的内容、提示和自己的兴趣，不断地深入查寻，获得一种探索的心理满足感。

根据现有研究，一般情况下可以将消费者在浏览时产生的下列动作视为对网页有兴趣：消费者在网页上停留的时间、访问该网页的频率、保存、收藏、超链接的点击行为等。由此，可以将消费者对网页产生兴趣时的行为分为以下三个维度：时间维度（阅读时间、鼠标拖动时间等）、频次维度（访问次数、鼠标点击次数）和行为维度。行为维度又可划分为：收藏行为维度（保存、收藏、打印、复制等）、浏览行为维度（点击相关超链接、阅读）和检索行为维度（在浏览过程中同时利用搜索引擎等进行检索的行为）。

与数字消费者信息检索行为相比，信息浏览的目标性与规则性或许相对较弱，但是，作为消费者查寻信息的重要方式之一，数字消费者信息浏览行为的作用不容忽视。例如，企业可以根据消费者的浏览习惯占据最有利的网页广告位置，商家可以根据消费者的浏览习惯设计出更加符合消费者需求的信息技术产品等。没有对数字消费者信息浏览行为的充分研究，就难以真正把握数字消费者的信息行为特征，也就无法为消费者提供针对性的产品与服务。

3.3.4　消费者信息交互行为

数字消费者信息交互行为，是指消费者之间以网络作为交流平台，以数字内容为对象，相互在网络空间交流信息的行为。信息交互行为是网络信息行为中极为普遍的行为，不少消费者之所以对网络如痴如醉，其中一个重要的原因就是他们可以在网络这一虚拟空间上互动。通过文字、音频、视频等方式，相互实时或异时地传递信息。

20世纪60年代，当科学家们研制计算机网络时，最主要的目的是想通过网络来传递放置在不同计算机中的资料、共享科研信息，而未曾想到利用计算机网络来作为人际沟通的工具。直到1978年，社会学家希尔茨与特拉夫发表论著《网络之国》（*The Network Nation*），才兴起了对以计算机网络为媒介的交流沟通方式的研究。

如今，网络共享信息的功能已经得到极大的延伸。在触及全球的公众互联网上，用户与用户之间不仅能够进行科学信息的交流，通过聊天、电子邮件、论坛、博客、播客、威客、搜索引擎、网络游戏、协作学习、问题咨询平台等网络媒体工具建立起"虚拟学院"，以了解学术发展动态、表达学术思想、启发学术灵感、传播科学信息，而且人们借助网络构建了人际信息沟通与交流的巨大空间。网络社会的形成依赖于用户间的信息交互，这种交互方式的主要推动力是计算机网络技术的迅猛发展。

1. 网络提升了消费者信息交互意识

网络所体现出来的开放性、交互性、共享性、虚拟性等特征改变着人类实践的主体、客体、手段及结果，并为消费者的主体性发展提供了广阔的舞台，大大提升了消费者信息交互意识。近年来，移动互联网的迅速发展，为消费者提供了更具参与性与开放性的交流平台，使之能在网络上尽情地展现自己的才华，自由地发布自己的见解，率直地阐明自己的看法，聚合并分享集体的智慧和力量，创新自己的观点，成为一代能动地参与信息交互活动的消费主体。

2. 网络改变了消费者信息交互环境

网络将人类社会生活各个领域联结成了整体，三维动画和虚拟技术的不断完善为网络世界创造了越来越逼真的现实环境，提供了多元文化共存的信息交互社区。不同国家、不同民族、不同文化传统、不同宗教信仰的文化都可以在这一共同空间里共生共长。传统意义上主要基于血缘、地缘、业缘关系而建立起来的人际关系被打破，人们的交往范围日益拓宽，知情的渴望日趋强烈，人的社会性得到空前的发展和延伸。上述一切，必然又会反过来刺激消费者对网络信息的需求，影响消费者在网络上的信息交互行为。

3. 网络提供了广阔的信息交互平台

网络克服了信息交互中的时空障碍，减少了不同地域间信息交互的时滞与地理障碍。网络也促进了交互方式与手段的变革，克服了以往受时空局限的"点对点"交流方式的缺陷，实现了"点对面"，甚至是立体的全方位交流。不仅如此，网络还实现了信息交互的自由与平等。在虚拟的网络空间里，交流主体无需考虑自己或对方的社会地位、宗教信仰、种族肤色、学术流派等社会现实中无法回避的因素，他们可以自由地表达观点、发表学术主张，从而使个人的潜能和创造力得以最大限度的发挥。

4. 网络拓展了消费者信息思维空间

在网络环境下，信息用户不再是单纯的信息接收者，还可以成为信息生产者的合作者。文本可以被注解和修改，被不断地添加或删节。大众协同编辑、在线出版、不断修正的百度百科就是这样的典型应用。从这个意义上讲，网络不但极大地改变了人们获取客观世界信息的方式，而且改变着人们重构客观世界的模式。此外，网络还带来了消费者思维参照系的变化。因为它打破了相互隔绝的封闭生存空间，改变了人们以自身为参照系，以经验知识为轴心的后馈思维方式，消除了思维观念中地域上的保守性、民族的狭隘性，从而直接提高了消费者信息交互的意识与能力。

3.3.5 消费者信息选择行为

所谓选择，就是主体为了追求和实现某种价值的有目的性的行为，又是主体在多种可能性中间能动地对某种可能索求、对众多可能舍弃的行为过程。简言之，我们可以将选择概括为：从特定的集合中挑选出符合某个标准的若干因素，从而构成新集合的行为过程。

信息选择，发于主体的目的性，任何信息选择都是为了实现某个信息主体的特定目的。也就是说，任何信息主体要达到自己的目的，都需要选择相应的信息来调节自己的行为。消费者信息选择行为，是指消费者对各类信息及经过加工的信息材料进行筛查、判断，选择出自己所需内容，并作用于决策、生活、人际交往等方面，是消费者整个信息行为过程中实现信息价值，影响消费决策的关键步骤。

在这个过程中，信息的利用效果会受到消费者自身的经验、知识水平、习惯偏好以及对信息的理解和判断等因素的影响。此外，数字消费者信息选择行为的动力还来自于主体的生理和心理需要、情感意志和价值取向。可以说，数字消费者信息选择行为，是判断、评价与决策的综合过程，它包含着感知、注意、记忆、思维和情感等复杂的心理过程和心理特征。

数字消费者的内在心理倾向，通常导致其在信息选择中受以下三个方面机制的制约。

（1）选择性注意：指数字消费者对于自己需要和偏好的信息具有较高的知觉与意识。

（2）选择性感受：指数字消费者主动地寻求那些对于自己来说具有价值的，或愉悦的信息。

（3）知觉性防御：指数字消费者下意识建立起心理屏障，抵制那些与自己需要、价值、观点等不相一致的信息的输入。

数字消费者通常倾向于认同和接受与自己以往经验相符的信息，而下意识地对与自己固有认知不符的信息进行抵制。一般包括吸收被同化的新信息、打破原有信息结构、形成新的知识结构、影响自己的生活行为等过程。在数字营销环境下，消费者信息选择行为具体表现为，消费者看到有价值的信息，会收藏信息或者下载信息；也有的消费者会参与到营销活动中，转化为实际的购买行动等。

3.4 数字消费者行为的研究方法

3.4.1 传统研究方法

随着对消费者行为研究的深化，人们越来越深刻地意识到，消费者行为是一个整体，是一个过程，获取或者购买只是这一过程的一个阶段。因此，研究消费者行为，既应调查、了解消费者在获取产品、服务之前的评价与选择活动，也应重视在产品获取后对产品的使用、处置等活动。只有这样，对消费者行为的理解才会趋于完整。在传统消费者行为研究领域，常用的研究方法有：观察法、访谈法、问卷法、投射测验法和实验法。

1. 观察法

观察法是消费者行为分析法中最基本的研究方法，是指在日常生活中有目的、有计划地观察消费者的语言、行动和表情等方面以探究其心理活动的方法。这种方法主要用于研究新产品的吸引力，产品定价对消费者的影响及销售策略的效果等。

2. 访谈法

访谈法是通过访谈者与受访者之间的交谈，了解受访者的动机、态度、个性和价值观念等行为的一种方法。访谈法分结构式访谈和无结构式访谈（无控制的访谈）两种。结构式访谈又叫控制式访谈，它是通过访谈者主动询问、受访者逐一回答的方式进行的。无结构式的访谈又叫无控制的访谈，这种访谈是通过访谈者和受访者之间自然的交谈方式进行的。

3. 问卷法

问卷法是调查者事先设计好调查问卷内容，向被调查者提出问题，并由被调查者予以回答，从中分析研究被调查者的消费心理和行为的方法。问卷法可以请被调查者书面回答问题的方式进行，也可以变通为根据预先编制的调查表请消费者口头回答、由调查者记录的方式。借助网络实现在线调查，能够将调查内容和分析方法在线化、智能化，以保证调查数据的准确性和真实性。问卷法是消费者心理和行为研究的最常用的方法之一。

4. 投射测验法

为了克服访谈法和一般问卷法的缺点，真正了解受访者或受测者的动机和态度，心理学家创造了投射测验的方法。投射测验是一种人格测量的工具，用于探索个体心理深处的活动。这种测验是给被试一组意义不清的刺激，让他加以解释。本来是模糊的，没有确定意义的刺激，又要让被试者说出这种刺激的意义，他自然会充分发挥想象力，尽量把刺激的意义说得圆满。通过对被试者解释的分析就能比较准确地推断出他的人格特征。这种测验用的是迂回曲折法，被试者没有戒心，他内心的真谛是在不知不觉中投射出来的，因而所测的结果比较真实。

5. 实验法

实验法是研究者有目的地严格控制或创设一定的条件，以引起消费者某种心理或行为变化的研究方法，是心理学研究中应用最广且成效也最大的一种方法，包括实验室实验法和自然实验法两种。实验室实验法是指在实验室里借助仪器、设备等，控制一定的条件，进行心理测试和分析的方法。自然实验法是指通过创造或变更某些条件，刺激和诱导消费者以了解其心理和行为的方法。

3.4.2 消费者数据获取途径

21世纪的数智化时代，消费者大数据加上算法能够更快、更精准地了解消费者，并且更加高效和低成本。通过实时监测或者追踪消费者在互联网上产生的海量行为数据，借助智能分析生成个性化、精细化的结论。

在传统营销环境下，获取消费者数据有两个途径：一是通过企业内部数据，包括销售数据和客户关系管理等方面的数据，了解消费者的大致分布和偏好。这是结果导向的数据，不能洞察消费者的决策过程，也不能了解那些没有购买或者购买竞争品牌的消费者是如何做出决策的。二是通过市场调研，如访谈、焦点小组、问卷调查等，来获得消费者数据。这一类数据偏向探讨消费者的心理、动机和行为习惯，虽然能够帮助研究者了解消费者是如何做出决策的，却难以与其真实的行为数据对接，存在调查结果与实际情况有偏差、预测力不高和时有不精确等问题。

互联网及移动智能终端的广泛应用，使消费者数据有了新的来源——消费者的网络痕迹。大量消费者的工作和生活都在线上，他们在网络上的行为"足迹"留下了极有挖掘价值的宝贵数据。例如，网上浏览的记录、网购消费和付款、社交媒体上的朋友圈、行踪轨迹、手机预约出租车、阅读和健身、兴趣爱好……这些网络足迹都以数据的形式记录并存储下来。这些数据的优点在于，记录了消费者在自然状态下，而不是在被调查、被观察的实验状态下，做决策的每个环节：点击、浏览、阅读；比较；收集信息；购买；购后评价等。除了真实性，这些数据还具有多样化、多平台、多形式的特点，大量的碎片数据汇聚起来，就能够把网民的行为刻画得更加全面准确，从而获得更清晰、更深刻的消费者洞察。

获取数字消费者网络痕迹数据的方法有两种，一种是用户的注册信息，另一种是访问行为和浏览行为。访问行为和浏览行为的数据，通过以下四个步骤获取：第一步，浏览网页时，在用户终端植入 cookies/flash cookies；第二步，收集浏览数据，包含点击次数、浏览时间、浏览时长等；第三步，整理和计算数据，包括人口属性推断等；第四步，通过标签和建模，生成特定数字消费者画像。

每个消费者每天都会产生大量的信息行为数据，因此企业有多种数据来源。PC端的信息来源主要依赖注册信息和cookie，移动智能设备端的信息来源主要依赖App的使用信息、基于地理位置的信息、数字消费者的交易信息等。此外，社交媒体、企业内部的消费者信息、客户关系管理数据库等都是数字消费者大数据的来源。

3.4.3 基于大数据的消费者行为分析方法

互联网的产生与发展，使人们的信息沟通更加便捷。电子商务这一代表数字经济的新型交易模式的产生，从根本上改变了消费者的消费角色、消费观念、消费行为以及消费模式。随着电商的不断发展，数据量级不断增大，服务于商家的各种数据产品应运而生，获取消费者数据的方式变得更便捷，成本也更低。同时，由于大数据和智能终端技术的广泛应用，企业可以对数字消费者智能记录、识别和分析，随时随地与消费者进行互动。因此，对于消费者行为研究的方法及其效果也与过去迥然不同。数字消费者在网络消费过程中，通常会进行浏览、搜索、购物等操作，从而产生与消费者相关的大量信息行为数据，对这些数据进行有效利用，需要借助大数据相关技术和工具。

1. 借助浏览痕迹，了解数字消费者行为轨迹

使用 cookie 数据，可以获得冲浪者在电脑网页上浏览的完整"足迹"。cookie 是服务器暂存在用户电脑上的信息资料，以便识别用户，它存储在用户的本地电脑上，而且经过了加密处理。利用cookie数据进行消费者洞察具体为，通过对可得的每一个cookie进行分析，找到该用户的关注点、兴趣点。cookie 就像是用户留下的一串串脚印，根据这些脚印的所到之处，可以知道用户的兴趣爱好，以此为基础来投放广告。类似地，还可以进一步实现移动跨屏情况下的"足迹跟踪"。

2. 借助搜索数据，映射数字消费者关注点和需求

通过分析互联网用户的主动搜索行为产生的搜索数据，可以清楚地显示他们的关注点以及他们想要解决的问题。处在不同场景的消费者需求会根据消费环境的转换而发生变化，在变化的环境中进行精准的场景营销是吸引消费者的关键。场景营销伴随移动互联网的发展出现，它能更精准有效地满足消费者的即时需求，基于场景推送广告信息。准确对应人群、需求和场景，是人工智能技术在场景营销中应用的最佳效果。例如，人们在手机端看短视频时，通过人工智能技术将视频数据结构化，快速精准地识别视频内容中的明星、品牌、物体和对话等，并结合视频标签数据库建立广告与视频情境之间的联系，进而选择与之对应的视频广告投放节点和内容，为受众提供观看广告的最佳体验。

3. 借助社交数据，分析数字消费者类型

基于社交媒体的数据分析，可用于判断消费者的个性、偏好、生活方式、兴趣等。利用大数据系统，记录下用户的购买反应，可以使企业以最直观的方式将用户分类并采取相对应的措施。以亚马逊为例，它拥有大量的数据以及强大的技术分析能力，可以迅速得知用户的参与度和满意度。它的用户数据系统，记录用户的购买反应，为用户的细分提供有效依据。通过分析用户在购买过程中所做出的反应，亚马逊把用户大致分为理智型用户、认知型用户、被动型用户、情绪型用户。在将用户分类并了解各类用户的特点以后，企业就可以有针对性地对用户实施营销方案。这样，不仅可以解决产品销售难、用户体验差等问题，还可以充分发挥大数据技术在营销中的强大作用，使企业跟上时代发展的步伐。

4. 借助交易数据，掌握数字消费者实际购买行为

通过分析线上支付数据，消费者的实际购买行为一目了然，如支付宝数据。首先，支付宝数据基于真实的消费数据，或者说是基于每一笔真实交易产生的数据，相比较其他的消费者调研数据更为可靠。其次，支付宝数据不仅包括淘宝，其用户群体还包含全领域电商的方方面面，其数据之丰富，是其他任何平台无可比拟的。对这些数据的分析结果对商家深度洞察数字消费者行为，具有极高的参考价值。

整合上述数据可以得到数字消费者的"用户画像"。也就是说，"用户画像"是基于大数据平台和大数据分析，整合消费者各种碎片化的信息，通过标签和模型化，生成特定消费者的全景、实时的精准描述。因此，它也可以称为"数字消费者画像"，是对"用户画像（标签）"（即用户的类型区分的群体特征描述）的数字化升级。

此外，研究消费者行为还有跨文化研究法、案例研究法、内省法、心理要素量表法、语义级差法、统计测量法等具体的研究方法。在研究过程中，研究方法是相互联系、相互补充的。同时采用两种或两种以上的方法，既可以相互印证结论，又可以提高对消费者行为分析的准确程度。在此基础上，企业可以精准锁定自己的目标受众，通过植入式的精准营销策略来传递信息，基于受众的大数据营销成为未来的发展趋势。

腾讯优码全链路数字化营销解决方案

腾讯优码（Tencent Youma），是以"一物一码"为基础，结合腾讯独有的分类分析模型和平台能力，从市场营销优化、商品防伪溯源、渠道终端管理、数据中台搭建等方向，帮助企业以人、货、场为核心，直连消费者和终端门店，打通线上线下场景的全链路数字化营销解决方案。

传统零售行业正面临以下挑战：1. 消费者营销成本高，互动意愿低，效果难评估。2. 线下终端售点难挖掘，终端店主难管理，动销策略难贯彻。3. 全流程数字化程度低，渠道信息缺失，缺乏协调效率低。4. 假货难辨别，伪冒网站频出，造成消费者损失。围绕四大挑战，腾讯优码用四大核心应用场景来解决行业痛点问题：市场营销、渠道管理、防伪溯源、企业数字化，覆盖"人—货—场"全零售生态场景，从连接消费者到链接渠道终端，实现以货的数字化为基础的企业数字化升级。

腾讯优码提供的核心产品包括：门店通、会员通、正品通，增值产品包括：商品鉴真溯源、商品防窜分析、品牌私域直达、品牌保护等。基于优码管理平台，专注核心业务场景：链接品牌商与终端售点，促进动销提升；链接品牌商与消费者，转化线上线下流量，提升消费者黏性与复购；链接消费者与商品，实现品牌保护与防伪溯源。腾讯优码借助平台优势，链接亿万商品的消费者触点，使企业营销能力升级；链接亿万商品的消费者触点，使动效能力升级；获取实时的效果数据，使运营能力升级。

码管理平台：支持码规格管理，按照码规格进行一物一码或通码的发码，码信息录入，激活等功能，同时提供查询单码信息服务。

正品通防伪溯源平台：借助二维码、区块链等技术的应用，帮助品牌实现真实可信的商品鉴真和溯源查询，并提供商品防窜分析、商品防伪分析、用户洞察等商品数字化产品服务。

门店通终端售点管理与运营解决方案：通过门店大数据、门店终端小程序、帮助品牌商、经销商实现门店数据管理、门店运营及B2B订货数字化。分为门店通企业版与门店通渠道版。直连三类核心角色赋能零售终端数字化：品牌企业、经销商、终端门店。从售点管理、售点运营、订货商城到经销商管理端，四个纬度展开企业全流程线上化，降本体效，数字化、可视化，为决策提供依据。打通门店与渠道各环节的业务流程，帮助品牌商最终实现促进终端销售，提升终端运营效率，优化渠道资源配置效率的目的。

会员通消费者营销解决方案：以扫码为切入点，连接线上线下场景，通过丰富的营销互动模块及数据洞察能力，帮助品牌直连消费者，洞察消费者，持续运营消费者，提升品牌C端综合营销效果。四大核心能力助力会员营销：1. 一物一码营销闭环；2. 丰富多样的互动营销能力；3. 积分体系运营；4. 数据洞察分析。会员沉淀，流量闭环：通过"一物一码"营销，促使消费者扫码进入会员小程序。进一步活跃互动，将流量沉淀至品牌私域，促使忠诚会员完成复购转化。以二维码为切入点，帮助品牌商连接线上线下场景，通过提供丰富的扫码/互动活动模型、活动评估体系助力品牌沉淀用户资产，实现消费者数字化营销与运营，从而提升品牌会员增长与品牌影响力。

在营销风控方面，腾讯在用户端的海量覆盖，以及多年业务实践中积累了大量与羊毛党、黑产对抗的经验，可精准稳定感知用户扫码情况，识别判定结果实时返回。品牌可根据腾讯天御智能风控中台返回的风险值，结合具体营销策略，决策合适的处理方式。

资料来源：https://cloud.tencent.com

思考题

1. 什么是数字消费者行为？数字消费者行为有哪些特征？
2. 简述数字消费者购买决策过程。
3. 试举例说明数字消费者网络信息行为。
4. 数字消费者行为的研究方法包括哪些？

交易型关键词透视
用户搜索意图的奥秘

即测即练

扩展阅读

自学自测

扫描此码

第4章 数字用户画像

 本章学习目标

通过本章学习,学员应该能够:
1. 认识用户画像及其应用;
2. 认识企业画像及其应用;
3. 了解画像系统建设流程。

4.1 用户画像

4.1.1 什么是用户画像

"用户画像"最早源自交互设计/产品设计领域。交互设计之父艾伦·库珀(Alan Cooper)较早提出了用户画像(Persona)的概念,并指出用户画像是真实用户的虚拟代表,是建立在真实数据之上的目标用户模型。在交互设计/产品设计领域,通常将用户画像界定为针对产品/服务目标群体真实特征的勾勒,是一种刻画目标客户、联系客户诉求与设计方向的有效工具,借助用户画像手段,设计师将头脑中的主观想象具化为目标用户的轮廓特征,进而构造出设计原型或产品原型。近年来,随着数字经济的蓬勃发展,为解决数字产品运营中的用户定位不精准、用户的个性化服务不足等问题,将用户画像引入数字消费者行为分析。

从语义来看,"用户画像"与"用户角色"非常相近,是用来勾画用户(用户背景、特征、性格标签、行为场景等)和联系用户需求与产品设计的,旨在从海量用户行为数据中"炼银挖金",尽可能全面系统地获取出用户的信息全貌,从而帮助用户解决如何把海量数据转化为商业价值的问题。用户画像(User Portrait)、用户角色(User Persona)、用户属性(User Profile)这三个概念各有侧重:用户角色是业务系统中不同用户的角色划分,如学校教务管理系统中的教师审核、设置选课、学生查看选课和查看成绩,教师和学生是不同的用户角色;用户画像是对同一类用户进行不同维度的刻画,例如,对同一个电商平台的买家进行用户画像设计,就是将买家进一步细分,如闲逛型用户、收藏型用户、比价型用户、购买型用户等;用户属性是对属性层面的刻画和描述,特别是基本属性的内涵居多,包括性别、年龄、地域等。

综上所述,用户画像,即用户信息标签化,通过收集用户的社会属性、消费习惯、偏好特征等各个维度的数据，进而对用户或者产品特征属性进行刻画，并对这些特征进行分析、统计，挖掘潜在价值信息，从而抽象出用户的信息全貌。用户画像是企业定向广告投放与个性化推荐的前置条件，为数据驱动运营奠定了基础。

消费者留在网络和各类服务器上的行为数据和数据库里的大量数据被分析和挖掘，最终被贴上一系列"标签"，而"标签"是能表示用户某一维度特征的标识，主要用于企业业务的运营和数据分析。大数据时代，每个消费者的网络消费行为都会被记录下来，并汇聚形成了一个全过程价值链的用户数据，这些数据包括浏览、交易、客服、配送和物流等所有相关数据。随着移动互联网的发展，利用移动支付入口还可以将地理位置信息、交通行为信息、酒店机票订单等线下商品购买和服务交易内容纳入用户数据，通过整合这些数据，就可以精准描绘用户的全方位特征，也就是精确的用户画像。

用户画像需要的海量数据分为静态信息数据和动态信息数据两大类。

静态信息数据是指用户固有的特征信息，主要包括人口属性、商业属性等信息。其中人口属性主要指用户的年龄、性别、照片、昵称、所在的地区和城市、教育程度、婚姻情况、生育情况、工作所在的行业和职业等。商业属性主要指消费等级、消费周期等。

动态信息数据是指用户不断变化的行为数据，这类数据往往是用户在数字渠道留下的行为数据，如用户打开哪个网页、查看哪种产品、购买了哪种产品、是否分享了相关的产品、是否留下了相关的评价等。对商家来说，一方面要关注用户行为类型，如浏览、点赞、评论、回复、社交互动、购买决策等；另一方面关注用户行为的变化，如消费者购买选择了哪个购物平台，购买决策具体发生在哪个网页等。

用户画像如果要做到全面、全息，就离不开大数据技术的支撑。用户画像是对现实世界中用户特征抽象的数学模型，强调了用户画像是对现实世界的描述，数学建模是使用海量、多维度的数据进行用户画像的抽取。因此，用户画像是描述用户特征的数据，是符合特定业务需求的对用户特征属性的形式化描述，用户画像源于现实，又高于现实。同时，用户画像是通过数据挖掘、分析用户信息而得到的，它源于数据，又高于数据。

4.1.2 用户画像的构建

用户画像的构建包括4个步骤：明确目标、采集和分析用户信息、建立画像模型、系统可视化。

1. 明确目标

在建立用户画像前，首先要明确用户画像服务于企业的对象，根据业务方需求、未来产品建设目标和用户画像，分析预期效果。一般而言，用户画像的服务对象包括运营人员、数据分析人员。不同业务方对用户画像的需求有不同的侧重点，就运营人员来说，他们需要分析用户的特征、定位用户行为偏好，做商品或内容的个性化推荐以提高点击转化率，所以，画像的侧重点落在用户个人行为偏好。就数据分析人员来说，他们需要分析用户行为特征，做好用户的流失预警工作，还可根据用户的消费偏好做出更有针对性的精准营销。

此外，不同类型的企业和行业提取的数据信息也不同，如以内容为主的"媒体或阅读类网站""搜索引擎或通用导航类网站"，往往会提取用户浏览内容的兴趣特征，如体育类、娱乐类、美食类、理财类、旅游类、房产类、汽车类等。社交网站的用户画像，则会提取用户的社交网络，从中可以发现关系紧密的用户群和在社群中起到意见领袖作用的明星节点。电商购物网站的用户画像，一般会提取用户的网购兴趣和消费能力等指标；金融领域的用户画像还会有风险画像，包括征信、违约、洗钱、还款能力、保险黑名单等。还可以加上用户的环境属性，如当前时间、访问地点特征、当地天气、节假日情况等。对于特定的网站或 App，有特殊关注的用户维度，因此需要把这些维度做得更加细化，从而给用户提供更精准的个性化服务。总而言之，应根据企业目标设定不同，把用户画像所选择的特征维度进行相应匹配。

2. 采集和分析用户信息

数据采集构建用户画像是为了还原用户本身的特征，因此，数据来源于所有用户相关的数据。数据的获取方式有很多种，数据挖掘是一种最为常见，较为精准的方式。

人们在实践中发现，不同的事物、不同的用户或同一用户，在不同时间对相同的事物，可能有着不同的兴趣。这些兴趣可能是长期的，也可能是短期的；可能是静态的，也可能是动态的。例如，男性和女性对电影品类的偏好是有差别的，而这些天然的性别所赋予的内在兴趣，或是用户兴趣随时间衰减的速度小于一定阈值的兴趣，便可称为长期兴趣。短期兴趣和长期兴趣是构建核心兴趣标签的基础。对于互联网广告、个性化推荐、精准营销、预测用户行为具有重要意义。

另一方面，用户行为挖掘具有多样性和复杂性。不同企业对用户画像有着不同的理解和需求，根据行业和产品的不同，所关注的特征也有不同，主要体现在基本特征、社会特征、偏好特征、行为特征等方面。除了上述的用户属性之外，一个完整的用户画像通常还包含用户行为数据，通过用户行为分析挖掘，可以识别用户偏好、推荐用户感兴趣的商品信息、制定运营策略、提升用户转化率及留存率、降低流失率。根据不同的应用场景，用户行为有所不同，例如在电商应用场景中，用户对商品选购的行为有点击、购买、加购、收藏等，可以通过 4W + H 进行描述表示：Who（谁）、When（什么时候）、Where（在哪里）、What（做了什么）、How（交互）。在此过程中，涉及了动态、感知、认知、行为及环境等因素的相互作用，如 AISAS 模型（Attention，Interest，Search，Action，Share），分析用户对哪些产品、类目感兴趣、用户购买行为特点等。在社交网络应用场景中，用户与用户之间的行为有点赞、回复、提及、评论、喜欢、关注、转发等多种，其中转发是社交网络中信息传播和扩散的一种重要方式，转发与用户话题兴趣、消息内容、消息发布时间等因素有着密切的联系，转发的主要意图包括娱乐大众、同意某人的观点、构建朋友关系等。社交用户行为挖掘的基本过程，包含数据提取、清洗整理、建立模型、行为预测等。

如果数据有限，则需要定性与定量的方法相互结合补充。一般而言，定量分析的成本较高、相对更加准确，而定性研究则相对节省成本。定性方法如小组座谈会、深度访谈、日志法等，主要是通过开放性的问题了解用户真实的心理需求，具象用户特征；实证研究的方法是一种常见的定量研究方法，是通过测量项构成的问卷调研的方式进行，关键在于后期定量数据的建模与分析，目的是通过封闭性问题的回答，一方面对定性假设进行验证，另一方面获取市场的用户分布规律。用户数据划分为静态数据和动态数据两大类。静态数据相对稳定，主要包括用户的人口属性、商业属性、消费特征、生活形态、客户关系5个维度。动态数据则来源于用户不断变化的行为信息，如一位消费者打开某网站网页，买了一件商品；一位消费者下午3点登录某App，30分钟之后离开等。这些动态数据主要有场景、媒体和路径3个来源。场景指消费者访问设备、访问时段和访问时长等；媒体指消费者访问的媒体平台类型，如社交类、资讯类、游戏类、购物类等；路径指消费者进入平台、使用平台和离开平台的轨迹。数据采集方法包括应用程序接口（Application Program Interface，API）、软件开发工具包（Software Development Kit，SDK）和传感器采集等。

用户特征挖掘是完成用户画像的基础环节，从预处理后的数据中采用不同维度、挖掘用户属性，在此基础上设计基础标签、计算标签权重而建立画像模型。

3. 建立画像模型

1）标签体系

标签是一种用来描述业务实体特征的数据形式。通过标签对业务实体进行刻画，从多角度反映业务实体的特征。现实环境中，与业务实体相关的数据非常多，结构复杂。以用户实体为例，相关的数据包括用户基本属性、网站访问、购买行为、LBS数据、设备数据、分享和评论数据等等。其中用户基本属性、购买行为等属于结构化数据，网站访问、评论数据则是半结构化数据，这些数据分布在许多不同的表格或文件中，存放在数据仓库、大数据平台等分析型系统中。这类系统强调的是如何管理海量的各种数据、如何梳理清楚数据之间的关系、如何提高用户的分析和挖掘效率。使用这些数据的过程是比较复杂的，主要用于分析和挖掘，需要较高的技术门槛。当把数据应用实际业务场景时，需要在应用系统中使用数据。然而，与分析型系统不同的是，应用系统更强调系统运行效率、系统的稳定性、用户配置的简易程度等因素。因此，不能把分析型系统中的大规模结构复杂的数据直接搬到应用系统，而是需要采用更简单的数据结构，标签就是其中一种。为了更好地刻画用户特征属性，通常人们使用标签的集合来表示用户画像，也就是建立用户画像的标签体系，如图4-1所示。

用户画像的标签可以分为三种类型：统计类标签、规则类标签、机器学习挖掘类标签。

（1）统计类标签，是最为基础也最为常见的标签类型，主要通过对用户基础信息与行为日志聚合统计而来。一般指的是用户的基础属性，包括用户基本的资料（性别、年龄、住址等）、用户情况（学历、婚姻状况、兴趣爱好、自定义关键词等）和用户的可直接统计的行为（近七日活跃时长、活跃天数、活跃次数等）。该类标签构成了用户画像的基础。

（2）规则类标签，基于用户行为及确定的规则生成。例如，对平台上"消费活跃"用户这一口径的定义为"近30天交易次数≥2"。在实际开发画像的过程中，由于运营人员对业务更为熟悉，而数据人员对数据的结构、分布、特征更为熟悉，因此，规则类标签的规则由运营人员和数据人员共同协商确定。

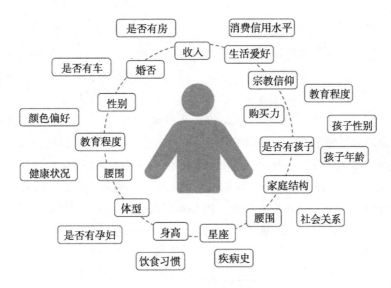

图 4-1　用户画像标签体系

（3）机器学习挖掘类标签，通过机器学习挖掘产生，用于对用户的某些属性或某些行为进行预测判断。例如，根据用户的行为习惯判断该用户是男性还是女性，根据用户的消费习惯判断其对某商品的偏好程度。该类标签需要通过算法挖掘产生。

一个目标客户的画像，其标签类型是动态扩展的，因此标签体系没有统一的模板。一般与自身的业务特征有很大的关联，横向来看是产品内数据和产品外数据，纵向来看是线上数据和线下数据。通常，统计类标签所代表的人口基础属性特征是不可或缺的。而机器学习挖掘类标签多用于预测场景，如判断用户性别、用户购买商品偏好、用户流失意向等，开发周期相对较长，开发成本较高。

用户标签体系分为以下几个层级。

（1）原始输入层：指的是用户的历史数据信息。例如，会员信息、消费行为信息、网站行为信息等。经过数据的清洗，达到用户标签体系的事实层。

（2）事实层：指的是用户信息的准确描述层。其最重要的特点是，信息可以从用户身上得到确定与肯定的验证。例如，用户的人口属性、会员信息购买品类、浏览次数等。

（3）模型预测层：指的是通过统计建模，采用数据挖掘、机器学习算法，对事实层的数据进行分析利用，从而得到描述用户更为深刻的信息。例如，通过建模分析，可以对用户的性别偏好进行预测，从而对没有收集到性别数据的新用户进行预测，还可以通过建模与数据挖掘，使用聚类、关联模型来发现目标客户群的聚集特征。

（4）营销模型预测层：指的是利用模型预测层的结果，对不同用户群体、有相同需求的用户通过打标签，建立营销模型，从而分析用户价值和用户的活跃度、忠诚度、影响力等可以用来进行营销管理的数据。

（5）业务层：即数据展现层。是业务逻辑的直接展现，例如，表现出某个用户属于高消费人群、旅游族等。

2）标签计算

用户画像的建立就是通过算法模型进行标签计算来定义消费者分类特征，一个事件模型通常包括时间、地点、人物3个要素。每一次用户行为本质上是一次随机事件，可以详细描述为：什么用户，在什么时间，什么地点，做了什么。①用户：关键在于对用户的标识，用户标识的目的是区分用户、单点定位。②时间：包括两个重要信息，时间戳和时间长度。时间戳，为了标识用户行为的时间点；时间长度，为了标识用户在某一页面的停留时间。③地点：用户接触点，每个用户接触点包含了两层信息：网址和内容。网址：每一个链接（页面/屏幕），即定位了一个互联网页面地址，或者某个产品的特定页面。可以是PC上某电商网站的页面，也可以是手机上的抖音和微信等应用某个功能页面，或某款产品应用的特定画面。④内容：每个网址（页面/屏幕）中的内容。可以是单品的相关信息：类别、品牌、描述、属性、网站信息等。如红酒、长城、干红。对于每个互联网接触点，网址决定了权重，内容决定了标签。⑤行为类型：如浏览、添加购物车、搜索、评论、购买、点击赞、收藏等。综上所述，用户画像的数据模型，可以概括为：用户标识＋时间＋行为类型＋接触点（网址＋内容），某用户会因在什么时间、地点、做了什么事而被打上标签。用户标签的权重可能随时间的增加而衰减，因此，定义时间为衰减因子，行为类型、网址决定了权重，内容决定了标签，进一步转换为公式：标签权重＝衰减因子×行为权重×网址子权重。

3）标签验证

建立画像模型之后还需要进行标签验证。第一，画像模型设计必须与最初的目标设定相符，要适应特定的场景和行业。第二，用户画像的粒度要适中，就如市场细分一样，不是分得越细越好。模型设计的标签过多，覆盖的人群反而越少、表征能力越弱，不利于进行消费者洞察。第三，要明确消费者的特征维度会随着时间和场景的变化而变化，是一个动态的信息数据，因此需要企业不断地更新该项工作，及时调整策略。

4. 系统可视化

通过可视化，可以更加清晰直观地展示用户画像的分析结果，不同标签的数据对比和趋势变化等，都需要可视化的形式来监控查看。用户画像的最终结果是为产品运营提供更好的决策依据，因此，需要利用数据可视化工具，将群体或个人用户的画像模型用清晰易懂的可视化方式呈现。例如：使用各类图表来展现，常用的表示类属的有饼图、堆叠横条图、矩形树图、马赛克图、旭日图、瀑布图等；时序数据可视化的条形图、折线图、散点图、点线图和径向分布图、日历等；空间数据可视化的位置图、统计图表、箱线图和子弹图等。除了一些具体的图表外，还可以将数据更加形象化表示，如淘宝发布的消费者年度淘宝账单等。

4.1.3 用户画像的应用

1. 经营分析

用户画像可以帮助业务部门对商品的销量进行分析，有利于业务部门了解用户的性别、年龄、职业等各个维度特征的分布信息。例如，快速定位到爆款商品，进一步分析购买爆款商品的用户在各个维度上的特征。

用户画像还可以帮助业务部门进行目标用户的渠道来源分析。在画像应用中，可以分析目标人群的渠道来源，使得渠道投放策略更有针对性。例如，业务部门使用画像系统组合标签圈定对某女装款式感兴趣的人群，在渠道维度进行透视，分析该批用户主要来自哪个渠道，然后有针对性地在该渠道投放该女装款式的广告。一般来说，还可以在画像产品端通过搭建商业智能报表的方式，进一步细化分析渠道的各维度表现。整合各渠道来源用户在平台上的访问、注册、订单量、网站的成交金额、留存率以及渠道投放费用等维度数据，评价不同渠道的质量好坏，以便业务人员对渠道投放和策略有的放矢。

用户画像可以帮助分析产品流程或关键节点的转化效果，常借助漏斗图展现转化效果。漏斗图是一种外形类似漏斗的可视化图标，使用该方法可以直观地追踪产品的整体流程、追踪业务的转化路径、追踪生命周期不同阶段下的用户群体表现。通过一系列转化率的分析，可以迅速定位问题，方便运营人员及时调整运营战略。

2. 精准营销

用户画像为精准营销提供坚实的信息基础。精准营销是企业不仅要知道产品的售卖对象是谁，还要知道哪些人可能会购买产品。通过实时收集消费者的行为数据，完善消费者的用户画像，可将用户群体切割成更细的粒度，实现个性化数据推送。同时也可以通过实时收集消费者的反馈信息，及时调整营销计划，指导企业制定更精准的营销策略。例如，施华蔻在发放男性洗发露的时候也对一小部分的女性用户进行了发放，其广告语是"将男士薄荷活力洗发露送给你最重要的男士"，基于用户画像的精准营销可以帮助企业将不同的广告场景投放给不同性别属性的用户。

日常生活中，我们经常会从多种渠道接收到营销信息。过去，在对用户一无所知的情况下，想要获得比较好的营销效果，就必须将广告覆盖到尽可能多的人群，这样做的代价无疑是很高的。而现在，广告投放平台可以基于历史数据生成用户画像，帮助企业把广告精准地推送给目标用户群体，从而实现以较少的费用，获得更好的宣传和推广效果。例如，猫眼电影是美团旗下的一家集媒体内容、在线购票、用户互动社交、电影衍生品销售等服务的一站式电影互联网平台，在猫眼上，用户可以获得每一部电影的购票情况以及想看该电影人群的大数据画像。这些信息可以帮助电影的出品方和宣传方更好地了解观影人群，制定精准营销策略，有针对性地满足影迷用户的需求。

3. 个性化推荐与服务

用户画像是企业收集得到的数据仓库，这些数据与企业的各类数据库打通，进一步成为其他业务拓展的基础。如根据用户画像收集的消费者的性别、年龄、学历、兴趣偏好、手机等数据，成为系统推送和投放广告的数据基础。个性化推荐是用户画像的主要应用领域。

个性化推荐系统，是互联网和电子商务发展的产物，是建立在海量数据挖掘基础上的高级商务智能平台，向用户提供个性化的信息服务与决策支持。目前，个性化推荐系统已经被广泛运用在人们的生活之中。如电商平台给大家推荐的"猜你喜欢"的商品；在利用 App 或者网站听歌、看资讯视频时，App 或者网站会给不同用户推荐不同的内容。这些内容就是个性化推荐系统在对每一个人进行计算之后所推荐的。

在对用户画像开发的过程中，不仅会开发用户标签维度的数据，也会开发用户行为特征库、商品特征库、商家特征库等相关数据，为算法开发人员做用户相关商品、内容的个性化推荐提供底层数据支持。画像标签系统也可以为用户的个性化服务提供支持，例如针对高值用户提供 VIP 专人客服，让头部用户享受到高质量服务，有效提升用户的体验。

用户画像还常常应用在业务定制领域，例如个性化阅读。新闻客户端根据用户画像，识别读者的行为习惯和阅读经历，为其"定制"内容，为不同用户展示不同新闻，最大限度地满足用户的个性化阅读需求。这种机制还允许根据用户的实际行为来进行反馈调整，从而根据用户兴趣变化动态更新内容。

4. 产品研发

用户画像可以指导企业进行产品研发和用户体验优化。用户画像将消费者进行更细致的划分，并针对细分目标的市场需求，开发设计合适的产品，进行有效定位。同时根据用户画像的分析，评估目标消费群体的喜好、功能需求等，进一步优化消费和服务体验。例如，日用产品的广告投放渠道可以是流量较大的平台媒体，而专业设备的广告投放渠道应该是相应专业内容的网页。

5. 行业研究

行业研究不是基于个体用户，而是基于某个行业的整体大数据用户画像。通过画像，行业研究者可以了解行业的最新发展动态，从而制定相应的策略。以今日头条为例，基于大量头条号创作者大数据生成了画像。这一画像显示，生活、体育以及娱乐内容是头条号创作者最喜欢创作的内容。根据这一结果，今日头条对公司未来的发展战略进行调整，推出"千人百万粉计划"，即在平台上扶持一千个拥有一百万粉丝的账号，改变以往的智能推荐，取而代之的是智能社交。这意味着今日头条从"智能分发"时代走向智能分发和粉丝分发相结合的"智能社交"时代，正式开启粉丝红利时期。基于人工智能技术，今日头条可以为更多创作者，更快更好地获取、沉淀粉丝。

6. 用户信用评级

由于用户画像提供了丰富的用户标签体系，所以，它可以为个人信用评级提供详细的数据参考。如根据用户的年龄、文化程度、职业、家庭状况、购买习惯、购买能力等，对用户信用进行全面了解和评估，进而应用于信贷评分，并进行相应程度的金融信贷支持。例如，"京东白条"基于用户在京东信用体系评级而匹配额度，并为其他金融信贷业务提供信用评级的重要参考。

4.2 企业画像

4.2.1 什么是企业画像

企业用户画像与个人用户画像有很大区别。个人用户画像是根据用户社会属性、生活习惯和消费行为等主要信息数据而抽象出的一个标签化的用户模型。而企业没有这些特征，企业用户画像描述的是企业基本情况、经营情况、消费决策和对产品的诉求等多维度的企业商业信息数据，以帮助人们全面了解企业状况，为之后的合作找到切入点。

企业画像（Enterprise Profile，EP），一般指通过对企业、经营情况、企业风险以及企业新闻舆情等多维度企业商业信息数据成像要素抽象出标签化的企业模型，最后用图表的方式全方位展现企业状况。企业画像属性通常分为两类：企业自身属性和依赖于客户关系的画像。企业画像作为面向智慧城市、金融监管、企业情报、企业评估等场景的企业大数据综合服务平台，可构建亿级企业知识图谱，深度挖掘企业、高管、法人、产品、产业链间的复杂网络关系。为政府提供城市产业分析、区域宏观经济分析、招商引资推荐等服务，引导地方产业发展；为金融或监管机构监控目标企业发展态势，第一时间预警风险；为企业提供企业舆情、精准营销等多项综合服务。

企业画像能够描述企业间的各种关系，如投资、担保、质押、诉讼等，企业间通过这些关系互相影响。一方面，不同的关系对企业所产生的影响力不同；另一方面，不同业务场景下所关注的关系不同，比如在对某公司的投资偏好进行分析时，更聚焦公司投资、股权关系，而不太会关注诉讼这类关系。

在用户画像的引导下，我们可以进行双向画像，企业可以给用户画像，用户基于企业的数据也可以给企业进行画像。因此，对于企业画像来说，就是把企业信息标签化，在一系列真实数据的基础上为企业建立标签模型体系，将企业的具体行为属性进行归类，最终形成一个多元化的企业标签对象。例如，某地国税部门利用大数据技术对税务系统、纳税人第三方的数据进行分析，汇集企业经营、诚信、风险和贡献等多个成像要素为出口企业画像，并且以图文的形式来进行可视化呈现。

4.2.2 企业画像的构建

企业画像的构建过程大致可分为4个阶段。

1. 明确企业画像的目标

企业画像是在真实数据的基础上，对企业数据进行分类整理，帮助企业自身、政府、银行、券商、会计师、律师、投资方等用户计算企业全方位的信息，包括发现和挖掘企业之间的关联关系，找寻未知关系以促进企业合作；在企业征信中对其规模、信誉、风险能力进行评估，识别企业资本行为，构造企业风险评估模型等；在企业品牌构建、传播以及营销时提供重要的数据支持；企业画像也给消费者提供了有用的数据参考。

2. 企业大数据采集

鉴于企业画像构建所需大数据信息与开展服务所需的行业信息资源存在一定的交叉重合，可以一体化进行行业信息资源与企业大数据的采集。资源采集过程中，需要在主题上全面涵盖行业技术信息、市场信息、产品信息、政策信息、监管信息，以及企业基本信息、知识产权信息、业务相关数据、客户评论信息、近期动态等；在资源类型上，需要全面覆盖学术论文、标准、专利、报告、专著、报纸、网络信息资源等；在资源形态上，需要全面覆盖视频、音频、图像、文本及数据等。同时，受行业信息资源分散分布的影响，需要从多个信息源进行所需信息的采集，这些信息源包括行业网站、学术数据库、政府网站、企业网站、行业组织、图情机构、行业大数据企业等。显然，通过多个渠道获取的行业信息资源和企业大数据信息可能存在交叉重复、数据异构现象。因此，在完成数据采集后，还需要对其进行规范化处理与整合，提升资源的可用性。值得指出的是，行业大数据企业已经通过多种渠道积累了海量企业数据和行业信息，并做了基本的预处理，通过该渠道常常可以获得其他渠道难以获取的规范化信息，既有助于提升资源采集的覆盖率，也有助于降低数据预处理难度，在实践中需要予以特别重视。

3. 基于多源数据的企业画像

具体来说，企业画像的实现过程就是按照画像要素体系框架的指引，综合采用多种技术手段从所采集的基础数据中提取企业特征的过程。鉴于企业画像要素体系框架的多维性，画像所需的基础数据也形态复杂，包括企业基本信息、企业产品／服务信息、企业知识产权信息、历史信息、企业框架分析、运营现状、运营风险、人力结构分析、关键原材料/零部件信息、企业业务数据及相关预测、消费者信息、客户评论信息，以及行业内其他企业的基本信息、产品/服务信息、销售信息等。显然，每一类信息只与企业画像中的某一个或几个要素有关联关系，因此，首先需要厘清基础大数据与企业画像要素间的映射关系，如企业成立资本、注册地、办公地、股东情况、企业规模、企业性质、所属行业等信息可以通过企业基本信息来获取；知识产权内容主要包括企业经营中的专利建设情况、作者著作权、网站经营信息、商标信息等；历史信息体现为企业经营中的历史经营数据等；企业框架体现为企业发展中的各类信息集合、员工及其职位信息、股权情况、企业架构情况等。运营现状是企业发展中的核心信息，包括企业的融资情况、产品开发情况、市场运营情况、产品市场反馈情况以及用户关系管理等；运营风险指的是企业经营活动进行过程中可能面临的市场经营风险，较为常见的表现有行政处罚、税收违法、欠税公告、市场风险、同行风险等；通过对客户评论信息的分析，有助于确定企业的主要竞争对手与产品等。在此基础上，还需要选择合适的技术手段进行处理，从中提取出所需的企业特征，并进行标签赋予。可能采用的技术方法主要包括信息抽取技术、统计分析技术、基于规则的提取技术、主题提取技术、相似度计算技术、机器学习技术、评论挖掘技术等。

标签是某一种特征的符号表示，每个标签都提供了一个观察、了解企业用户的角度。

例如，对于采购需求大，合作稳定，结算周期短的企业用户，可以贴上一个"优质合作伙伴"的标签。构建标签体系遵循的流程是：先把原始数据进行清洗、统计分析，得到事实标签，再进行建模分析，得到模型标签，最后进行模型预测，获得预测标签。

（1）事实标签，是基础数据进行清洗、去重、去无效、去异常、整合提取特征的过程，也是对数据加深理解的过程，是为了模型标签的构建做准备。假设采集完20个企业用户的基础数据后，就可以提取共同特征，抽离出一个能适用于更多同类型企业用户的事实标签，它不是某一家企业用户的事实标签，而是共性特征的事实标签。

（2）模型标签，由一个或多个事实标签组合而成。如"企业用户价值等级"模型标签，由采购总数量、采购总金额、结算周期等事实标签组合而成。模型标签的颗粒度越粗，每个模型之间的特征就越模糊；模型标签的颗粒度过细，也会给产品定位和运营推广带来负担。所以，颗粒度不仅需要定量的聚类来调整，还需要结合产品经验来验证。

（3）预测标签，是根据已有事实数据和模型标签来预测企业用户的行为偏好，在一定程度上反映企业用户的规律性。预测标签可以是简单的数据统计，也可以是复杂的预测数学模型。

标签的每一个层级是对上一层级标签的再次提炼。

此外，根据调查获取的相关性原则，对企业画像的标签进行维度分解，可以通过以下5种类型的标签来描绘企业画像的特征。

（1）企业属性标签。其包括企业经营证件类型、经营范围、经营资质起始日期、经营资质截止日期、法人证件类型、登记机关、法人名称、企业员工数量等。根据对企业属性的描述，了解企业的基本信息特征。

（2）企业信用属性标签。其包括企业财务公示信息、纳税信息、发票购销实际交易数据等。企业信用属性描述企业的信誉度，可以帮助消费者、投资者和企业利益相关者在购买股票、企业投资和企业合作中提供重要的数据参考。

（3）企业交易特征标签。根据企业交易的内部数据、产品销售地、产品用户人群等数据来描述企业交易特征。企业交易特征一方面有助于企业建立良好的营销策略，另一方面有助于政府监控整个地区行业的交易情况，实现对市场的宏观调控，及时对地区内的产业结构做出相应的调整升级和招商引资政策的调整变化。

（4）企业内外关联特征标签。根据企业间合作链信息、企业内部高管信息以及股东代表等信息建立企业外部联系图谱和企业内部关系图谱，有助于了解企业内部管理信息和外部合作发展趋势。

（5）企业评价信息标签。根据社交舆论信息、企业网站招聘评论数据、企业员工内部评价信息，提升企业管理和服务质量；根据数据分析结果趋利避害，构造良好的企业形象。还可以根据企业自身的特色在横向上扩展企业维度,在纵向上细化颗粒度属性。

一般情况下，标签体系是开放和变化的，并不是一成不变的。首先，由于企业用户的需求可能会随市场环境不断地变化，产品为了满足企业用户需求，也会不断地调整和完善；其次，每家供应商产品所面向的企业用户都各有特点，再加上原始数据的差异，灵活使用标签体系，才能获得更好的效果；另外，标签的颗粒度越粗，特征就越模糊，颗粒度过细，则会导致标签体系过于复杂而不具有通用性。

4. 画像模型的可视化

借助大数据可视化技术，数字大屏、大数据商业智能、可视化分析工具等，通过大屏实现视觉效果，呈现企业画像。

基于数据采集、特征提取、信息关联、机器学习和深度学习算法模型、自然语言处理文本分析等技术，通过企业竞争力评价模型、企业异动预警模型等模型体系和基于企业基本能力、创新能力、成长能力等大数据风控体系，清晰构建企业全维度动态画像。通过知识图谱，结合机器学习的模式，以其灵活的扩展性以及网状关系穿透检索的能力，从数据中识别、发现和推断企业信息间的复杂关系。通过产业链知识图谱、事理图谱、企业关系图谱三谱融合技术，进行推理、挖掘、发现和关联，从显性关系中获取更多的隐性数据关联，完善企业画像，实现对企业的全流程态势感知、重点监控、异动提醒和风险预警。

与传统的静态可视化分析工具相比，当前正在兴起的动态数据可视化技术，其最大优点是可以实现大数据量的动态展示，尤其是在时间维度、多品类维度下，动态可视化的优势尽显。为了满足大屏等场景下的动画及自动播放效果，动态可视化分析技术开发了扩展图表插件。这些插件包含一些展示动态效果的新图表类型，此插件将持续更新，确保扩展图表内容的丰富性，拓展图表在大屏场景下的应用范围。通过组件加载动效，让每个组件模块舞动起来，让整个大屏界面化静为动，更为重要的是，组件加载动效与监控刷新功能相结合。为了实现同一页面在线切换展示不同图表，使用轮播功能来切换查看不同的图表。图表监控刷新功能可实时监测后台数据变化，动态刷新图表数据。

全维度立体的精准企业画像呈现，可以帮助厘清企业轮廓和整体发展脉络，描述企业间的各种关系，在企业评估、产业分析、园区管理、智慧城市等不同应用场景中发挥重要作用。

4.2.3 企业画像的应用

企业画像是对企业数据进行分析处理，得到有价值的信息并以可视化的方式呈现出来，它的最终目的是应用于现实中。根据对企业数据分析的结果，我们可以把企业画像应用到政府的税务管理系统中、企业品牌的营销决策、企业招聘管理以及证券行业、股票交易等与企业相关的事务处理中，进而提升企业的竞争力和政府的市场监控力度。

基于企业画像的行业信息精准服务的本质是通过企业画像精准分析企业信息需求，并进而通过优化资源组织、服务流程变革与服务功能创新，实现行业信息资源与企业需求的精准匹配。为实现基于企业画像的行业信息精准服务，需要具备两个方面的基础：一是能够实现企业画像的自动生成，以全面刻画企业特征，这一任务的实现既离不开企业大数据的采集、整合，也离不开基于多源数据的自动画像技术方案设计；二是需要具备开展行业信息精准服务的资源基础，包括行业信息资源的采集及面向行业信息精准服务的资源组织。在具备基础条件之后，还需要能够利用好企业画像支持精准服务功能的设计与实现，因此需要具备基于企业画像的信息需求分析能力，并基于用户需求进行行业信息精准服务功能的设计。

行业信息精准服务的关键是实现行业信息资源与企业用户的精准匹配，这除了要求精准分析企业需求与特征外，还需要在行业信息资源组织环节进行创新，揭示精准服务开展所需的资源特征，并全面、系统地挖掘资源间的关联关系。首先，行业信息资源标注框架设计时需要将企业画像要素体系考虑在内，从而避免首选信息资源与企业用户精准匹配的线索特征被遗漏。其次，需要综合采用信息抽取、元数据映射、主题提取、规则挖掘、机器学习等信息技术，推进行业信息资源的语义标注，即除了提取出描述行业信息资源特征的词汇外，还需要能够明确揭示其背后的语义。再次，需要在细化关联关系类型的基础上，综合利用计量分析、社会网络分析、数据挖掘、语义计算、知识推理等信息技术，挖掘行业信息资源之间、行业信息资源与企业特征之间的细粒度关联关系，构建行业信息资源语义关联网络。此外，为提高行业信息资源组织的效率和质量，降低技术实现成本，需要充分发挥已有知识组织工具的作用，包括领域主题词表、领域本体、领域知识图谱等。

企业画像的主要价值是用于实现企业用户需求的精准分析，如市场信息分析中，需要通过产品/服务、客户区域特征、年龄特征、性别特征、职业特征等维度的画像特征，进一步明确其对市场信息的需求。在服务功能升级方面，基于企业画像可以实现的精准服务功能包括精准搜索、精准聚合、精准信息资源推荐、精准专家推荐、精准知识发现、精准问答、竞争对手精准跟踪等。精准搜索服务中，可以基于企业画像信息开展检索结果的排序优化，将与用户需求精准关联的信息排序到更靠前的位置；精准聚合服务中，可以基于企业画像精准确定企业感兴趣的信息类型与主题，并对相关资源进行分层分类聚合组织，形成具有企业特色的知识门户；精准信息推荐中，可以基于企业画像所反映的企业用户兴趣模型，向其推荐可能感兴趣的信息，包括市场信息、政策信息、技术信息等；精准专家推荐中，可以利用企业的产品、服务、关键技术信息，确定对专家专长的要求，向其推荐更可能开展合作的专家；精准知识发现服务中，可以将企业画像作为知识发现基础数据筛选的过滤条件，剔除无关的数据，从而改善知识发现的质量；精准问答服务中，可以将用户画像信息作为上下文情境信息输入，进而提升机器智能回答的质量；竞争对手竞争跟踪中，可以利用企业画像中已经确定的竞争对手及竞争产品，对其动态信息进行跟踪，并按主体或产品进行聚合推送。

企业画像的应用还包括以下具体场景。

（1）智慧城市：构建企业法人库及企业关系图谱，为各职能部门提供企业信息服务。提供当地支撑产业分析，辅助决策者快速了解产业现状、发展趋势及相关动态，为当地的产业链培育提供数据支撑。

（2）招商引资：通过区域产业发展状况、产业资源分布、产业上下游及企业自身发展情况的分析，提供招商引资优质企业推荐服务，有效提升地方政府和产业园区的招商效率和质量。

（3）金融监管：智能识别企业间隐蔽关联关系，有助于金融监管机构发现关联交易非关联化、虚构交易、虚假宣传等违法违规线索，对金融市场风险进行有效管控。

（4）企业情报：从企业自身、竞争对手、产业上下游等多个维度构建企业情报系统，为企业提供突发事件舆情，热点话题分析，行业资讯，竞争对手资讯等能力，提高企业对外界情报信息的敏感程度和分析处理能力，有效提升企业信息化程度及企业竞争力。

4.3 画像系统建设项目流程

一个完整的画像系统开发包括：目标解读、任务分解与需求调研、需求场景讨论与明确、应用场景与数据口径确认、特征选取与模型数据落表、线下模型数据验收与测试、程序上线与效果追踪等七个阶段，其框架如图4-2所示。

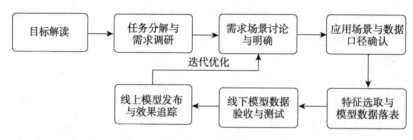

图4-2 画像系统建设项目流程

4.3.1 目标解读

在画像建立前，需要明确画像系统的建设目标，根据不同业务方需求，给出画像分析的预期效果。要确定建设画像系统是为了解决什么具体的业务问题，想要达到什么效果，时间上要做到分期而治，小步快跑，早日推广应用；画像系统的建设目标是要灵活可扩展，让业务人员可以轻松衍生标签、生产效率高，同时标签应用方式还需要多种多样，以适应不同的业务要求；标签体系要求是可持续更新迭代的，标签体系作为重要数据资产，需要持续完善，形成业务应用与数据开发部门良好互动，助力产生更有价值的数据。

4.3.2 任务分解与需求调研

经过第一阶段的需求调研和目标解读，明确了画像系统的服务对象与应用场景，接下来需要针对服务对象的需求侧重点，结合产品现有业务体系和"数据字典"规约实体和标签之间的关联关系，明确分析维度。需要从用户属性画像、用户行为画像、用户偏好画像、用户群体偏好画像等角度进行业务建模。

4.3.3 需求场景讨论与明确

在本阶段，数据运营人员需要根据前面与需求方的沟通结果，输出"画像需求文档"，在该文档中明确画像应用场景、最终开发出的标签内容与应用方式，并就该份文档与需求方反复沟通确认无误。

4.3.4 应用场景与数据口径确认

经过第三个阶段明确了需求场景与最终实现的标签维度、标签类型后，数据运营人员需要结合业务与数据仓库中已有的相关表格，明确与各业务场景相关的数据口径。在该阶段中，数据运营方需要输出"画像开发文档"，该文档需要明确应用场景、标签开发的模型、涉及的数据库与表，应用实施流程。该份文档不需要再与运营方讨论，只需面向数据运营团队内部就开发实施流程达成一致意见。

4.3.5 特征选取与模型数据落表

在本阶段，数据分析挖掘人员需要根据前面明确的需求场景进行业务建模，编写面向对象的查询逻辑，将相应的模型逻辑写入临时表中，抽取数据校验是否符合业务场景需求。

4.3.6 线下模型数据验收与测试

数据仓库团队的人员将相关数据落表后，设置定时调度任务，进行定期增量更新数据。数据运营人员需要验收数据仓库加工的面向对象的查询逻辑是否符合需求，根据业务需求抽取查看表中数据范围是否在合理范围内。如果发现问题，就应当及时反馈给数据仓库人员调整代码逻辑和行为权重的数值。

4.3.7 程序上线与效果追踪

经过第六阶段，数据通过验收之后，通过开源的分布式版本控制系统进行版本管理，部署上线。使用开源的分布式版本控制系统进行版本管理，上线后，通过持续追踪标签应用效果及业务方反馈，调整优化模型及相关权重配置。

评估画像模型通常从以下几个方面着手。①覆盖率：即画像模型是否能覆盖所有用户，是否综合了所有用户的数据进行建模。②准确性：即画像模型是否符合用户的特征。③及时性：用户的兴趣具有一定的时效性，所以画像模型也必须具有及时性。④可解释性：关系到用定量还是定性的模型方法。

开发完画像标签数据，如果只是"躺在"数据仓库中，就不能发挥更大的业务价值。只有将画像数据产品化之后，才能以标准方式提升数据处理链路上各个环节的效率，从而有利于业务方使用。画像数据产品化的主要功能模块包括：①系统看板。用户画像系统的数据看板，通常以可视化形式展示企业的核心用户数据资产情况或者重点关注的人群数据，旨在建立和统一使用者对企业数据资产或者核心人群数据的基础认知，主要分成以下几类：用户量级及变化趋势，标签资产，核心用户标签等。②标签管理。供业务人员进行标签的增、删、改、查等操作，包含：标签分类、新建标签、标签审核、标签上下架、标签覆盖人数监控等。基于用户行为数据、用户属性数据,通过设置标签规则创建标签。③单用户画像。主要功能包含通过输入用户ID,来查看单用户画像的详情数据,如用户的属性信息、用户行为等数据。④用户分群和用户群画像。用户分群功能主要是面向业务人员使用。产品经理、运营、客服等业务人员在应用标签时,不仅只查看某一个标签对应的人群情况,而且需要组合多个标签来满足其在业务上对人群的定义。例如:组合"过去7天领取优惠券次数大于1次""活动活跃度等于高和极高""女性"用户这3个标签定义目标人群,查看该类人群覆盖的用户量。和用户分群功能相似,用户群画像功能首先也需要组合标签圈定用户群体,不同之处在于用户群画像功能支持从多个维度去分析圈定用户群体的特征,而用户分群功能侧重的是将筛选出来的用户群推送到各业务系统中,提供服务支持。⑤商业智能分析。商业智能平台和这些数据打通后,可以丰富数据的维度,支持通过多种分析模型进行更加丰富和深层的分析及对比。⑥开放的应用编程接口(Open Application Programming Interface,OpenAPI)能够保障画像系统数据与各系统之间打通,如推送系统、营销系统、广告系统、推荐系统、商业智能等平台,并且保证各系统数据的实时更新,避免同源不同数的问题。

在构建画像系统时,始终要牢记画像模型是服务于业务的。是为了支撑业务更好地运转,而不是为了构建画像而构建。所以在事前要与画像需求相关方进行解读需求,在构建好画像之后,还要和业务部门再进行一次沟通,让业务人员确认构建的画像模型是对业务有帮助的,设计的标签、预测的行为是符合业务场景和业务逻辑的。如果在交流论证的过程中出现了分歧,那么需要找出分歧的原因并对已经构建的标签体系进行调整,直到双方观念达成一致。

当画像系统做成产品形态后,业务人员可以根据业务规则组合标签圈定相应人群,将该批人群推送到对应的业务系统中进行运营。一些初创阶段的小微企业,由于没有太多人力投入产品和接口层面的开发,可以通过数据分析师编写操作简单的数据仓库查询语句,组合用户标签筛选出对应的用户群数据,而后将该批用户相关数据分发给对应业务人员,将数据导入第三方平台后,以短信、邮件等方式进行营销。基于画像系统进行多方面的数据分析、触达用户的运营方案,可以快速地将标签数据应用到服务层,通过效果分析得到用户反馈后,帮助迭代营销策略或产品设计。

阿里云企业图谱全息画像

如何更好地利用大数据帮助企业实现自我价值?从帮助企业上云到为企业提供一站式的大数据解决方案,阿里云致力于打造公共、开放的云计算服务平台。企业图谱是阿里云官方推出的首个为企业提供一站式的企业数据服务的产品。通过整合企业及企业关联信息,挖掘互联网海量非结构化数据,结合多维交叉分析及智能算法,为企业提供客户画像及关联分析问题的能力;通过分析和挖掘客户在互联网上的信息,实时掌握客户动态并准确预测客户行为,为企业提供智能应用(潜客挖掘、成长指数)和解决方案(风险洞察、市场监测、品牌监测)等服务。

一键获取企业全面信息,掌握企业详细的关系图谱。企业图谱提供的全息画像和关系网络为企业提供全方位的相关信息和全面的企业关系图谱。通过企业全息画像,可以轻松了解有关企业相关信息,以便第一时间掌握相关企业的真实资料,建立企业间更好的合作关系。通过企业关系网络,可以快速了解企业详细的关系图谱,以便清晰地知道集团公司的相关脉络,帮助企业搭建更完善的企业管理和企业经营模式。

两大智能应用助力,大数据赋能企业发展。企业图谱基于企业全息画像及关系网络,为企业提供智能化的应用:成长指数提供上市企业及创业企业两个不同模型,为评估不同阶段企业发展状况及发展潜力提供参考。针对上市公司主要是企业当前经营状况和未来发展潜力做出评估,创业公司需要对企业成长情况做出评估;潜客挖掘基于企业客户画像特征及企业需求,为企业推荐潜在客户并提供大数据拉客支撑。

三大定制化解决方案为企业拓展市场提供大数据支撑。企业数据服务基于企业全息画像、关系网络、成长指数及潜客挖掘,为企业提供三大定制化的解决方案:风险洞察帮助企业快速发现及应对危机;市场监测帮助企业掌握行业、竞争对手动态,为企业商业决策提供市场依据;品牌监测帮助企业塑造和保护企业品牌形象。企业图谱的定制化解决方案是以API方式提供服务,可集成到客户的业务系统(即自定义系统),同时也可灵活搭配数家平台产品使用。

以金融服务业的风控场景为例,从事银行业、保险业、信托业、证券业和租赁业的企业对所合作的企业客户的风险把控要求往往是最为严格的。企业需要及时了解企业客户的最新经营状况,有效降低风险。然而,部分企业借款人在循环额度有效期内玩"金蝉脱壳",将企业股权全部转让,不再担任企业法人代表和股东,但仍以原企业的资料进行提款;更有甚者,有人在额度获批20天就转出企业股权。由于审批贷款后,习惯性地认为经营信息不常变更,同时传统方式下查询工商登记信息耗时耗力,导致无法及时关注到企业经营信息变化,形成了风险。通过企业图谱风险洞察服务,可以快速获取借款人企业的经营信息现状,有效避免借款风险;可以对于额度项下提款和授信业务设置系统批量监控,及时把握企业经营信息的变化,适时调整授信方案。

在招商引资场景中,企业图谱为政府或企业孵化器提供区域的企业行业分布占比、投、融资情况、企业发展潜力、企业风险分布图等,以帮助政府引导产业发展,通过企业孵化器引进优质企业。

资料来源:https://cn.aliyun.com

1. 什么是用户画像?用户画像的标签有哪些类型?
2. 什么是企业画像?企业画像的标签包括哪些类型?

3. 试分别阐述用户画像、企业画像的构建过程及其应用。
4. 请完整描述画像系统建设项目流程。

第5章 全渠道营销

本章学习目标

通过本章学习,学员应该能够:
1. 掌握什么是全渠道营销,对全渠道营销有一个全面、清晰的认知;
2. 了解数字触点及其管理;
3. 了解常见的数字营销渠道策略。

5.1 什么是全渠道营销

在传统市场营销理论中,营销渠道是指某种货物或劳务从生产者向消费者移动时,取得这种货物或劳务的所有权或帮助转移其所有权的所有企业或个人。简单地说,营销渠道就是商品和服务从生产者向消费者转移过程的具体通道或路径。

传统营销渠道,按照有无中间环节可以分为直接渠道和间接渠道两种。由生产者直接把产品销售给最终用户的营销渠道称为直接渠道,即直销;至少包括一个中间商的营销渠道则称间接渠道,即分销。还可以根据中间商的数量对传统营销渠道分类,直接渠道两端为生产者和消费者,没有中间商,称为零级渠道;间接渠道则根据中间环节的环节数量分为一级、二级、三级甚至多级的渠道。渠道的控制就是指通过对渠道的管理、考核、激励以及渠道冲突的解决等一系列措施对整个渠道系统进行的综合调控。渠道控制构成了营销渠道管理的核心内容。企业建立起渠道系统,仅仅是完成了实现分销目标的第一步,而要确保公司分销目标的顺利完成,还必须对建立起来的渠道系统进行适时的渠道控制。渠道控制贯穿于渠道系统运行的整个生命周期之中。

全渠道营销(Omni-channel Marketing),是指品牌方根据不同目标顾客对渠道类型的不同偏好,实行针对性的营销定位,设计与之匹配的产品、价格等营销要素组合,并通过各渠道间的协同营销,为顾客提供一体化的无缝购物体验。全渠道销售模式经历了单渠道、多渠道以及跨渠道的发展阶段。全渠道营销并非是对多渠道的颠覆,而是与多渠道、跨渠道有着极为密切的相关性和延续性。其演变过程与互联网技术的发展紧密结合。

电商类、社交类以及媒体娱乐类互联网应用的发展使消费者购物、社交、娱乐的场景和方式变得多样化,从而引发了零售渠道的变革。当互联网不再是中心化的平台,而是分布式网络生态系统,零售业也开始了对全渠道零售模式的探索,这是创新模式风起云涌的时代。

在数字营销中，所谓全渠道营销，是指利用消费者旅程中所有的接触点，并将各种渠道无缝连接，满足数字消费者在任何时候、任何地点以任何方式消费的需求，实现消费者无差别消费体验的营销活动。全渠道营销让数字用户成为资产、中心，用户的体验决定满意度，用户满意度决定口碑，通过数字用户增长、数字用户价值增长和运营效率提升来创造出更高效的增长。

在数字经济高速发展的背景下，驱动全渠道的趋势是数字消费者生活在一个高度链接的网络世界，他们跨渠道购物，因此购物常态被迁移到一个整合了服务和产生更深入的消费者洞察能力以及创造更定制化、精准化的终端体验。

全渠道不同于多渠道，它反映的是企业整体上系统化、数字化能力的匹配。它主要包括平台层、应用层、交互层、服务层、需求层、旅程层等，是"科技平台＋智慧服务"的组合。全渠道营销有以下几个关键要素。

（1）线上线下产品价格相同。传统零售业面临着渠道分散、客户体验不同、成本上升、利润空间压缩等诸多困难。新零售业将从单向销售转向双向互动，从线上或线下转向线上线下融合。

（2）消费体验、定制服务、聚集交流的"社区"将成为终端店的三大主要功能。营销已经从最初的规模和标准化，转向个性化和灵活定制。无论是线上还是线下，消费者都希望能够高效、愉快地购买他们需要的高质量产品。

（3）实现全通道数据打通。实体店、电子商务（自建官方商城或入驻平台）、社交自媒体内容平台和 CRM 会员系统互联，通过线上线下融合，实现商品、会员、交易、营销等数据的融合互通，为消费者提供跨渠道、无缝体验。

以苹果公司为例，苹果产品在官网、直营店同时销售，线上、线下价格相同。商店里有互动展示，顾客可以尝试店里的每一种产品。同时，专业的销售顾问提供全面的咨询服务，为不同体验水平的客户提供免费讲座，为青少年举办苹果夏令营和实地考察课外活动等。

瑞幸咖啡以"让每一个顾客轻松享受一杯喝得到、喝得值的好咖啡"为品牌愿景，以"创造一个源自中国的世界级咖啡品牌"为品牌使命，充分利用移动互联网和大数据技术的新零售模式，与各领域顶级供应商深度合作，致力于为客户提供高品质、高性价比、高便利性的产品，在全国各地的门店实现手机下单，到店取货，并使用 App 条形码进行快速支付。

全渠道营销允许企业的产品和服务最大程度地触达用户，不仅如此，用户还可以同时使用不同的渠道与品牌沟通，在渠道之间无缝切换，拥有一致性体验。这些互动和集成的体验，增加了更好的用户体验，为消费者提供额外的灵活性和个性化，使品牌更无缝地融入数字消费者的日常生活。

5.2 数字触点及其管理

在全渠道营销里面最关键的是数字接触点，也称为数字触点。数字触点扮演不同的角色,使数字消费者的旅程更丰富和个性化。当前,"社群""讲故事(内容)""个性化"作为数字营销的三个关键词,对于全渠道营销十分重要。数据是资产,应用是行为和决策,内容激励则是新时代的内容策略。数字化和大数据最终会成为企业运营的基础设施,是每个企业的必备,它是逻辑和理性的支撑;而融合了感性特征的内容,就成为创造独特性的源泉。在互联网Web1.0时代,信息通过广播、广告等单向传递;在互联网Web2.0时代,信息互动的;在互联网Web3.0时代,信息则是通过一个分布式的去中心化的强大社群生态交互传递,企业通过社群生态系统,以最近的距离触达用户。

触点管理,是指企业决定在什么时间(When)、什么地点(Where)、如何(How),包括采取什么接触点、何种方式,与客户或潜在客户进行接触,并达成预期沟通目标,以及围绕客户接触过程与接触结果处理所展开的管理工作。客户触点管理的核心是企业如何在正确的触点,以正确的方式,向正确的客户,提供正确的产品和服务。传统消费者触点的循环周期分为四个阶段,如图5-1所示。针对这四个接触阶段,企业应找出足够多的触点,把控好细节,完善每一个触点的顾客体验,提升顾客满意度。

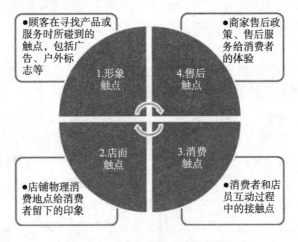

图5-1 消费者触点的循环周期

信息技术进步带来的服务营销虚拟化,使得企业和客户之间的营销互动与信息交换模式永续改进,并创造出多种服务营销渠道和客户接触点。客户触点管理变得比以往任何时候都更复杂,也更加重要。多触点策略是企业深入推进分级服务分类营销的理想选择,但在多个客户接触渠道中保持一致的信息和服务水平是一项管理挑战。企业需要精心设计并在各类触点上准确提供一致的信息,防止造成客户的困惑与负面体验。

在传统工业时代,企业提供产品和服务来满足用户要求,用户也清楚自己需要什么产品。这个时代的营销,主要解决信息不对称的问题,让用户发现企业的产品和服务,从而达成交易。而在移动互联网时代,企业要从用户需求出发,创造出能够更好地满足用户需求的产品和服务。移动互联网时代的营销,就是要让用户体验并喜欢企业提供的产品和服务。

随着移动通信技术和互联网技术充分融合,以及智能手机和各种智能移动终端的普及,消费者不再生活在唯一的地理场景、时间场景、购物场景和媒体场景。营销活动的高效、精准、个性化、互动性强等特点，改变了人们的消费模式和购买习惯，其对企业的营销策略设计、营销过程和营销结果产生了深远影响。移动互联网使得消费者权利增加，大大提高了企业间的竞争强度，加速了企业的优胜劣汰。

有市场调查机构针对消费者"打算前往某商家购买商品，但商店不在营业时间"这种情况下的反应，进行了调查，结果显示：只有6%的消费者愿意等到第二天商店营业；有69%的中国消费者期望能从该商家的网站或手机App购买，这一比例远高于43%的世界平均水准；与往年相比，接受"线上购买送货上门"网上购物的消费者比例从59%下滑至44%；倾向于"在手机App或网上购买后去实体店自提"的消费者比例则增加了一倍；有25%的对价格敏感的消费者会因为商家不在营业时间而放弃购买，转而在网上寻找最优价格。

这些数据的启发意义在于，互联网时代的消费者面对近乎无限的选择，变得越来越没有耐心。他们不愿意等待，希望能够即时购买，即时得到自己渴望的商品、服务。企业如果无法满足他们的这一需求，消费者就会转而寻找下一家。企业（商家）经营生态系统上的任一触点出现空白或体验出现偏差，都有可能导致顾客的流失。

Google（2015）发布的消费者网络行为报告显示，移动设备成为亚洲消费者的主要应用平台，亚洲已经成为全球移动应用领先者，并迎来移动"微时刻"时代。亚洲用户的网络行为习惯正在改变着互联网以及广告主满足他们需求的方式。在用户每天使用智能手机时，包含了一些真正重要的瞬间称为"微时刻（Micro-Moments）"①，比如"我想了解""我要去""我想要做""我想买"，是指在移动时代，无论何时何地、遇到何种状况，人们通过使用手机即时解决问题的时刻；也就是消费者产生学习、探索、观看、查找或购买意愿时，习惯于通过智能手机这类最贴身的移动设备达到目的、满足需求的时刻。

"微时刻"的到来，不仅体现着消费者的需求，也让品牌主们意识到营销活动的效果产生仅仅在"微时刻"发生的瞬间。在这些"微时刻"，消费者对即时性和相关性持有更高的期待；此时此刻，最能满足他们需求的品牌往往最能吸引他们的注意。也就是说，意向和位置对于市场营销人员来说比以往更加重要。在搜索与需求最相关的答案时，消费者往往被最佳的服务内容吸引。相比于品牌，消费者更加忠实于自己的需求；即时性和相关性往往凌驾于品牌忠诚度之上。

数字时代，消费者被大、中、小三屏所包围，面临无数的消费触点。其中，大屏——电视屏针对的是传统营销模式下的消费者，中屏——电脑屏则对应着PC互联网时代的消费者，而小屏——智能终端（手机、平板电脑、智能手表、智能眼镜等）裹挟着前两者，催生的是移动互联环境下的消费新生代。当互联网用户、智能终端用户、信用卡及其他电子支付工具用户、便捷物流配送用户四者交叉覆盖达到一定量值时，新的全渠道、全触点营

---

① "微时刻（Micro-Moments）"，Google（2015）提出，又称为"关键决策点"，常用来指新消费者行为，强调要以消费者的兴趣、关注点做考察，清楚、简洁地传递营销消息。微时刻应控制在几秒的时间内传达，否则，消费者就会失去注意力，并准备去看下条信息。

销模式就会出现。在这种背景下，要留住消费者，企业需要在每一节点周密考量可能发生的所有消费场景，借助全渠道、全触点的营销模式，用 360 度的无缝体验去包围消费者，满足他们不间断的消费需求，通过即时、动态、开放、连续的多渠道途径，帮助顾客实现无障碍消费。

数字触点，包括消费者跟企业在数字世界中接触的各种媒介平台，如企业的网站、HTML5 页面、App、小程序、公众号、微博等。其中，既有企业自有的网站、App、小程序、服务号等，在企业自有服务器上托管，加入自己的检测脚本代码或者 SDK 获取数据，也有第三方平台提供的，如社交平台、内容平台上各种企业的自建号，微信的订阅号，今日头条的头条号，抖音蓝 V，小红书企业号，百度百家号等，不能添加监测脚本代码或 SDK，企业就不能够获取绝大部分数据。涉及的数字广告虽然不是典型的消费者触点，但是作为消费者进入触点的入口，广告上的消费者数据主要包括广告的统计数据（即曝光数据）和点击数据。企业能否自行获取这些数据，取决于广告发布商是否同意企业在广告上设置检测代码。

全渠道模式下，消费者对企业、商家、品牌、产品、服务、价格、口碑等信息的获取，在不同地点，可以自由自助地采取线上、线下融合的方式，打破现有线下实体店、线上网店的单向单选的局面。

除了全渠道，全触点同样重要。数字触点是消费者与企业发生联系过程中的一切沟通与互动的点，包括人与人的互动点、人与物理环境的互动点等。数字触点之所以重要，是因为数字消费者是基于他们在各个数字触点上的累计体验而形成的对企业的总体认知。这种认知会直接影响数字消费者对企业形象的判定，进而影响其后续消费行为。

全触点营销就是以数字消费者为营销中心而进行全渠道营销和营销全覆盖，克服传统线下门店渠道和线上推广搜索、在线商城、公众号和社交等媒体进行相对独立营销或部分结合营销的局限性，将各种营销途径和电脑、手机、智能终端等媒介进行全面整合，使数字营销产品能够随时、随地呈现在消费者的面前，让消费者唾手可得营销产品，获得更佳的数字营销效果。

全渠道、全触点营销模式将打破企业原有的线上与线下分割、营销沟通与销售实现分割、城乡分割、新老产品分割、新老渠道分割的现实，成为数字时代企业营销的必然选择。如今，在人与人、人与物、人与媒体高度互联的环境下，消费者的决策路径已发生质的改变，而全渠道、全触点营销模式，正是这种情景下的一种以消费者为全程关注点的营销渗透模式。

5.3 常见的数字渠道策略

我们在第 1 章列举了数字营销的方法，数字营销的目的是引导数字消费者进入触点的入口，除了介绍过的一些应用，常见的数字渠道还包括企业网站、电商平台、小程序＋、社群、短视频、直播、移动 App、程序化广告等。

5.3.1 企业网站

随着信息时代的到来,网站以其方便、快捷和低成本的优势被几乎所有企业接受。企业网站是企业在互联网上进行数字营销和形象宣传的平台,相当于企业的网络名片,不但对企业的形象是一个良好的宣传,同时可以直接帮助企业销售产品,宣传产品、发布产品资讯、招聘等。企业网站是企业通向互联网的平台和门户,是企业开展数字营销的起点和重要条件。

企业建站大致经过了四个发展阶段。第一代的企业网站是以静态页面为主,当时网速慢、费用高,做一个简单的网页价格高达1000元左右,并且制作网页的工具非常少且功能简单,有很多不足,基本上已经退出市场。第二代企业网站增加了互动元素,增加的 flash 动画给企业网站带来了前所未有的动感,但这样的网站数据不够丰富,信息查询有瓶颈。第三代企业网站引入数据库的概念,增强互动的同时还完善了网站的可编辑性,但是第三代网站开发维护费时费力、操作繁琐。前三代网站都存在同样的技术壁垒,也就是企业的想法很少能融入网站的建设中,使用者不能真正参与建设,难以预计网站的实际效果。随着企业对网上宣传越来越重视,前三代网站已经远远不能满足企业对网站的要求,于是,应运而生的第四代管理型网站开始成为市场主流。

第四代网站具备如下特征:第一,网站系统的开发基于较先进的 ASP.NET 技术,从网站的稳定性和安全性来说,ASP.NET 优于传统 ASP 技术开发的网站;第二,网站具有可伸展性,功能模块可以根据需要不断添加,网站功能配合客户的需求完成平滑升级;第三,网站的管理使用统一的后台,通过统一的后台,网站管理者可以随时更新网站内容,分配会员权限,成为网站真正的主人;第四,智能化的网站具备信息收集、分析、传递的功能,实现网站信息随时智能更新,体现技术带来的优势;第五,第四代网站模块自选的模式可以灵活满足企业的需求,同时无需专业的信息化人员维护,为企业节省项目开发及后期维护成本。

按照网站建设的目的,可以分为电子商务、多媒体广告、产品展示等类型的网站。

电子商务类网站,主要面向供应商、客户或者企业产品(服务)的消费群体,以提供某种直属于企业业务范围的服务或交易,或者以业务服务和交易为主。这类网站处于电子商务化的中间阶段,由于行业特色和企业投入的深度和广度不同,其电子商务化程度可能处于从较为初级的服务支持、产品列表,到相对高级的网上支付的其中某一阶段。这种类型的网站通常形象地称之为"网上某企业"。例如,网上银行、网上商城等。

多媒体广告类网站,主要面向客户或者企业产品(服务)的消费群体,以宣传企业的核心品牌形象或者主要产品(服务)为主。这类网站无论从目的上,还是从实际表现手法上,相对于普通网站而言,更像一个平面广告或者电视广告,因此用"多媒体广告"来称呼这种类型的网站更为贴切。

产品展示类网站,主要面向需求商,展示企业自己产品的详细情况,以及公司的实力。对产品的价格、生产日期、产品性能等做全面的介绍。这种类型的企业网站主要目的是产品展示，是展示产品或服务的直接有效的方式，在注重品牌和形象的同时更重视产品的介绍。

在实际应用中，很多网站往往不能简单地归为某一种类型，无论是建站目的还是表现形式都可能涵盖了两种或两种以上类型；对于这些企业网站，可以按上述类型的区别划分为不同的部分，每一个部分都可以看成是一个较为完整的站点类型。除此以外，还包括互联网的信息提供商或者服务提供商的网站。企业网站的功能包括以下几个方面。

（1）品牌形象。网站的形象代表着企业的网上品牌形象，人们在网上了解一家企业的主要方式就是访问该公司的网站，网站建设的专业与否直接影响企业的网络品牌形象，同时也对网站的其他功能产生直接影响。

（2）产品/服务展示。顾客访问网站的主要目的是为了对公司的产品和服务进行深入的了解，企业网站的主要价值在于灵活地向用户展示产品说明的文字、图片甚至多媒体信息。即使一个功能简单的网站至少也相当于一本可以随时更新的产品宣传资料，这种宣传资料是用户主动来获取的，对信息内容有较高的关注程度。

（3）信息发布。网站是一个信息载体，在法律许可的范围内，可以发布一切有利于企业形象、顾客服务以及促进销售的企业新闻、产品信息、各种促销信息等。

（4）顾客服务。通过网站可以为顾客提供各种在线服务和帮助信息，比如常见问题解答、电子邮件咨询、在线表单、通过即时信息实时回答顾客的咨询等。

（5）顾客关系。通过网络社区、有奖竞赛等方式吸引顾客参与，不仅可以起到产品宣传的目的，同时也有助于增进顾客关系。

（6）网上调查。市场调研是营销工作不可或缺的内容，企业网站为网上调查提供了方便而廉价的途径，通过网站上的在线调查表或者通过电子邮箱论坛、实时信息方式征求顾客意见等，可以获得有价值的用户反馈信息。

（7）资源合作。资源合作是独具特色的网络营销手段。为了获得更好的网上推广效果，需要与供应商、经销商、客户网站以及其他相关企业建立资源合作关系，实现从资源共享到利益共享的目的。

（8）网上销售。建立网站及开展网络营销活动的目的之一是为了增加销售。一个功能完善的网站，本身就可以完成订单确认、网上支付等电子商务功能，即企业网站本身就是一个销售渠道。

企业网站的建站目的，一是为了在互联网上宣传企业的品牌、产品以及服务项目；二是为了带来潜在客户，获得商业利益价值。网站若想实现这两个目的，就必须进行网络推广工作。为了能够更快更好地实现网站推广的效果，快速地让搜索引擎收录企业网站，获得良好的搜索引擎排名，让更多的客户能够了解网站，在企业网站建设完成后，需要对网站做一些基本的搜索引擎优化（SEO）工作，并采取合理的推广手段。基本的推广形式包括：博客推广、论坛推广、软文推广、问答推广、交换友情链接等手段。无论是搜索引擎排名优化还是其他推广手段，都需要把有价值的内容提供给用户进行转化。流量并非转化率，有了流量，还需要不断地探究无时无刻不在变化的消费者需求，通过更快捷、更有质量的网站内容来吸引流量，达成转化。

从企业开展数字营销的一般程序来看，网站建设完成不是营销的终结。网站建设为数字营销各种职能的实现打下了基础，如网站推广、在线顾客服务等；网站建设为一些重要的数字营销方法，如搜索引擎营销、邮件列表营销、网络会员制营销等提供了基本条件。一般地说，数字营销策略制定之后，首先应进行企业网站的策划和建设。

从企业网站在数字营销中所处的地位来看，网站建设是数字营销策略的重要组成部分。有效地开展数字营销，离不开企业网站功能的支持，网站建设的专业水平，直接影响着数字营销的效果，表现在品牌形象、在搜索引擎中被检索到的机会等多个方面。因此，在网站策划和建设阶段就要考虑到将要采用的数字营销方法对网站的需要，如网站功能、网站结构、搜索引擎优化、网站内容、信息发布方式等。

从数字营销信息来源和传递渠道来看，企业网站内容是数字营销信息源的基础。企业网站也是企业信息的第一发布场所，代表了企业官方的形象和观点，在表现形式上应该是严肃而认真的。其他数字营销方法对企业信息传递不外乎两种方式，它们都是以企业网站的信息为基础：一种是通过各种推广方法，吸引用户访问网站，从而实现信息传递的目的；另一种则是将营销信息源通过一定的手段直接传递给潜在用户。

从企业网站与其他数字营销方法的关系来看，网站的功能决定着哪些数字营销方法可以被采用，哪些不能被采用。同时，由于网站的功能不会自动发挥作用，因此网站功能只能通过其他数字营销方法才得以体现出来的。可见，企业网站与其他数字营销方法之间是互为依存、互相促进的。

5.3.2 电商平台

电商平台一般指电子商务平台。电子商务平台是一个为企业或个人提供网上交易洽谈的平台。企业电子商务平台是建立在 Internet 网上进行商务活动的虚拟网络空间和保障商务顺利运营的管理环境，是协调、整合信息流、货物流、资金流并使其有序、关联、高效流动的重要场所。企业、商家可充分利用电子商务平台提供的网络基础设施、支付平台、安全平台、管理平台等共享资源，有效地、低成本地开展自己的商业活动。

电子商务将传统的商务流程电子化、数字化，一方面以电子流代替了实物流，可以大量减少人力、物力，降低了成本；另一方面突破了时间和空间的限制，使得交易活动可以在任何时间、任何地点进行，从而大大提高了效率。电子商务所具有的开放性和全球性的特点，为企业创造了更多的贸易机会，它使企业可以以相近的成本进入全球电子化市场，使得中小企业可能拥有和大企业一样的信息资源，提高了中小企业的竞争能力。电子商务重新定义了传统的流通模式，减少了中间环节，使得生产者和消费者的直接交易成为可能，从而在一定程度上改变了整个社会经济运行的方式。一方面破除了时空的壁垒，另一方面又提供了丰富的信息资源，为各种社会经济要素的重新组合提供了更多的可能，这将影响到社会的经济布局和结构。通过互联网，商家之间可以直接交流、谈判、签合同，消费者也可以把自己的建议反馈到企业或商家的网站,而企业或者商家则要根据消费者的反馈及时调查产品种类及服务品质,做到良性互动。

电子商务可提供网上交易和管理等全过程的服务,因此它的主要功能有:广告宣传、在线展会、虚拟展会、咨询洽谈、网上订购、网上支付、电子账户、服务传递、意见征询、交易管理等多项功能。

电商平台包括以下主要类型:

(1)B2C(Business-to-Consumer)平台。是电子商务按交易对象分类中的一种(企业对个人),即表示商业机构对消费者的电子商务。这种形式的电子商务一般以网络零售业为主,主要借助于Internet开展在线销售活动。如天猫、京东、一号店等平台。

(2)独立商城。就是凭借商城系统打造含有顶级域名的独立网店。开独立网店的好处在于企业拥有顶级域名、自有品牌、企业形象、节约成本、自主管理、不受约束等特点。

(3)C2C(Consumer to Consumer)平台。通过电子商务网站为买卖用户双方提供一个在线交易平台,使卖方可以在上面发布待出售的物品的信息,而买方可以从中选择进行购买,同时,为便于买卖双方交易,提供交易所需的一系列配套服务,如协调市场信息汇集、建立信用评价制度、多种付款方式等,如淘宝、易趣、拍拍、有啊等平台。

(4)CPS(Cost Per Sales)平台。是指按销售付费,CPS模式成为主流推广模式的很大原因就是零风险,投广告很有可能花了大价钱而转化率却很低,竞价、直通车可能没有产生订单,但是CPS是产生了销售额才会有佣金,ROI较高。

(5)O2O(Online To Offline)平台。即在线离线/线上到线下,是指将线下的商务机会与互联网结合,让互联网成为线下交易的平台。实现O2O营销模式的核心是在线支付。O2O的优势在于把网上和网下的优势结合。通过网购导购机,把互联网与地面店对接,实现互联网落地。让消费者在享受线上优惠价格的同时,又可享受线下贴身的服务。同时,O2O模式还可实现不同商家的联盟。如美团外卖、滴滴出行、饿了么、京东到家等平台。

(6)银行网上商城。初期,许多银行开设网上商城的目的是为了使用信用卡的用户分期付款而设立。随着电子商务普及、用户需求增强、技术手段提升,银行网上商城也逐步成熟起来。银行网店为用户提供了全方位服务,包括积分换购、分期付款等,也覆盖支付、融资、担保等,最为显著的是给很多商家提供了展示、销售产品的平台和机会。倘若这一平台运营好,将带来不菲的业绩。如工商银行融e购、邮储银行邮乐网、中信银行中信易家、招商银行掌上生活等平台。

(7)运营商平台。中国移动、中国联通、中国电信,现阶段各运营商都有属于自己的商城平台。由于基础电信业务的刚需,运营商平台的用户始终具有很强的依赖性和黏性,所以提前抢占这些平台具有很大的战略意义,跑马圈地正是此道理。如中国电信欢go网、联通沃商城、中国移动掌上营业厅等平台。

(8)第三方电子商务平台。所谓B2T2B(Business To Third Party To Business)模式,其实质就是中小企业依赖第三方提供的公共平台来开展电子商务(如阿里巴巴、环球资源等平台）。真正的电子商务应该是专业化、具有很强的服务功能、具有"公用性"和"公平性"的第三方服务平台，使信息流、资金流和物流三个核心流程能够很好地运转。平台的目标是为企业搭建一个高效的信息交流平台，创建一个良好的商业信用环境。由第三方建设的电子商务平台是为多个买方和多个卖方提供信息和交易等服务的电子场所。其特性包括：保持中立立场以得到参与者的信任、集成买方需求信息和卖方供应信息、撮合买卖双方、支持交易以便利市场操作，买卖双方企业与第三方平台集成，能够很好地利用第三方平台的规模效益。因此，选用第三方电子商务平台是买卖双方企业应用电子商务的一种好的选择。

电商平台的推广模式包括网站推广、微博推广、行业论坛推广、口碑网站平台推广、水军或网络炒作，以及微信、抖音、小红书等其他增值性的推广。

企业电子商务平台的建设，可以建立起电子商务服务的门户站点，是传统实体经济到数字经济的真正体现，为数字化企业以及数字消费者提供一个符合中国国情的电子商务数字生存环境和商业运作空间。

5.3.3 社群

社群（Community），广义而言是指在某些边界线、地区或领域内发生作用的一切社会关系。它可以指实际的地理区域或是在某区域内发生的社会关系，也可以指存在于较抽象的、思想上的关系。

社群简单认为就是一个群，但是社群需要有一些它自己的表现形式。比如说我们可以看到社群它要有社交关系链，不仅只是拉一个群而是基于一个点、需求和爱好将大家聚合在一起，而是要有稳定的群体结构和较一致的群体意识；成员有一致的行为规范、持续的互动关系；成员间分工协作，具有一致行动的能力，我们认为这样的群就是社群。除此之外，Worsley（1987）曾提出社群的广泛含义：可被解释为地区性的社区；用来表示一个有相互关系的网络；社群可以是一种特殊的社会关系，包含社群精神（Community spirit）或社群情感（Community feeling）。

数字社区与社群本质上都是数字时代产生的一种组织形式，最大的区别在于参与成员的精细化程度不同。数字社区成员涵盖的人群比较宽泛，主要是由各个成员聚集在一起形成相互关联的大集体，紧密度比较低。社群成员涵盖的人群范围较小，紧密度更高，各个成员会有一个相对统一的目标。社交则是人与人之间互动交流方式的统称。

社群可以是服务的通道，及时有效地发布官方的产品和服务信息；社群也可以是一对多的服务营销方式，有效提升用户黏性、提升复购、强化沟通、调动群成员活跃度；社群也是最快的推广方式，将企业的促销、产品、服务快速传递给最精准的客户群体。

社群的特点包括：去中心化，可以实现企业与客户的互联、客户间的互动，传递信息更加快速、统一；建立强关系，实现更加开放的互动，不仅可以提高互动频次，还易于建立信任感，进而提高客户黏性；建立客户互助服务模式，更易于客户对产品及服务的认知，客户客观的感受与评价是最好的口碑营销；低成本传播推广，引流拉新并带动销售。

社群营销是在数字社区营销及社会化媒体营销基础上发展起来的用户连接及交流更为紧密的数字营销方式。社群营销的方式，将群体成员以一定纽带联系起来，使成员之间有共同目标和持续的相互交往，有共同的群体意识和规范。主要通过连接、沟通等方式实现用户价值，营销方式人性化，不仅受用户欢迎，还可能成为继续传播者。它是在社群的规模和社群的活跃度之间寻求最佳平衡点，进而获得最大范围的社群成员满意度，从而让社群进入可持续的运营阶段。

建立和运营社群的条件包括：人力和资金，内容和服务，时间和耐心，产品及营销模式等。其运营模式和流程，与一般的社会化媒体营销并无原则性差别，但对沟通和服务方面有更高的要求，而不是简单地通过社交网络实现"内容营销"。

社群的分类，按照建立的主体划分为：个人组织社群和企业建立社群；按照建立社群的功能和运营模式，社群可以分为：营销型、内容型和服务型。

（1）营销型社群。这类社群的营销频次高，以营销活动和优惠分享、销售转化为直接目标的社群类型。营销型社群可以分为三种类型：折扣型、裂变型和通知型。

折扣型社群，是指以强折扣、抢购、秒杀活动为主要特征的社群，而裂变型社群则主要承载着拼团、砍价、助力等作用。这两种社群交叉组合使用效果更优，适用于追求性价比高的客户。例如，永辉超市、钱大妈、步步高、每日优鲜等，通过折扣来吸引新用户入群并且活跃顾客，再运用拼团、助力等方式来扩大群的规模。

钱大妈采用的是典型的折扣型社群方式。门店顾客购物完成后，鼓励顾客扫码获得优惠入群，入群后，社群管理员每天上午在群内发布团购秒杀链接，以划算的价格刺激顾客分享购买；以固定的频率在社群内公布打折的信息，清库存的同时，强化了"不卖隔夜肉"的形象；配合每天固定时间的红包问候、发布拼团等活动，在培养新客户的同时，形成良好的口碑传播，吸引更多的用户入群，围绕高频、刚需的折扣活动，规划完整的运营体系，持续、稳定、有效地占领用户的心智。

裂变型以百草味为例，首先通过拼团秒杀、会员增值、专属优惠等吸引新用户入群，再通过精细化的"社群分层+差异化+分销投放"，有针对性地提升复购与营收。百草味将主流人群划分为学生、宝妈、城市上班族和"VIP"族，有针对性地根据人群属性设置裂变机制。比如，针对宝妈社群的拼团，增加甜食、水果、零食等比重。上班族则侧重饼干等办公室休闲食品为主。在一系列标准化手段之后，社群营销更精准、裂变效率更高。

通知型，是指以活动通知、品牌宣传为主要内容的社群方式。例如，服饰行业的在线新品发布会，社群管家在活动前夕引导入群、预热活动内容，引导顾客观看活动，促进边看边买，在群内成交。

（2）内容型社群。内容型社群是打造品牌内容运营主阵地的社群模式，可以分为：教程信息导向、话题讨论导向和直播短视频导向。

社群管家有计划地发布教程、话题、视频等方式，触达用户并持续解决疑问、满足需求,维持群内成员活跃度和互动性,进一步寻求销售转化。内容型社群在母婴、运动、服饰、美妆等行业的运用最为突出。作为"知识密集型"的品类,母婴行业的消费者对孕前、孕中、产后等全链路的知识有着强烈的需求;服饰行业的消费者,注重上身试穿的实际搭配与效果展示;美妆行业的消费者则希望获得时下流行的妆容趋势,学习各类妆容的化妆技巧和产品上脸的使用效果。

教程型内容社群,以孩子王为例,孩子王是以打造母婴内容型社群为依托,为消费者提供知识服务的教程类内容社群的典型。具体而言,孩子王根据育龄阶段进行社群划分,为不同社群的新手妈妈提供差异化的知识和经验分享。把消费者细分到 0~3 岁、3~6 岁等不同阶段,提供相应产品、教育等知识服务。

话题型内容社群,以滔博运动为例,滔博品牌通过线下活动、比赛、运动明星等话题激活社群,是典型的话题类内容社群。不少的运动鞋服和美妆企业,通过内容型社群,运用短视频和直播等形式,带来真实的产品感受和信任温度,把实体购物云端化。

视频型内容社群,以完美日记为例,完美日记通过短视频和图片的方式,在社群中传递给年轻消费者护肤技巧,是典型的视频类内容社群。通过图文内容、直播和小视频互动形式,以真实、透明、有温度的品牌人格出现,随时激活消费行为和消费者自发传播的欲望。

(3)服务型社群。服务型社群是为会员提供服务的社群类型,适用于价格相对较高、决策成本高、使用难度高的产品。在运营的过程中重服务,轻营销。常见的有课程学习群、干货交流群、行业交流群、资源链接群、售后服务群。例如,雅思课程服务群、营销软件的售后服务群、装修服务群,都是属于服务型社群。

社群组织包括以下成员。

(1)群主:群主是一个社群的核心人物、团队的领导者,关乎社群的定位、方向、活跃度、健康度和生命周期。

(2)管理员:群管理员是社群的运营者、观察者和操作者,辅助群主进行社群管理、群成员身份验证及信息通知等。

(3)社群策划:社群策划负责社群内互动、知识分享,以及电商类平台的促销活动等。社群策划这个角色是不可或缺的。无论是私人运营的社群,还是企业专人运营的社群,都必须使社群策划高质量执行且不断优化。

(4)社群客服:要设置专业度较高、沟通技巧较高、对会员了解程度较高的社群客服。

(5)分享者:能制造话题的人,有号召力,能够在社群中引导话题,带动氛围,具备一定的专业知识。

(6)"粉丝":对内容或产品有需求、认可群主或社群的理念。"粉丝"并非越多越好,不同性质的社群,对"粉丝"数量的要求也不同。

社群建设的关键步骤包括:明确定位、筛选种子、联络感情、价值输出、社群活动、内容输出、树立规则、培养习惯。

明确社群的定位。要创建什么样的社群,为社群成员提供怎样的服务和价值,基于哪方面的考虑想要建立社群，包括行业背景、公司所处的阶段和现状等，通过社群的建立达成具体哪方面的目的，这是建群前必须明确的。

筛选种子。第一批社群用户必须是企业的种子用户，这些人在群运营工作中会起到至关重要的作用，决定社群运营的成败。后期，社群可通过这些种子用户进行裂变，找到更多有价值的客户。因此，种子用户的选择至关重要。

联络感情。社群最重要的作用是实现成员之间的社交，要用情感维系客情关系。所以，比业务和产品推广、知识分享更加重要的是社群内成员的社交，大家彼此要了解、认同，形成社交圈子。

价值输出。是留住用户的最重要手段，不论是为他们提供专业的知识补充，还是定期进行群内有奖互动，创建活动规则、给予荣誉激励等都要持续且有价值。当然，所有价值输出的前导性思想一定是基于社群目的所衍生的，最终必然要为实现最终的社群目的做贡献。

社群活动。通过线上线下的社群活动，可以不断壮大社群，提升社群黏性。社群建立初期，需要强化社群成员对品牌的忠诚度和对品牌文化的认知，在社群活动设计过程中要结合频次、内容进行添加。

内容输出。内容是社群的灵魂，也是将社群成员聚集在一起的关键因素。有价值的、符合社群成员需求和价值观的且持续输出的内容，方可让社群维持活力。

树立规则。群规可以根据环境、任务、要求的变化进行调整。一般来说，群规的第一层是保护大家的隐私；第二层是明确理念和运营模式；更深层次的通常是价值观。

培养习惯。每日、每周、每月定期发送社群内容、社群活动信息，以及要求群成员完成固定的任务和目标。当群成员形成习惯以后，将对社群产生更多的依赖感。

5.3.4 移动 App

移动营销指面向移动终端（手机或平板电脑）用户，在移动终端上直接向分众目标受众定向和精确地传递个性化即时信息，通过与消费者的信息互动达到市场营销目标的行为。移动营销早期称作手机互动营销或无线营销。移动营销是在强大的云端服务支持下，利用移动终端获取云端营销内容，实现把个性化即时信息精确有效地传递给消费者个人，达到"一对一"的互动营销目的。

移动营销的模式，可以用"4I 模型"来概括，即：分众识别（Individual Identification）、即时信息（Instant Message）、互动沟通（Interactive Communication）和我的个性化（I）。

分众识别。移动营销基于手机进行一对一的沟通。由于每一部手机及其使用者的身份都具有唯一对应的关系，并且可以利用技术手段进行识别，所以能与消费者建立确切的互动关系，能够确认消费者是谁、在哪里等问题。

即时信息。移动营销传递信息的即时性，为企业获得动态反馈和互动跟踪提供了可能。当企业对消费者的消费习惯有所觉察时，可以在消费者最有可能产生购买行为的时间发布产品信息。

互动沟通。移动营销"一对一"的互动特性，可以使企业与消费者形成一种互动、互求、互需的关系。这种互动特性可以甄别关系营销的深度和层次，针对不同需求识别出不同的分众，使企业的营销资源有的放矢。

我的个性化。手机的属性是个性化、私人化、功能复合化和时尚化的，人们对个性化的需求比以往任何时候都更加强烈。利用手机进行移动营销也具有强烈的个性化色彩，所传递的信息也具有鲜明的个性化。

移动广告提升了用户体验，而不再是打扰。移动广告允许市场营销人员可以以一种个性化的、不间断的、基于位置信息的方式去同消费者进行交流。从简单的短信到丰富的智能手机应用，有多种选项可以供企业采纳，从而完成市场目标。

随着智能手机和平板电脑等移动终端设备的普及，人们逐渐习惯了使用 App 客户端上网的方式。App 是英文 Application 的简称，在智能手机及智能终端中，App 指第三方应用程序。App 营销指的是应用程序营销，是通过手机、数字社区等平台上运行的应用程序来开展营销活动。常见的有苹果的 App 商店，Android 的 Android Market，微软的应用商城等。

消费者可以下载所喜欢的品牌的 App，并可以利用 App 进行交互，从而完成购买、发现新的信息，以及同朋友分享。这是一种受到人们欢迎的广告形式，只需点击下载 App 即可，甚至有些时候，人们还愿意为下载付费。

与传统的手机媒体相比，智能手机的信息传播内容、信息传播方式、用户信息行为有显著不同。传统手机媒体传播的产品信息只是一些字面上的反应，用户不能全面理解相关产品，而应用程序中包含了图片和视频，还可以沉浸式体验产品；传统手机媒体主要是以短信的文字形式为主要的传播方式，信息载体形式单一，而 App 是企业将产品信息植于应用制作，供用户下载，通过应用达到信息传播；传统手机媒体是被动地接受信息，容易引起受众反感，而 App 是用户自己主动下载，更容易接受产品信息，达到传播效果。

最初，App 只是作为第三方应用的合作形式参与到互联网商业活动中，随着互联网越来越开放，App 不只是移动设备上的一个客户端那么简单，如今，在很多设备上已经可以下载厂商官方的 App 软件，对不同的产品进行无线控制。一方面可以积聚各种不同类型的网络受众，另一方面借助 App 平台获取流量，其中包括大众流量和定向流量。

随着移动互联网的兴起，越来越多的互联网企业、电商平台将 App 作为销售的主战场之一。App 给手机电商带来的流量远远超过了传统互联网（PC 端）的流量，通过 App 进行盈利也是各大电商平台的发展方向。事实表明，各大电商平台向移动 App 的倾斜是十分明显的，原因不仅仅是每天增加的流量，更重要的是手机移动终端的便捷，为企业积累了更多的用户，更有一些用户体验不错的 App 使得用户的忠诚度、活跃度都得到了很大程度的提升，为企业的创收和未来的发展起到了关键性的作用。

与其他渠道相比，移动 App 具有展示成本低、信息全面、连续性、实时性、互动性、精准性、用户黏性高、跨时空等特性。

在实际使用中，移动 App 包括植入广告、用户下载、网站移植等具体的营销方式。

（1）植入广告。在众多的功能性应用和游戏应用中，植入广告是最基本的模式，广告主通过植入动态广告栏链接进行广告植入，当用户点击广告栏的时候就会进入指定的界面或链接，可以了解广告主详情或者是参与活动，这种模式操作简单，适用范围广，只要将广告投放到那些热门的、与自己产品受众相关的应用上就能达到良好的传播效果。植入广告分为内容植入、道具植入、背景植入等方式。

内容植入。例如，"疯狂猜图"游戏融入广告品牌营销，把 Nike、IKEA 之类的品牌作为关键词，既达到了广告宣传效果，又不影响用户玩游戏的乐趣，而且因为融入了用户的互动，广告效果更好。企业最好是接触与自己应用用户群贴近的广告主，这样的广告既能给用户创造价值，也不会引起用户反感，而且点击率会比较高，因此能获得较高的收益。

道具植入。例如，在人人网开发的人人餐厅这款 App 游戏中，将伊利舒化奶作为游戏的一个道具植入其中，让消费者在游戏的同时对伊利舒化奶产品产生独特诉求认知与记忆，提升品牌或产品知名度，在消费者心目中树立企业的品牌形象。由于 App 的受众群体较多，如此直接的道具植入有利于提升企业品牌的偏好度。

背景植入，奖励广告。例如，在抢车位游戏中，一眼看去，最突出的就是 MOTO 手机广告，将 MOTO 的手机广告作为停车位的一个背景图标，给消费者无形中植入了 MOTO 的品牌形象。游戏中还提到"用 MOTO 手机车位背景，每天可得 100 金钱"，这样的奖励广告，驱使游戏玩家使用该背景，这些奖励当然是真的，但这确实是企业的广告。

（2）用户下载。这类以用户为主体的模式，主要应用类型是网站移植类和品牌应用类。企业把符合自己定位的应用发布到应用商店内，供智能手机用户下载，用户利用这种应用可以很直观地了解企业的信息，用户是应用的使用者，手机应用成为用户的一种工具，能够为用户的生活提供便利性。这种模式具有很强的实用价值，让用户了解产品，增强产品信心，提升品牌美誉度。例如，通过定制《孕妇画册》应用，吸引准妈妈们下载，提供孕妇必要的保健知识，客户在获取知识的同时，不断强化对品牌的印象，商家也可以通过该App 发布信息给精准的潜在客户。

相比植入广告模式，具有软性广告效应，客户在满足自己需要的同时，获取品牌信息、商品资讯。从费用的角度来说，植入广告模式采用按次收费的模式，而用户下载的模式则主要由企业自身投资制作 App 实现，相比之下，首次投资较大，但无后续费用。营销效果取决于 App 内容的策划，而非投资额的大小。

（3）网站移植。商家开发自己产品的 App，然后将其投放到各大应用商店以及网站上，供用户免费下载使用。通常，购物网站移植到手机上就会采用这种模式，帮助用户随时随地浏览网站，获取所需商品信息、促销信息，进行下单。这种模式的优势是方便快捷，内容丰富，这类应用一般具有很多优惠措施。

构建 App 的功能策略分为"全功能包含品牌"和"单一功能展现品牌"两类。所谓"全功能包含品牌"指的是，一款 App 里除推广品牌以外还带有多种功能。如"全家 Family Mart"推出的 App，实现了产品信息、门店信息、卡路里测算、选餐机等多个功能。而"单一功能展现品牌"，指的是，一款 App 实现一个功能，或是推广品牌文化，或是发布品牌产品信息，或是一款小游戏，清晰明确。

构建 App 的体系策略则分为产品型、品牌型、综合型。

由于消费者和用户对品牌 App 的理解已经从好奇上升到熟悉，并且成为用户了解和接触品牌的必由之路。因此，分析数字消费者和用户信息行为，挖掘他们内在的需求和兴趣点，是 App 创意与品牌结合的重点之一。

5.3.5 小程序+

小程序是一种不需要下载安装即可使用的应用，它实现了应用"触手可及"的梦想，用户扫一扫或者搜一下即可打开应用。小程序也体现了"用完即走"的理念，用户不用关心是否安装太多应用的问题。应用将无处不在，随时可用，但又无须安装卸载。

随着 App 市场的饱和，大部分用户已经养成了使用习惯，开发新的 App 很难在市场生存。此外，App 开发和推广成本高也是不争的事实。调查显示，移动电商 App 的下载成本高达 120~200 元，这些成本，后期未必能形成转化。互联网金融、二手车电商 App 的新客户成本，更是动辄高达数千元。

微信小程序，是一种全新的连接用户与服务的方式，它可以在微信内被便捷地获取和传播，同时具有出色的使用体验。小程序是一种新的开放能力，开发者可以快速地开发一个小程序。对于开发者而言，小程序开发门槛相对较低，难度不及 App，能够满足简单的基础应用，适合生活服务类线下商铺以及非刚需低频应用的转换。对于用户来说，能够节约使用时间成本和手机内存空间；对于开发者来说也能节约开发和推广成本。全面开放申请后，主体类型为企业、政府、媒体、其他组织或个人的开发者，均可申请注册小程序。在微信系统中，微信小程序、微信订阅号、微信服务号、微信企业号是并行的体系。小程序能够实现消息通知、线下扫码、公众号关联等功能，并且可以在公众号与小程序之间相互跳转。

2017 年 12 月 28 日，微信更新的 6.6.1 版本开放了小游戏，微信启动页面还重点推荐了小游戏《跳一跳》。2018 年 5 月，研究机构发布了微信小游戏《跳一跳》的数据，这款只有 4MB 大小的游戏，截至 2018 年 3 月，积累了 3.9 亿玩家。

小程序单独拿出来，可能感觉不到什么，一旦和各种情景组合起来，"小程序+"打通的恰是用户与商家最后一公里的阻隔。那么小程序在现实生活中会应用到哪里呢？

1. "小程序+餐饮"场景

顾客躺在房间或者坐在办公室里，打开微信的"附近小程序"功能，看见你的店就在附近，点开店直接找到喜欢吃的食物下单，等待你的外卖配送员送达。

顾客路过你的店门口，觉得你的店还不错，掏出手机扫一下小程序码，马上就能知道店里是否还有座位，卖什么菜，甚至直接点菜付款，进去找个位置就可以等吃了。

你的新店开业新品首发，你想做一波线上广告宣传，刚好准备投本地的吃喝玩乐自媒体广告，这个号图文精美鼓动性强，阅读量很高，它的粉丝直接从你放在文章内部的小程序二维码进入你的店铺小程序，领取优惠券，几个就在附近的顾客直接预约点餐，远一点的顾客通过小程序内置的导航正在驱车赶往你的店里。

2. "小程序＋酒店"场景

附近的小程序功能——更多选择、更少操作，随时获取周边酒店。

积分、会员、卡券功能——使用即是会员。

蓝牙功能——甩掉门卡，手机一键开门。

关联公众号、长按识别进入——营销、体验、传播。

3. "小程序＋微商"场景

不同于微商的分销模式，微信商城在配备了小程序的数据分析能力后，能建立人物画像，通过真实数字将运营科学化。小程序极有可能催生一个规范、系统的零售平台。小程序＋微商，让微商生意不靠经验和猜测，通过数据分析更科学、更智慧。

微信小程序针对电商有非常多的创新点，比如转发分享、多功能营销、扫普通链接二维码打开小程序同步等，微商可以利用这些技术创新，为自己的产品或营销助力。

4. "小程序＋公众号"场景

微信公众号经过多年的发展，已建立起强大的内容生态体系，对于企业来说，可通过公众号与用户建立沟通和信息传递。目前，从产品功能性方面来说，公众号的工具属性较弱，小程序恰恰可以弥补公众号的这一缺陷。小程序随开随用、用完即走的优势在体验感上更强。

公众号生产内容，触达粉丝和用户，而小程序则实现商业服务和交易变现，两者结合、各司其职，增强内容型公众号卖货能力、微信电商留客能力，在微信的生态体系内，完成用户体感最佳的营销。

5. "小程序＋其他"场景

随着微信小程序的不断更新、内置模块更复杂，应用小程序的商家也更广泛普及，而微信提供的更多是基础原生能力，因此能运用于更多复杂场景。

另外，腾讯公司倡导"科技向善，数据有度"的隐私保护理念，在收集、获取用户数据上，微信小程序坚持"必要＋合理"的原则；在产品功能设计上，微信小程序给用户更多控制力。在微信小程序的设置页，为用户提供了数据权限开关，一旦用户授权之后又关闭，微信小程序再次使用该用户数据时需要重新获得授权，为用户提供更方便的数据控制权，用户在微信小程序的资料页还可以看到隐私数据保护的提示以及投诉入口。

在移动互联网时代，一方面是技术不断革新，另一方面是思维的进化，从中觅得商机。对于任何新生事物，已经不是简单地给予好或者不好的评价，与现有的资源巧妙地结合在一起，而不是孤立的存在，功能复杂化，这恰是用好微信小程序的关键所在。

5.3.6　HTML5+

超文本标记语言 5.0 版本（Hyper Text Markup Language 5，HTML5），是构建 Web 内

容的一种语言描述方式，用户使用任何手段进行网页浏览时看到的内容原本都是 HTML 格式的，在浏览器中通过一些技术处理将其转换成可识别的信息。HTML5 是互联网的下一代标准，是构建以及呈现互联网内容的一种语言方式，被认为是互联网的核心技术之一。HTML 产生于 1990 年，1997 年 HTML4 成为互联网标准，并广泛应用于互联网应用的开发。

HTML5 结合了 HTML4.01 的相关标准并革新，符合现代网络发展要求，在 2008 年正式发布。HTML5 由不同的技术构成，在互联网中得到了非常广泛的应用。与传统的技术相比，HTML5 的语法特征更加明显，并且结合了可缩放矢量图形（Scalable Vector Graphics，SVG）的内容。这些内容在网页中使用，可以更加便捷地处理多媒体内容，并且 HTML5 中还结合了其他元素，对原有的功能调整和修改，进行标准化。HTML5 在 2012 年已形成了稳定的版本。2014 年 10 月 28 日，W3C 发布了 HTML5 的最终版。

HTML5 将 Web 带入一个成熟的应用平台，在这个平台上，视频、音频、图像、动画以及与设备的交互都进行了规范。为了更好地处理今天的互联网应用，HTML5 添加了很多新元素及功能，比如：图形的绘制，多媒体内容，更好的页面结构，更好的形式处理和 API 拖放元素，定位，网页应用程序缓存，存储，网络工作者等。

HTML5 使数字消费者能够从包括个人电脑、智能手机或平板电脑在内的任意终端访问相同的程序和基于云端的信息。HTML5 允许程序通过 Web 浏览器运行，并且将视频等原先需要插件和其他平台才能使用的多媒体内容也纳入其中，这使浏览器成为一种通用的平台，用户通过浏览器就能完成任务。此外，消费者还可以访问以远程方式存储在云端的各种内容，不受位置和设备的限制。由于 HTML5 中存在较为先进的本地存储技术，所以能做到降低应用程序的响应时间为用户带来更便捷的体验。

随着数字技术和商业模式的不断发展，可以预见 HTML5 的发展及应用将会表现为以下几个方面。

（1）HTML5 的移动端方向。HTML5 在未来的主要发展市场还是在移动端互联网领域，现阶段移动浏览器有应用体验不佳、网页标准不统一的劣势，这两个方面是移动端网页发展的障碍，而 HTML5 能够解决这两个问题，并且将劣势转化为优势，整体推动整个移动端网页方面的发展。

（2）Web 内核标准提升。目前，移动端网页内核大多采用 Web 内核，相信在未来几年内，随着智能端逐渐普及，HTML5 在 Web 内核方面的应用将会得到极大的凸显。

（3）提升 Web 操作体验。随着硬件能力的提升、WebGL 标准化的普及以及手机页游的逐渐成熟，手机页游向 3D 化发展是大势所趋。

（4）网络营销游戏化发展。通过一些游戏化、场景化以及跨屏互动等环节，不仅能增加用户游戏体验，还能够满足广告主大部分的营销需求，在推销产品的过程中，让用户体验游戏的乐趣。

（5）移动视频、在线直播。HTML5 将会改变视频数据的传输方式，让视频播放更加流畅，与此同时，视频还能够与网页相结合，让用户看视频如看图片一样轻松。对于跨平台的手机应用而言，HTML5 也有巨大潜力，因为它包括了很多低功耗设计的特性。

具体来说，HTML5 可以应用在以下场景。

1. 微信 H5

通常提到的微信 H5 营销，是指微信 HTML5 网页。因为移动端完全不支持 Flash，而 HTML5 在动画展现和交互上基本可以满足企业需求，同时也因为微信的大力支持，HTML5 网页作为一种营销的形式被广泛应用。相比传统的营销海报，H5 的出现，不仅从视觉上，还在交互和传播方面数据大幅度增加，同时数据信息的收集也变得全面和快捷。通过 H5 互动营销，企业、品牌可以在低成本的情况下，实现宣传、涨粉、引流、获客、销售等多个环节的需求。在实际应用中，H5 页面适用于不同的互动营销场景，如投票类、抽奖类、答题类游戏、考验反应类小游戏，线上线下联动，使引流获客更轻松。

2. 交互视频

HTML5 对于多媒体的支持，让丰富的视频应用成为可能。HTML5 的交互视频技术可以将视频、动画、多屏通信等有机结合，极大地丰富了内容的表达方式。

3. 户外大屏交互解决方案

传统的户外大屏交互需要复杂的软件实施，成本高，灵活度低。基于 HTML5 技术，不需软件实施，内容更新方便快捷。HTML5 的智墙技术提供了户外大屏交互的解决方案，支持多屏拼接和多点触摸。

5.3.7 直播

直播是指在现场随着事件的发生、发展进程同时制作和播出节目的数字营销方式，该营销活动以直播平台为载体，达到企业获得品牌的提升或是销量增长的目的。

直播带货，是直播娱乐行业在直播的同时带货，由主播在直播间里推介，也称为"好物推荐官"。出现直播带货的原因是电商的兴起，引起一些娱乐行业的人跟进及演化而来，其形式在不断变化。2021 年 3 月 15 日，中华人民共和国国家工商行政管理总局颁布实施《网络交易监督管理办法》，规定了直播服务提供者将网络交易活动的直播视频自直播结束之日起至少保存三年。当日，《网络交易监督管理办法》在中央广播电视总台第 31 届"3·15"晚会现场正式发布。该办法第二十条规定，通过网络社交、网络直播等网络服务开展网络交易活动的网络交易经营者，应当以显著方式展示商品或者服务及其实际经营主体、售后服务等信息，或者上述信息的链接标识。

对于广告主而言，直播营销有着极大的优势。

（1）在当下的语境中，直播营销某种意义上就是一场事件营销。除了本身的广告效应，直播内容的新闻效应往往更明显，引爆性也更强。一个事件或者一个话题，相对而言，可以更轻松地进行传播和引起关注。如东方甄选的董宇辉、麻六记的张兰。

（2）直播营销能体现出用户群的精准性。在观看直播视频时，用户需要在一个特定的时间共同进入播放页面，尽管不是随时随地的播放，但是这种播出时间上的限制，能够真正识别出并抓住这批具有忠诚度的精准目标人群。

（3）直播营销能够实现与用户的实时互动。相较传统电视，互联网视频的一大优势就是能够满足用户更为多元的需求。除了单向观看，还能一起发弹幕吐槽，喜欢谁就直接献花打赏，甚至还能动用民意的力量改变节目进程，这种互动的真实性和立体性，只有在直播的时候能够完全展现。

（4）深入沟通，情感共鸣。在这个碎片化的时代里，在这个去中心化的语境下，人们在日常生活中的交集越来越少，尤其是情感层面的交流越来越浅。直播，这种带有仪式感的内容播出形式，能让一批具有相同志趣的人聚集在一起，聚焦在共同的爱好上，情绪相互感染，达成情感气氛上的高位时刻。如果品牌能在这种氛围下做到恰到好处的推波助澜，那么营销效果一定也会被放大。

直播带货包括选取产品、准备工具、确定时间、布置场景、预热推广、开始直播六个基本步骤。

（1）选取产品。直播带货基本步骤的第一步是选取带货产品，这一步非常关键。挑选的产品需要提前考虑是否符合账号定位，是否是大众或者粉丝比较感兴趣的产品，该产品是否有硬伤，容不容易出现质量问题等。如果产品选择不当，很有可能失去粉丝信任甚至得不到直播平台相关优质流量的推荐。

（2）准备工具。直播之前需要提前准备好一系列工具，以便取得更好的效果。比如补光灯、优质声卡、麦克风、带有高清画质的电脑或手机等。这些工具会影响到人们观看直播时的画面感，如果直播的画面让人看起来不舒服，就会增加人们的浏览成本，容易流失用户。

（3）确定时间。这一步骤看似简单，只需要确定一个时间就行，实则不然，直播时间也是需要经过多方调研的。"什么时候直播流量更好？""人们什么时候更喜欢看直播？""人们什么时间喜欢看什么类型的作品？"每一个问题都需要提前设想并充分调研，为直播做好充足的准备。

（4）布置场景。直播场景的设置也是不可忽视的，美观整洁的直播间让人看起来会更舒适。如果博主在直播间处于一种放松的状态，就不容易产生厌倦，更容易吸引观众。直播间的布置需要根据每次带货的产品来购置相应的物品和确定直播间的主题，比如，"打造什么类型的直播间风格？""设置什么类型的背景音乐？""补光灯应该摆在什么位置？""产品应该放在哪里？"这些都需要提前考虑好。

（5）预热推广。在直播之前需要提前告知用户"今晚我要直播啦"，可以通过发布一条视频，说明今晚在哪个直播间给大家带来什么。这有利于在直播的时候吸引粉丝，扩大视频用户，如果他们感兴趣，这个直播间将是一个非常不错的增流平台。

（6）开始直播。准备工作完成之后，就要开始正式直播了。直播时不要只是呆板地介绍产品，很多优秀的直播话术可以让直播间不那么枯燥无味，此外，还要注意与观众的互动，没有反馈的博主是很容易流失粉丝的。直播间定时设置抽奖或者送福利环节也是很重要的，有助于营造轻松愉快的直播间环境。

IP（Intellectual Property），是一个网络流行语，直译为"知识产权"。互联网界"IP"

可以理解为所有成名文创（文学、影视、动漫、游戏等）作品的统称。进一步引申为"能够仅凭自身的吸引力，挣脱单一平台的束缚，在多个平台上获得流量，进行分发的内容"。

"IP"是能带来效应的"梗"或者"现象"，这个"梗"可以在各种平台发挥效应，因此，IP 也可以说是一款产品，是能带来效应的产品。头部 IP，就是有影响力的个人或品牌，能够影响粉丝的行为。

对于直播带货市场来说，一般有 6 种模式：头部 IP、团购预售、尾货特卖、猎奇产品、直播分销、CEO 卖货等。

近年来，随着直播带货的兴起，田野里架起直播间，土特产变身"网红尖货"，越来越多的农民转型成为带货达人，开辟出一条新的致富之路。在以往的农产品销售体系中，从农民到城市餐桌，起码要经历采购商、批发商、零售商等多重环节，导致农民获得的收益偏低，消费者则抱怨价格偏高。而通过数字营销模式，能够减少中间环节和费用，让农产品直达消费者，实现"两头得利"。

相比于传统电商，直播带货现场感强、互动性强，农民不仅展示了家中农田、果园里新鲜度十足的农产品，还能让消费者获得溯源验货的感觉，从而让自家产品获得更直观的品质"背书"，吸引消费者下单。各大电商平台纷纷探索对农产品区域品牌的打造，比如，抖音电商推出"抖音电商丰收季"专项助农活动，除了短视频、直播等多种形式外，还以山货专区、专场的形式呈现原产地风貌、种植历史和风土人情等内容，增加地标农产品背后的品牌价值。淘宝天猫官方直播间与商家直播间"双管齐下"，助时令新品破圈。可以看出，各大电商平台通过突出农产品的区域化、特色化，助力各地农产品提升市场知名度，培养农民更多的农产品市场推广技能，通过直播互动、网友留言等方式，深入了解消费者需求，为未来增产扩产打下基础。

让农民成为掌握直播带货、市场推广的多面手，农产品从种植到销售各环节逐步走向标准化、分级化，并且辅之以更加完善的线上线下售后服务机制。如此方能推动农产品直播带货的良性发展，成为新农村建设、农民致富的新通路。

5.3.8　物联网广告

物联网（Internet of Things，IoT）是指通过各种信息传感器、射频识别技术、全球定位系统、红外感应器、激光扫描仪等装置和技术，实时采集需要监控、连接、互动的物体或过程，采集声、光、热、电、力学、化学、生物、位置等各种需要的信息，通过各类可能的网络接入，实现物与物、物与人的泛在连接，实现对物品和过程的智能化感知、识别和管理。物联网是一个基于互联网、传统电信网等网络的信息承载体，它让所有能够被独立寻址的普通物理对象形成互联互通的网络。

物联网广告就是把各种硬件物体联成网，在物体上投放广告。利用物体本身、物体上的显示屏幕、物体传出来的光等方法，在物体上刊登或发布广告，通过物体传递信息到用户的一种广告运作方式，是户外广告的一种升级形式。

中国存在数十万家经营各种线下户外广告位的传统机构，他们拥有近400亿个线下户外广告位流量入口，除了楼宇电梯（分众和新潮传媒等机构为代表）属于户外广告位之外，其他的道路出行交通、市内公共设施，以及快递纸箱、快递柜、共享充电宝、充电桩、人脸识别机、信号铁塔、垃圾桶、轮船船身、城市灯光、农村墙体等各种形式的物体，都属于线下户外广告位（Out of Home Media）范畴，都可供开发和经营，联成网后，都是物联网广告，这个规模高达数万亿的行业将会更加便捷，发展将更加快速。

在物联网中，每个物联设备都是重要节点，收集和生成数据。数以万亿计的网络节点所产生的规模巨大的数据在物联网中传递，客观上要求作为社会基础设施的物联网必须具备对这些信息和数据的强大计算能力和处理能力，这种能力是过去任何一家大众传媒组织所无法具备的，即便是诸如谷歌、脸书、腾讯或阿里巴巴这样新兴的互联网巨头也很难做到。只有群体智能的协同才能创造这样的超级智能，它由智能的网络连接和智能的终端设备两大主体构成。在宏观层面，物联网本身就是一个庞大的超级智能网络媒体；而在微观层面，每一个被接入物联网的节点都成为被嵌入了感知和计算能力的智能媒体终端。在未来的20年内，将会有百万亿数量级别的物体作为智能媒体节点接入物联网系统，从而成为超级智能网络媒体的协同参与者。

由于物联网的延伸与普及，物联网广告成为未来的发展方向。物联网定向广告传播模式的构成要素主要包括：广告代理公司和广告主等信源、智能信道、信息接受者、广告主、广告效果、个人数据中心以及数据资源库等。在物联网感知层、网络层、应用层基础上，物联网广告的传播模式从信息收集延伸至信息的系统化以及建立环境媒体广告传播模式。通过物联网挖掘信息流广告，信息流广告充分利用物联网的优势，展示在社交媒体用户好友动态中，结合大数据技术分析构建的用户画像，实现基于用户行为的精准广告投放，这正是物联网广告的进化核心。

物联网时代，数字消费者成为营销的起点。基于物联网技术的定向广告商业模式注重用户需求，通过主体之间的协作配合实现有效聚合，为用户提供有针对性的广告传播平台，满足用户需求，为用户创造价值。基于物联网技术的定向广告商业模式的组成部分包括：运营主体、用户、产品（服务）提供、价值获取。该模式由硬件设备制造商、系统集成商、电信运营商、服务与内容提供商共同形成的运营主体协同提供产品或服务，为广告主与消费者之间的广告信息传播搭建广告平台，实现定向广告传播，并从广告主的销售盈利和消费者的广告订阅中获取利益。云计算、人工智能和物联网技术的应用必将推动计算物联网广告的发展，更广泛的信息接收、传递与大数据技术为精准营销提供了广阔的发展空间。

人工智能技术与物联网融合应用以实现万物智联。"AI+物联网+广告创意"的方式，将引起广告创意领域的巨大变革。目前，人工智能在语音识别、人脸识别、专家系统、智能搜索、语言和图形理解等方面取得了进展，人工智能的数字户外广告板可以像人一样与顾客进行交流沟通，并且通过识别系统与智能搜索，在最短的时间内全面了解顾客的基本情况、行为偏好、消费习惯甚至社交圈子与文化背景，从而提供更加精准个性化的广告服务，使用户加深对产品的理解，激发购买行为。物联网所展现出的巨大市场空间和丰富的应用场景,将为程序化户外广告的落地提供保障。万物互联意味着万物皆媒,移动与通信不再是智能手机的专属,任何终端都可能作为通向互联网的接口,虚拟世界和现实世界的界限将被打破,进入物联网营销时代,营销不再有线上和线下之分,而是联结共建场景,进而由场景数字化驱动产业数字化,并引发产业链变迁和行业生态变革。

数字化和网络化是渠道融合的初级阶段,泛在化和智能化则是其高级阶段,这种新的融合趋势就是物联网化。随着计算能力的指数型增强和计算成本的指数型下降,日常生活中更多物体将具有智能渠道的属性,在未来,物联网将是主要的大数据来源,计算广告技术也将进入物联网广告的全新时代。

县域农产品电商发展新样板

作为贵州省黔东南苗族侗族自治州贫困面最广、贫困程度最深的"两山"地区,2020年全面脱贫后,电商新媒体助力榕江乡村振兴。

2021年起,榕江全面发展"新媒体+产业"助力乡村振兴,创建集人才培训基地、直播中心、文化学堂、产品车间、仓储物流为一体的新媒体助力乡村振兴文创产业园,引进家乡"抖音来客"等40余家企业入驻园区。2022年,新媒体产业园获评贵州省创业孵化示范基地。

榕江县因种植的蔬菜、水果含糖量高,素有"甜甜榕江"之称。为利用好这一天然的地理优势,榕江县邀请农业专家实地调研,指导农民种植各季节适宜种植的农作物,确保农产品在电商平台具备竞争优势。

政府搭了"台",还得有人来"唱戏"。榕江县在全县范围内开展万人村寨代言人培育计划,在全县范围内推进直播扫盲式培训,培育带货团队2200多个,其中青年带货主播840余人,真正实现"手机成为新农具,数据成为新农资,直播成为新农活"。

"全县发展电商前,我们家也跟风扩大了百香果种植规模,但线上线下销售渠道并未打开,亏损了几十万元。去年,在政府和电商公司助力下,我家的百香果还没采摘完,电商订单就源源不断,计划明年再扩大种植规模。"经"万人村寨代言人培育计划"培训,"90后"村干部吴帮云成为寨蒿镇晚寨侗寨的村寨代言人,她介绍:"除带货自家农产品外,还能帮忙销售其他乡镇的初级农产品和深加工农土特产品。"

"知识普及是第一阶段,第二阶段是让农民在农产品电商中选择最合适的角色。比如,经过尝试,有人觉得自己更适合种植,有的更喜欢店铺运营,各司其职又形成合力。"李哲亚坦言,因看好榕江县"新媒体+产业"发展,2021年他带着家乡"抖音来客"15名员工从北京入驻榕江,开展直播电商培训、农产品品牌化打造等工作。

"创建区域农产品品牌的本质逻辑是实现农产品增值、降低物流包装成本。榕江根据品质细分为精品款、流量爆款、尝鲜款,全县电商平台和主播合力营销'榕江黄金百香果'县域品牌概念,电商订单量增加,才能吸引更多快递物流合作,从而跳出农产品物流速度慢、成本高的困境。"2022年,贵州大灰狼创客电子商务有限公司负责人薛殿勇结束了在广州10年的电商生涯,带着20多名员工回到榕江创业。几个月的时间内,他带动了13名青年投身电商直播创业,还将产品供应链从广州搬回榕江,有效解决了榕江电商发展产品单一、定价过高、物流成本高等难题。随着"新媒体+产业"政策红利的释放,越来越多像薛殿勇一样的青年返乡创业。

资料来源:https://xinhuanet.com

思考题

1. 什么是全渠道营销?
2. 什么是触点管理?什么是全触点营销?
3. 试举例说明常见的数字渠道及其应用策略。

服装品牌KAPPA的数字化全渠道运营

即测即练 自学自测

扩展阅读 扫描此码

第6章 互动营销

本章学习目标

通过本章学习,学员应该能够:
1. 理解什么是互动营销,以及互动营销的特点;
2. 了解互动营销的类型;
3. 掌握互动营销的策略。

6.1 互动营销概述

随着数字技术的普及,营销不再局限于企业与消费者之间的被动互动。从平板电脑到智能手机、互联网电视、智能扬声器、流媒体服务等,企业可以通过更积极的方式,在日益分散的购物旅程中与消费者互动。通过新技术、以有价值和动态的非传统营销方式与数字消费者建立连接。在此期间,企业可以采用互动营销方案。

互动营销,指的是企业与消费者在互动中,实现品牌传播或营销转化的过程。企业的目的是通过满足消费者需求而获取利益,而互动营销可以帮助企业与消费者进行充分的沟通交流,找到企业与消费者契合的某一利益点,企业从中获得销量,消费者获得满意的产品或服务,以此来达到双方互利的目的与效果。互动营销的过程,是企业借助视频、评论、视觉效果、信息图、游戏、博客、电子邮件、社交媒体、音频及其他媒体与消费者进行双向交流的过程。如果说传统营销是企业与消费者之间的单向交流,那么,互动营销则将这种交流方式转变为双方参与的双向交流。互动营销让消费者可以参与对话,通过协作体验积极与企业互动,而不仅仅是查看产品信息或是查看服务信息。

互动营销是数字时代非常重要的营销方式,其特点主要表现在以下几个方面。

1. 互动性

指企业与消费者之间的互动性,是互动营销发展的关键,在企业营销推广的同时,更多信息应该融入目标受众感兴趣的内容之中。认真回复客户的留言,用心感受客户的思想,唤起客户的情感认同。借助官网、企业微博、微信公众平台等媒介与消费者进行互动,以实现营销的目标。

2. 舆论性

互动营销通过客户之间的回复,直接或间接地对某个产品产生积极或消极的影响。其中意见领袖的作用非常重要,如拥有众多粉丝的网络红人,往往也扮演着"带货之王"的角色，在抖音、淘宝直播等销售平台上给出购买链接，用户群体顿时一呼百应，足见意见领袖的重要性。

3. 眼球性

互动营销主要就是吸引消费者的眼球，假如一起互动营销事件无法吸引消费者，那么无疑这起互动营销事件是不成功的。人工智能时代，要想吸引消费者的眼球，必须基于客户数据分析进行精准定位，有针对性地制定营销方案。

4. 热点性

互动营销有两种事件模式，一种是借助热点事件来炒作；另一种是自己制作事件来炒作。例如，雀巢旗下的 Contrex 矿泉水产品宣传视频中，每个自行车当成霓虹灯，汇集到大屏幕，所有人一起蹬动自行车就会出现一个健硕男性热舞，引起众多女性为之兴奋，不时地有人参与其中，这是一起非常成功的互动营销案例。

6.2 互动营销类型

互动营销的表现形式多种多样，其中不乏充满趣味性的互动方式。有趣的互动内容可以较大程度激起企业与消费者之间的联动，吸引更多潜在用户关注企业品牌，这是互动营销的魅力所在。在购物旅程的不同阶段，品牌有机会发挥创意并通过多种内容格式与消费者互动。以下是几种常见的互动营销类型。

1. 电子邮件

互动营销最早的形式之一是电子邮件，通过这种形式，企业可以发送消息与有购买意向的消费者直接沟通，使他们参与对话或为其提供有关适用商品的信息。借助电子邮件，企业与消费者之间可以共享互动内容，例如民意调查、直播中的购物车、信息图、消费者反馈请求、游戏、测验等。

2. 视频

企业可以通过视频营销邀请消费者发表评论、订阅或通过行动召唤（Call To Action，CTA）与之互动，从而吸引受众。视频还可通过其他许多富有创意的方式加以运用，例如平板电脑上的可点击消息，或者通过增强现实体验让消费者与商品互动。借助亚马逊广告的互动式视频广告，广告主可以直接在流媒体电视广告中添加 CTA，例如"加入购物车""加入心愿单"或"立即购买"等，给数字消费者提供便捷的互动方式。

3. 音频

互动营销不仅局限于视频格式。随着智能扬声器的日益普及，企业还可以使用音频广告，允许听众在收听音频内容时通过语音来与支持智能语音助手的设备互动，从而与消费者建立连接。例如，当消费者在支持智能语音助手的设备上收听广告套餐的内容时，他们可以在听到互动式音频广告后，向智能语音助手说出"加入购物车""发送更多信息"或"提醒我"等表达自己意愿的话音指令，无须打断正在收听的流媒体音频内容。

4. 网络直播

企业有机会通过网络直播服务与消费者建立实时连接。无论是通过企业自行举办的直播活动还是与头部 IP 合作,直播都能帮助企业与消费者之间建立实时、双向的连接。2022 年 5 月,新东方教师董宇辉凭借"双语直播"出圈,成为直播带货领域的一颗新星,助力"东方甄选"成为直播带货的新势力。他可以对着一袋大米,讲出"浪漫不止星空花海,还有烟火人间",他谈诗词歌赋、谈人间理想、谈哲学文艺,很多网友评价:"别人在介绍产品,他在贩卖人间理想。"一时间,许多不买产品的网友也想去董宇辉的直播间看看。"双十一"期间,董宇辉所在的"东方甄选"直播间斩获了 7.2 亿元销售额,他也一跃成为抖音带货"一哥"。同样的,还有搜狐创始人张朝阳,在搜狐视频直播间开启《张朝阳的物理课》,至今已直播超百期。知识直播为原有的网络快餐文化注入了更为丰富的内涵。

5. 微信小程序

小程序是一种不需要下载安装即可使用的应用,消费者用手机扫一扫或者搜一下即可打开应用。应用无处不在,随时可用,但又无需安装卸载。微信小程序,小程序的一种,它是一种全新的连接消费者与企业服务的方式,它可以在微信系统内被便捷地获取和传播。经过近几年的发展,已经构造了新的微信小程序开发环境和开发者生态,已经有超过 150 万人加入微信小程序开发,微信应用小程序的数量超过了 100 万个,覆盖 200 多个细分的行业,日活用户达到两亿人次,微信小程序还在许多城市实现了支持地铁、公交服务。微信小程序发展带来更多的就业机会,社会效应不断提升。微信小程序帮助企业建立了和消费者之间互动的纽带,打通了原有的微信订阅号、微信服务号、微信企业号等企业发布信息的渠道与海量消费者微信号之间的管道,形成了企业与消费者之间更为纵深的互动关系。微信小程序的功能包括:①附近小程序。帮助商户快速、低门槛地在指定地点展示小程序,以方便被周围的用户找到并使用,增加商家曝光度。②线下扫码。小程序不需要安装,用户通过微信扫一扫线下二维码即可进入小程序。③公众号关联。同一主体的微信公众号可以和小程序相互关联,并在公众号图文消息、自定义菜单、模板消息等场景中使用已关联的小程序。④好友分享。可以分享小程序的任何一个页面给微信好友或微信群,让小程序获得更多流量入口。⑤多种社交功能。交友、社交/论坛、直播、问答等功能,丰富商家和用户之间沟通渠道。⑥消息通知。商户可将模板消息发送给与小程序互动过的用户,用户可通过消息进入小程序进行再次交流,互动性大大提高。⑦丰富的组件和 API。导航、多媒体、位置、视频等原生 App 一样的功能支持,实现商家各种需求。⑧完善的用户系统。小程序可直接采用微信账号,极大地降低用户首次使用门槛。

6.3 互动营销策略

6.3.1 互动内容

在现今的数字世界中,诞生了许多新鲜的趣味内容,企业通过利用这些趣味载体,以求达到营销目的的行为屡见不鲜。互联网除了给企业信息传播提供了更加便捷的方式之外，也带来了更多可能性，打破了很多常识性困境。比如，传统营销环境下的企业，想要了解消费者的需求和偏好，往往通过市场调查的方法获取数据，花费了大量的时间成本和金钱成本，而这种调研所得的数据准确程度却受限于调查者和受访者的主观认知水平。但在当前大数据的环境下，企业想要知晓受众的喜好，通过他们在网络上发表意见的内容以及他们所关注的内容，凭借消费者在网络空间留下的一些"痕迹"，便可以准确地推断出他们具体的偏好。另外，企业也可以设计一些引导性的内容，通过与消费者之间的互动，获取自己想要的信息。产生这些变化的根本动因，就是互动营销的内在核心。通过互动，准确把握数字消费者的消费偏好，从而实现品牌传播或是营销转化。

互动营销的关键，在于沟通消费者与企业之间的媒介——传播内容。传播内容，具备传播能力，携带产品或是服务的相关信息，并且能够激发消费者的情绪共鸣。因此，企业想要开展互动营销，策划好传播内容至关重要。什么样的内容更适合传播？什么样的内容更适合实现营销目的？将营销的目的或是产品巧妙地隐藏在易于传播的内容当中，是企业常用的一种营销手段，也是非常有效的方法。从消费者对所触达内容的反应来看，并非所有的内容都适合传播，同样，也并非所有的内容都可以与消费者产生互动。下面列举几类较为典型的互动内容。

1. 共性趣味内容

共性趣味内容指的是大众都感兴趣的内容，并且都不会产生排斥心理。比如，"双十一"的促销内容、折扣优惠，很容易引发广大消费者的情绪共鸣。另外，国庆期间的互动小游戏，在特定的时期，消费者会产生共同的想法，企业借此时机进行相应的趣味活动策划，往往能够取得事半功倍的效果。

2. 个性兴趣内容

个性趣味内容指的是具备明确消费者细分特征的内容，这些内容只对特定人群中的消费者产生影响。这类内容在传播广度上受到一定的限制，但是从传播深度以及消费者参与的主动性和互动性来看，都具备优势。比如，食物的热量管理内容或者参与性强的小游戏，对于健身、减肥或者爱美人士，更具有吸引力；对那些身材适中，或者是并不重视自己的身材管理问题的消费者而言，传播效果将会大打折扣。

3. 解密性解惑内容

解密性解惑内容指的是揭露一些公众所不知道的内幕性内容，或者是帮助有需要的消费者答疑解惑的内容。这种内容的传播特性，是依托于满足消费者好奇心和求知欲两个方面的心理特征。这类内容的受众，接受信息的主观认识都比较统一，并且大多是抱着善意和赞赏的心态接受信息的。因此，这部分消费者的流量资质最佳。

4. 专业性分享内容

专业性分享内容指的是具备专业性的所谓"干货内容"，这种内容对人群属性的划分较为精细。鉴于这些内容更容易直接产生价值，如果有人可以免费并且深度分享这些内容，就会在一定范围内产生强烈的反馈与互动。如果方法运用得当，就很容易达成营销的效果。比如，一些线上教学课程，一般都是通过抖一些干货，吸引精确受众，然后实现课程营销的行为。这些所谓公开课中的直播互动，其实就是互动营销中的一种常见的表现形式。

上述四种互动内容，都属于当下被消费者认同，并且易于在数字社交环境中传播的内容。其中，共性趣味内容和个性趣味内容传播效果更佳，但在营销转化上，略显乏力；解密性解惑内容以及专业性分享内容，在传播范围上或许受到限制，但由于有针对性地满足了消费者心理需求，因此具备较好的营销转化能力。

这类利于传播的内容，正是联系企业与消费者的关键所在。互动营销，内容为王。只要企业能够稳定且高效地输出优质的内容，目标人群便会自发地聚集起来，随后通过具象的活动，引爆"流量"，使消费者形成"参与性狂欢"，最终营销转化也就水到渠成。

6.3.2 应用场景

数字空间和数字社区生态的发展，一方面为企业带来更广阔、更便捷的信息传播渠道，另一方面给企业经营者带来了难题：媒体越来越多，信息的种类和数量越来越庞大，怎样才能把企业的信息精准地传递给有需求的消费者？殊不知，数字消费者是拥有特定"基因"属性的，当企业熟悉其基因之后，更容易掌握消费者心理及其信息行为特征，最终通过互动营销的方法实现产品变现。

与消费者互动的营销方式，日益成为常态。以趣味内容作为载体，吸引消费者参与，随后逐渐形成传播裂变。下面以一些具体的场景为例，展示互动营销在实践中是如何应用的。

1. 消费者碎片化时间的管理

近年来，无论是去"海底捞"吃饭、还是去"喜茶"买奶茶，或是去"星巴克"买咖啡，排队几乎成为一种普遍现象。据统计，买"喜茶"平均排队 2 到 3 小时，买"鲍师傅"糕点最高排队 7 小时。前段时间，"茶颜悦色"武汉店开业，顾客排队 8 小时，一杯 500 元的"盛况"更是一度登上微博热搜，在社交媒体引发激烈讨论，惊掉了不少人的下巴。如果说上面这些现象是目前品牌营销的潮流套路，那么在我们的实际生活中，以餐饮业为例，常常看到那些深受消费者喜爱的餐厅门庭若市，经常需要顾客排队，而且等待时间很长。顾客在排队过程中较为烦躁，这些餐厅一般提供小零食或者扑克牌、象棋等供消费者娱乐消磨时间。以"变态"服务著称的火锅餐厅"海底捞"，甚至在排队等候区提供美甲、擦皮鞋、网吧等服务设施，显著提升消费者的服务体验。类似的，还有迪士尼乐园的排队等候时间的管理，游客们可以在排队等候时欣赏有趣的杂耍表演，可以与工作人员装扮的、深受孩子们喜爱的卡通人物合影留念等。在数字情境下，商家可以利用这些碎片时间，让处于等待状态的消费者扫码体验品牌植入的游戏，并在游戏互动的过程中，植入优惠券、折扣券，提高消费者参与度。

在这类特定场景的应用中，考虑消费者体验的同时，还植入了商家的品牌和产品内容。

这种互动方式可以说是一举多得,既增加了粉丝的关注度,减少了消费者排队等候时的烦躁焦虑情绪,又使商家深化了品牌影响。企业把产品与游戏相结合,可以有效吸引消费者的关注。有趣的游戏会让消费者更容易接受企业的产品,并在游戏活动中产生对企业、对产品的好感。同时,消费者在参与游戏的过程中可以对产品进行更深层次的理解,方便企业更好地把理念与信息传递给消费者。比如,中粮悦活的"四百汉字"活动、乐事薯片的"开心农场"活动、肯德基的"神武 3"活动等,都通过植入娱乐化的游戏,调动了消费群体的互动热情,不仅渲染了新的产品理念,还增加了品牌的文化氛围。

消费者在餐厅点菜时,可以在手机上点餐、下单,订单自动传到后厨等待上菜。消费者扫码点餐提交订单后,前台与厨房会同时收到订单,厨房能及时制作菜品,前台或服务员可以及时跟进,消费者可以通过查看订单状态,了解菜品的制作进度。商品详情、桌号、用餐人数、备注等信息一目了然,服务员无须来回跑动,更不用手写菜单传递到厨房。随着点菜效率的提升,后厨出菜效率也会大大提升,最终增加餐厅的翻台率。商家还可以实时分析用餐数据,优化菜品,使餐厅更具竞争力。此外,餐厅可以引导消费者在扫码点餐时关注公众号,沉淀成餐厅会员。餐厅就可以利用这些消费者进行营销活动,刺激再次消费,增加客流和收益。

2. 引导进店消费及客户拉新

对于实体店来说,最重要的是顾客进店。只有当消费者进入商店时,他们才有购买和消费的可能性。例如,某婚纱影楼拉新客户,做了一个以爱情为主题的互动活动,然后设置一些实物礼品,通过排名或者抽奖的方式派送,引导参与者进店体验。

又如,一个水果店社群,借助线上的社群形式,可以利用某项活动抽奖,实现社群促活,拉新和引流到门店进行消费。近几年,社群开始变成了一个热议的话题,就连一些传统的门店都开始布局社群,想通过线上社群来为自己的产品提升销售量。下面就是这个水果店的活动方案。

奖品设置为 3 个等级:一等奖奇异果 1 个,共 1 份;二等奖橙子 1 个,共 6 份;三等奖砂糖橘 250 g,共 10 份。奖品的成本都不高,在 2~5 元钱之间。

活动抽奖规则:①中奖的用户需要到门店自提,只要用户到门店,一般来说就会顺手买一些水果,这样就达到了引流到门店消费的目的;②限定兑奖时间,逾期无效,锁住客户的到店时间,提升到店的频率;③中奖的用户将奖品发布到社群,可以互动;④只有群内的消费者才可以参与活动抽奖,群成员可邀请朋友、家人入群。

上面是典型的借助线上社群互动引流到店消费及拉新的例子。该应用场景可以延伸到健身、美容、保健等行业的商户通过游戏或是抽奖的互动方式拉新客户,通过实物奖品引导顾客进店消费。

3. 增强黏性,提升复购率

线上获客成本越来越高,想要提高线上用户的新增量变得越来越难,这个时候提升已有用户的复购率就变得非常重要。例如,某日本料理为了增加店内回头客,提高消费者的二次消费频次，可以通过活动植入新菜品、植入店面品牌，在与消费者互动过程中或者在活动结束后，派送优惠卡券和积分，从而增强营销黏性，提高客户的消费频次。

在信息日益广泛传播的今天，无论什么产品，都存在同行竞争。当下门店经营，在保证产品质量的基础上，最重要的是把顾客"圈"起来，变成门店的精准客源。而线上社群的作用就是"圈人"，快速建立门店的社群，打造本土行业影响力，获得更多顾客的支持，就能抢占社群红利。社群的作用不仅在于获得更多的新用户，如果运营得好，还可以使老客户持续复购，不断提升顾客黏性。

汽车零售店，想通过"社群效应"增加用户之间的黏性，提升复购率，该怎么做？不妨利用顾客资源建立各地的"车友俱乐部"，然后通过定期发起各种周末游活动，为俱乐部里的用户创造互动交流接触的机会，培养他们之间的黏性。随着各地车友会黏性的增强，当俱乐部的车友们想要换车时，肯定会因为舍不得和社群成员的告别而继续选择该品牌。

同理，不同类型的门店，为了增加黏性、培养社群成员黏性，还可以建立不同爱好者的社群，比如吃货群、烘焙群、摩托群、宝妈群、摄影群、王者荣耀群等兴趣群，为顾客搭建一个相同兴趣爱好的交流平台，方便平时互动分享，增加黏性，使他们因为离不开彼此而离不开门店。

该应用场景，还可以推演到高频服务业，如餐饮、酒店、健身、美容等，以及快消品如牙膏、零食等，都可以使用。

4. 塑造品牌

德鲁克曾经说过，企业的内部只有成本，企业的经营成果在外部，这个成果就是品牌。通俗地说，企业生产出来的是产品，摆在货架里的是商品，存在于消费者脑海中的才是品牌。既然品牌存在于外部，存在于消费者的脑海中，互动营销在整个品牌塑造过程中发挥的作用也就不言而喻。品牌管理的过程就是互动管理的过程。

与传统的广告营销相比，互动营销更加注重与消费者的互动和参与，以增加品牌的曝光和用户的黏性。企业可以通过游戏、互动活动等方式吸引消费者的参与，从而更加有效地传递品牌信息，增强消费者与品牌之间的互动和黏性。例如，爱彼迎推出了"Night At"活动，邀请用户参与一些非常规的住宿体验，在法国卢浮宫中度过一夜。该活动在社交媒体上引起了广泛的关注和讨论，提高了品牌的知名度和吸引力。

现代汽车推出 Evolve 展示专区，为亚马逊的数字消费者构建数字购车体验区，从而帮助触达偏好于立即购买的顾客。在 Evolve 展示专区，消费者可以在这里浏览品牌和型号并开始选购流程，所有这些操作都可以在家中舒适地进行。通过这个虚拟展厅，现代汽车可以在亚马逊网站展示其经销商库存，消费者可以在这里比较车型、定制内饰和配色、估算车款，然后联系当地经销商安排试驾或进行交易。

互动营销可以提高品牌曝光率和口碑。互动营销通常需要消费者在社交媒体上分享和推荐品牌，如果品牌能够通过互动营销赢得消费者的喜爱和信任，他们可能会成为品牌的忠实粉丝，从而为品牌带来更多的商业机会。如可口可乐在夏季推出了"名字之夏"活动，鼓励消费者在可口可乐瓶上写下自己的名字或昵称,然后分享照片到社交媒体上。该活动在社交媒体上引起了巨大反响,吸引了数百万用户参与和分享,提高了品牌的曝光率和口碑。

互动营销可以提高品牌的转化率和销售额。帮助品牌方更好地了解用户的需求和偏好,从而更好地定位产品和服务。此外,互动营销还可以通过优惠券、礼品等方式吸引用户的消费,提高品牌的销售额和利润。

5. 新产品推介

企业要想在众多同类产品中脱颖而出,就得找出产品与同类竞品的不同之处,打造产品差异化优势。产品没有特色、没有独特的宣传点,是很难吸引消费者购买的,就算价格很低,消费者也没有购买的欲望。对于刚刚推出的新产品来说,想要尽快让消费者接受,少不了做新产品推广,新产品推广可以增加产品的曝光率,让用户知道该产品,建立市场认知和信任感。很多企业在推广新产品的时候做了大量广告,但是产品推广的效果却不是很好,最主要的原因是推广方式和推广渠道没有选对。

在经历了"电池门"事件[①]以后,三星电子停售了 Galaxy Note7 手机产品。作为其在意大利市场推出旗舰智能手机系列最新版本 Samsung Galaxy S22 产品的广告活动的一部分,三星电子(Samsung Electronics)希望与意大利的千禧一代、"Z 世代"成年人、技术爱好者和手机电影制作人建立连接。三星电子携手亚马逊广告,使用 Twitch、Prime Video 和亚马逊视频广告制定了一项方案。

2022 年 2 月 9 日,三星(Samsung)意大利公司在 Twitch 上开展了耗时 6 个小时的直播活动 Galaxy Creative Fest,以此拉开了其广告活动的序幕。该活动由三位受欢迎的意大利 Twitch 创作者主持,他们分别向各自的社群介绍了 S22 产品系列中的一款三星(Samsung)Galaxy 产品:S22、S22+、S22 Ultra。在直播过程中,观众可以在 Twitch 聊天中提问并讨论三星(Samsung)产品。此外,这三场直播还帮助引导观众进入三星(Samsung)网站,顾客可以在该网站中浏览、了解并购买该品牌的产品。

该应用场景还可以推广到汽车、电子产品等新品推介,如某汽车品牌推出新车系后,为了快速地让更多的消费者认识新产品,可以在活动开始界面植入品牌 Logo,背景音乐植入声音广告,活动背景植入新车图片,互动的各种元素也可以定制成新车图片,让消费者在多次互动中认识新品。并在互动过程中,随机派发实物奖品或者以抽奖的方式派发实物奖品,然后把线上参与的粉丝引导到店内体验,挖掘潜在客户群。

6. 节庆热点

节日营销一直被营销界称为最佳销售时机,越来越多的品牌选择在节假日展开营销活

[①] 三星"电池门"事件,是指三星 Galaxy Note7 手机自燃爆炸事件。2016 年 8 月 2 日,三星发布最新款 Galaxy Note7 手机。当年 8 月 19 日,Note7 在美国、加拿大、澳大利亚、韩国等 10 个国家和地区上市,然而接二连三的爆炸事件却让三星陷入尴尬。澳大利亚、美国以及韩国本土用户皆报告,新买的 Galaxy Note7 发生自燃爆炸,韩国本土的媒体将 Note7 称为"一百万韩元的炸弹"。2017 年 1 月 23 日,三星电子在首尔召开新闻发布会,与全球三大独立调研机构就 Note7 事件公布了调查结果:电池在设计与制造过程中存在问题,并向全球消费者致歉,宣布不会起诉电池供应商,该事件至此画上句号。

动,目的是提高产品的销售额和提升品牌形象。商家在策划活动前一定要根据节日特点和营销目标锁定不同的人群,根据场景输出符合节日特色的产品或服务。突出节日气氛和主题,紧扣节日本身,让人们将对节日的关注转移到品牌上来。通过创意或者内容让品牌和节日完美融合,让消费者能够主动关注品牌,并对其产生好感。注重人们的节日情感,从情感层面的需求入手,让其产生更多的共鸣和触动,有利于提升品牌的认知度和存在感。通过活动加强与消费者之间的互动,把握好借势节日的度,传播正面的信息和能量。

2019年国庆节即将到来之际,许多网友突然发现,自己的朋友圈被一条"请给我一面国旗"刷屏了。随后细心的网友发现,很多好友的头像上面出现了一面小国旗的边框。简单的一句话,成为当天朋友圈绝对的主角。网友们在这些原有的模板基础上进行改编,纷纷将自己的愿望,通过这样的形式,发到自己的朋友圈里。一时间,朋友圈内精彩纷呈,趣味盎然。

在每年众多的节日中,国庆节对于广大中国人民来说,有着极其特殊的感情。在这样一个举国欢庆的日子里,带有浓烈爱国情怀的内容,极易引发网友的情绪共鸣,更具有传播性。微信通过简单的趣味小活动,极大地调动了大众的参与兴趣。在微信原有的用户基础上,有目的性的趣味内容传播,产生的效果是非常迅速而惊人的。这是整个活动最初的激发过程。当内容传播到一定程度的时候,许多不曾了解活动内容的人,便会产生好奇心理,从而自发地了解并参与,传播裂变正式开始。通过重复性创造,顺利引发了群众"参与性"狂欢。相关内容所获得的关注度以及热度,令人侧目。

7. 情感互动

情感是能够击穿隔阂、与他人产生联系的最有力的途径之一。在情感消费时代,品牌想要留住消费者,就要学会从消费者的情感需求出发,达成心灵上的共鸣。一个优秀的品牌能够从消费者的爱好出发,打造符合消费者理念的美好人设,用品牌魅力吸引忠实的顾客。

情感营销是从消费者的情感需要出发,唤起和激起消费者的情感需求,使消费者产生心灵上的共鸣,寓情感于营销之中,让有情的营销赢得无情的竞争。在情感消费时代,消费者购买商品所看重的已不仅是商品数量的多少、质量好坏以及价钱的高低,而是为了一种感情上的满足,一种心理上的认同。消费行为从理性走向感性,不仅强调企业和消费者之间的买卖关系的建立,而且强调相互之间的情感交流,因而致力于营造一个温馨、和谐、充满情感的营销环境,这对于企业树立良好形象、建立良好人际关系、实现长远目标是非常重要的。

2022年,为了向用户传递品牌升级后的核心定位"明日达超市"以及其背后的明日达履约承诺,美团优选推出品牌焕新三部曲之《明天一定到》。该短片根据真实故事改编,以写实的方式还原现实环境和人物处境,塑造内容的真实性和立体感,让观众更容易产生代入感,进而走进人物内心。故事讲述一位妈妈拿着活禽从老家长途跋涉赶往女儿所在的城市,只为了给做完手术的女儿做顿新鲜的饭菜。路途中的艰辛和妈妈的坚持,呈现最朴素动人的情感，唤起人们对母爱的记忆，戳中了无数在城市漂泊的年轻人内心最柔软的地方，引发线上话题热议。

巧妙的是，美团优选将承诺的"明日达"与妈妈承诺的《明天一定到》绑定在一起，既建立了双向奔赴的关系，又上升了品牌温度，让用户认为品牌的承诺就跟母爱一样坚定可靠。在物流并不发达的偏远地区，明日达的承诺能给人们不确定的生活带来确定的幸福感，是消费者最快、最优的选择。

短片上线之后，不仅在 B 站获得了百万播放量，冲上全站排行榜第七，还吸引了一波自来水传播，有网友评论道："非常有深度，忍不住看了三遍""这种广告宁可不充会员也绝不跳过""虽然是广告，但我还是破防了"。美团优选凭借这支出圈短片，赚足了观众眼泪，成功收获消费者的好感，为品牌圈了一波粉。

另一个情感互动的案例来自小度。在 2022 年尾，小度用盘点的形式联合中国青年报打造了首支原创单曲 MV《身边》，进一步深化了陪伴理念，与大众实现了深层次的共情和互动。2022 是特殊的一年，面对突如其来的困难，很多人陷入了焦虑和低迷的情绪中，但好在有身边人的陪伴，让我们渐渐地驱散阴霾。小度用 3 个月的时间在这一年里筛选出 126 组陪伴的画面拼接起来制作成 MV，真实的素材虽不精致但足够接地气，也更容易打动人心，每个人都能在这些场景中找到有所触动的温暖瞬间。所有的画面均是发生在普通人身边的事，能激发品牌和用户之间的情绪共振，有效输出"别怕，我会一直在，陪你慢慢变好"的品牌主张。

除了感染大众的陪伴场景之外，小度在 MV 中亲自下场玩梗和竞品同框给人留下了深刻印象。此前在 B 站爆火的小度炸雷梗，一度成为网友们制作鬼畜的素材来源，小度通过自黑与网友进行互动，彰显出品牌好玩亲民的形象，有效地拉近彼此距离。在片尾，小度与竞品小爱的同框，让用户倍感惊喜和意外，纷纷嗑起了 CP，迅速引爆了社交话题。此举不但体现了品牌的大格局和玩乐精神，还强调了小度"一直都在"的陪伴属性，为 MV 增添了一大亮点。

贴近生活的内容和小度自黑、同框的彩蛋，让这支 MV 在发布当天就成功冲上 B 站热榜第四，音乐分区热榜第一，无数人在弹幕和评论区表示破防了。不得不说，小度的营销总能精准踩中目标用户的喜好，一次次深化在用户心智中的陪伴定位。

那些重视用户情感需求，通过走心的情感内容更好地让用户感知到产品功能之外的价值，在脑海中形成长久的记忆。正如美团优选、小度打造的情感内容，让用户自愿为品牌价值买单，成功实现品牌声量与销量的双丰收。

8. AR 沉浸式互动

增强现实（Augmented Reality，AR），也被称为扩增现实，是一种将虚拟信息与真实世界巧妙融合的技术，广泛运用了多媒体、三维建模、实时跟踪及注册、智能交互、传感等多种技术手段，将计算机生成的文字、图像、三维模型、音乐、视频等虚拟信息模拟仿真后，应用到真实世界中，两种信息互为补充，从而实现对真实世界的"增强"。真实环境和虚拟物体之间重叠之后，能够在同一个画面以及空间中同时存在，并且在这一过程中能够被人类感官所感知，从而实现超越现实的感官体验。

增强现实技术不仅能够有效地体现出真实世界的内容，也能够促使虚拟的信息内容显示出来，这些细腻内容相互补充和叠加。在视觉化的增强现实中，用户需要佩戴头盔显示器，其操作原理与虚拟现实领域中的沉浸式头盔相似，使真实世界能够和电脑图形重合在一起，在重合之后可以充分看到真实的世界围绕着它。增强现实技术中主要有多媒体和三维建模以及场景融合等新的技术和手段，增强现实所提供的信息内容和人类能够感知的信息内容之间存在着明显不同。

如今，AR、VR等沉浸式技术正在快速发展，一定程度上改变了消费者、企业与数字世界的互动方式。消费者期望更大程度上从2D转移到沉浸感更强的3D，从3D获得新的体验，包括商业、体验店、机器人、虚拟助理、区域规划、监控等场景，从人类只使用语言功能升级到包含视觉在内的全方位体验。在这个发展过程中，AR将超越VR，更能满足用户的需求。与在现实生活中不同，增强现实是将虚拟事物在现实中的呈现，而交互就是为虚拟事物在现实中更好地呈现做准备，要得到更好的AR体验，交互就是其中的重中之重。

AR的三大技术要点包括三维注册（跟踪注册技术）、虚拟现实融合显示、人机交互。其流程是首先通过摄像头和传感器对真实场景进行数据采集，并传入处理器对其进行分析和重构，再通过AR头显或智能移动设备上的摄像头、陀螺仪、传感器等配件实时更新用户在现实环境中的空间位置变化数据，从而得出虚拟场景和真实场景的相对位置，实现坐标系的对齐并进行虚拟场景与现实场景的融合计算，最后将其合成影像呈现给用户。用户可通过AR头显或智能移动设备上的交互配件，如话筒、眼动追踪器、红外感应器、摄像头、传感器等设备采集控制信号，并进行相应的人机交互及信息更新，实现增强现实的交互操作。其中，三维注册是AR技术之核心，即以现实场景中二维或三维物体为标识物，将虚拟信息与现实场景信息进行对位匹配，即虚拟物体的位置、大小、运动路径等与现实环境必须完美匹配，达到虚实相生的程度。

AR以其丰富的互动性为儿童教育产品的开发注入了新的活力。儿童的特点是活泼好动，运用AR技术开发的教育产品更适合孩子们的生理和心理特性。例如，市场上随处可见的AR书籍，对于低龄儿童来说，文字描述过于抽象，文字结合动态立体影像会让孩子快速掌握新的知识，丰富的交互方式更符合孩子们活泼好动的特性，提高了孩子们的学习积极性。在学龄教育中，AR也发挥着越来越重要的作用，如一些危险的化学实验，以及深奥难懂的数学、物理原理都可以通过AR使学生快速掌握。

AR技术具备提升现实情境的清晰直观性和感知冲击力，使得情景式的学习方式更具亲和性、动态性和自然性，在一定程度上能弥补孤独症儿童对现实世界信息和刺激接收迟缓的弱势，以及社交沟通上动机明显不足的劣势，能为孤独症儿童教学情景创设的实现提供新的途径。

AR技术可以帮助消费者在购物时更直观地判断某商品是否适合自己，以做出恰当的选择。消费者可以轻松地通过该软件，直观地看到不同的家具放置在家中的效果，可以试穿心仪款式的衣服，试戴新款的太阳镜，从而根据增强现实技术辅助呈现的商品效果进行消费决策，该软件还具有保存并添加到购物车的功能。

AR 技术还被大量应用于博物馆对展品的介绍说明中，该技术通过在展品上叠加虚拟文字、图片、视频等信息为游客提供展品导览介绍。此外，AR 技术还可应用于文物复原展示，即在文物原址或残缺的文物上通过 AR 技术将复原部分与残存部分完美结合，使参观者了解文物原来的模样，达到身临其境的效果。

如此沉浸式的体验，给企业和消费者之间的互动方式提供了巨大的想象空间和无限的发展可能。

6.3.3　应用模式

随着社交网络的兴起，互动营销的优势表现得越来越明显。通过互动营销增加销售量和营业额，获得用户的信任与好感，已经是诸多企业在经营活动中不可或缺的营销手段。

精准的互动营销是通过营销测试的数据对消费者进行分析，实施准确的定位，目的是满足不同消费者的个性化需求，为消费者提供精准服务的同时还能在消费者心目中树立企业的品牌形象。对于如何进行有效的互动营销，有以下三个要点。

第一，尽可能让消费者参与。实施互动营销就是要企业和消费者双方都参与。消费者能够简单、便捷地参与互动营销，而不是经过其他途径或者繁琐过程参与，否则，消费者参与互动的意愿和概率就会小很多。如果互动形式太麻烦，用户就有可能不会参与。互动过程中若需要填写个人资料，就应该简单明了不涉及个人隐私。如 IBM 网站收集消费者信息的表格是非常简单的，这样就大大地提高了访问者的参与程度。

第二，注重消费者的体验感受。互动营销要注重消费者的体验感受，如果消费者的体验感觉不好，是不可能成为企业的真正用户的。这与互动营销的目的相违背。当前，消费者更加关注产品质量及其使用的舒适度，关注售前售中售后全过程消费体验。这不仅要求生产者不断提升创新研发水平，生产出更适合消费者需求的商品，而且还要求销售者充分关注市场反应，关注消费者的消费体验。随着数字技术不断进步，实体场景与虚拟技术相融合，给消费者带来全新的消费环境和购物体验，甚至通过搭建各种场景、平台，为消费者创造出值得回忆的感受，塑造出独一无二的消费体验。

第三，让消费者得到切实的利益。互动营销要让消费者看到切实的利益，以激发他们的互动热情。例如，在营销互动中，可以采用有奖问答和产品免费试用的方式。只有在利益的驱使下，消费者才会踊跃地参与互动。又如，某网站进行有关搜索引擎的调查，先是以广告的形式进行，结果很不理想，后来将广告换成有奖调查以后，消费者参与的积极性就大大提高了。

毫无疑问，互联网带来的"互动性"这一媒体形态变化是营销实现跳跃式发展的一个重要契机。在越来越多的品牌出现，买方成为市场主导的时候，发掘、调动消费者的主动性成为市场领先的关键。从海量品牌中脱颖而出，唤醒消费者的消费意识，进而建立品牌的长期认知与美誉度，这些步步深入的工作，真正的出发点都是点燃消费者对品牌的情感，而互联网恰恰为每一位消费者提供了表达和受尊重的机会与权利。

互联网作为一个技术工具，使得一系列有用户参与的营销手段有可能实现。传统媒体时代的单向、一维传播被改变，厂商得以借助互联网的多感官交流方式最大限度地展现品牌产品的特征，进而打动消费者。互联网作为一个对等于物理世界的平台，厂商可以在这个虚拟的世界以低成本接触到它的广大客户，并根据其网络行为和参与方式进行目标明确的高效客户管理。这种管理是持续、贴身、服务和增值式的。

互联网作为一个发布平台，多向、广域的特性使它比以往任何一种媒体形态都更强烈地凸显了媒体的沟通、交流特性。这种厂商与客户、客户与客户之间的沟通，不仅很好地传播了品牌，而且在各个层面建立起了品牌内部的心理认同，紧密的联系使得客户与品牌的关系跳出了简单的买卖关系并转变为情感联系。

下面结合跨屏、创意、社群、病毒、体验、内容6种典型营销方法，介绍互动营销的应用模式。

1. 互动模式中的跨屏营销

跨屏营销是指通过整合多种渠道终端，向广告主的目标受众投放定向且精准的个性化广告信息，通过与消费者的信息互动，达到品牌市场营销目的的行为。

在新媒体时代，受众的行为呈现从"整体性"到"碎片化"的特点，受众从"消费者"变成了"生活者"。"消费者"从经济学的理解就是商品的购买者，而"生活者"所表达的是拥有自己的生活方式、抱负和梦想的人，他们中不仅有品牌的消费者，还涵盖了有可能成为消费者的群体。一方面，受众通过移动屏记录自己的喜怒哀乐，并可以得到别人的回应，与他人进行互动，参与产品的设计；另一方面，受众拥有更多的话语权。在移动屏的带动下，受众的跨屏互动，即手机、平板、电脑、电视各终端被联合在一起使用时，它们才发挥出真正的效力。

跨屏营销的关键之处在于数据的打通。要实现跨屏，先要解决的是跨屏识别，认清每一次浏览行为背后是谁，跨屏数据才算真正激活。跨屏营销最精确的方法是账号绑定，除此之外，依靠物理数据如Wi-Fi、IP地址也可实现跨屏识别。此类方法的缺陷是适用场景偏少，要求过高，匹配出的数据量较少。访问行为类比的方法，也适用于跨屏营销。通过比较一段时间内用户的浏览行为，例如点击习惯、浏览习惯、浏览时间等，推测多个访问行为是否为同一用户，标注后形成跨屏ID。跨屏营销策略包括以下三方面内容。

1）认知屏+移动屏：提升知名度的同时，提高品牌黏性

当消费者在选择一项新产品的时候，首先要对该产品形成一定的认知，电视作为大众媒体仍然是领先的媒介渠道，在提供产品信息、树立产品形象方面有很大的作用，可以提升消费者认知水平，并起到一定的引导作用。但现行媒介更多的是单向的传播，不能建立起消费者与产品的关系，而大部分通过移动屏登录的媒体则有很强的互动性。如果企业在移动屏与认知屏同步或延时发布广告，必然会加深消费者对媒体广告的印象，增加广告的

影响力。同时通过互动的形式建立起品牌和消费者之间的关系,引起消费者的共鸣。当品牌成为朋友,消费者就会主动通过自己的社交圈,将品牌推荐或分享给更多的人,这将在提升品牌知名度的同时提高品牌黏性。

2)移动屏+行动屏:利用品牌"粉丝"实现精准营销

移动互联网背景下,企业想要赢得较高的客户忠诚、增强盈利能力,就要在正确的时间通过正确的方式将正确的信息传达给正确的客户,这是一种精准营销。智能手机和平板电脑会成为移动终端的首选。消费者通过互动或者直接参与的方式,在移动屏上获取信息,成为品牌"粉丝",同时留下了自己的网络痕迹:关系图谱、兴趣爱好、消费特征、产品需求、人口统计特征等信息。企业通过数据挖掘获取这些信息,更加明确产品定位、洞察消费者心理,进一步调整广告策略,选择目标网站借以转战个人电脑屏。利用互联网的优势,高频次的广告播放加上精准的营销策略,在极大提升品牌曝光率的同时,实现精准营销。

3)认知屏+行动屏:扩大口碑宣传,迅速实现知名度的品牌资产价值

传统企业主要通过购买电视台的时段,发布产品广告来引起消费者的关注。但是,电视广告价格高昂,不适宜播放有较强故事情节的高关联型情感广告。而互联网广告,尤其是互联网视频广告,具有灵活的收费模式和良好的个人体验。企业可以在电视屏上播放富有创意、故事情节紧凑型的部分广告情节,并提示如果要看完整情节,可到电脑屏获取。这样的跨屏组合,有利于充分调动受众的好奇心,不仅可以节约广告成本,还可以提升品牌知名度和口碑。

2. 互动模式中的创意营销

创意营销是通过营销策划人员,思考、总结、执行一套完整的借力发挥的营销方案,带来销售额急剧上升,一份投入十分收获,创意营销能给广告主带来意想不到的收获。其投入少、见效快,用创意带来吸引力,能借助多方宣传渠道,使普通网民自发进入创意者设定的情境参与宣传。

创意营销的核心切入点是产品,要通过对产品内容和形式的创意策划,提高产品对用户的吸引力。比较成功的经验是"以需求为导向,以问题为导向",通过调研发掘用户的需求,然后在创意策划的基础上充分整合自身优势资源,形成丰富扎实、特色突出的核心内容,并在内容呈现形式上精心设计、巧妙包装,使产品在内容和形式上都具有独家、独创、独到等创意元素和价值元素,能够最大限度地满足用户的多层次需求,让用户真正觉得物有所值甚至物超所值。

创意营销的最终落脚点是市场,要通过销售渠道、销售手段、销售策略等方面的创新,最大限度地扩大产品的知名度、影响力,进而提高产品的市场占有率。如通过举办各种公益活动吸引媒体注意力、开展互动性强的社区活动来吸引受众参与、在各种媒体终端同时进行全方位推介等。

在这种创意互动营销模式中,用户从以前的被动接受改为现在的主动参与,再通过时尚个性化的创意设计,更能表现出用户对品牌的理解。通过用户自身对产品的创意,就会

形成用户与用户之间的互动，然后将产品要表达的信息通过网络进行互动传播。用户则在这种具有创意的互动中，加深对品牌的印象与理解。

2023年新春之际，泡泡玛特与抖音联名推出短片《大大的年，小小的热闹》，把潮玩之于年轻人的陪伴感放大，与过年回家的团圆情愫联结起来，戳中了年轻人泪点。

为了更好地链接消费者，这次的新年影片选择了"真人＋动画"的呈现方式，根据泡泡玛特的用户画像，拓展出了四个"小热闹"单元，以除夕当天踏上回家之路的女白领为主线人物，在现实世界中根据时间线讲述不同城市里不同内涵的"小热闹"。

在另一个平行世界里，用兔子号列车作为视觉符号，让现实中的每一份小热闹，都能在动画世界里，因玩具们的相遇而汇聚在同一辆列车上，尽管人们都在不同城市过着自己小小热闹的年，但都在同一辆去往"年"的列车上。

最后，在重新诠释与寻找年味的同时，两大品牌始终以旁观者的视角默默见证着每一种"小热闹"的发生，再次凸显温暖与陪伴的核心理念。

3. 互动模式中的社群营销

网络社群的概念是由于Web2.0的发展以及社交网络的应用才逐步流行起来的。社交网络的兴起不仅使企业与用户之间的沟通极其便捷，还能够使品牌在用户当中大量推广的营销方式成为可能。社群营销就是借助互联网沟通类的工具，把目标用户聚集在一起的社群，比如微信群、QQ群，通过群内的互动、沟通等，挖掘潜在意向客户，最终达成销售的目的。

企业通过组织社群活动，吸引大量的用户参与，而这些用户就是信息传播的最佳载体。社群营销的优势在于：主题内容多。根据产品的属性搭建群组，行业不限，主题不限，地域不限，年龄不限，等等，只是在人数上有所限制，方便快捷。可以随时随地搭建群组，发布主题内容和产品服务等，目标群体可以直接进行咨询和购买，互动性强。社群的互动性是极强的，目标用户随时可以在群里咨询和提问，群主和管理员可以随时解答。

社群的运营方法可以通过群流量、群管理、群活动、群内容这四个抓手来实现。群流量是社群运营的起点，它是线上线下全面广泛触点的挖掘和导入，群管理是社群运营的中心环节。要建立管理人员和机制，有效维持日常沟通和社群活跃度，培养群成员的信任度。群活动和群内容的重点应指向活动、内容对用户黏性的培养，以促进购买转化。常见的如有规划的文字、图片、短视频直播等内容体系，拼团、分享有礼或者红包营销手段，有时则是更大规模的社会化的营销事件。

拼多多是社群营销领域的领先者，它利用微信社交渠道进行裂变营销，仅仅3年时间，就吸引了超3亿用户。甚至各种家庭亲友群内，都会发现拼多多的拼团广告。

4. 互动模式中的病毒营销

病毒营销（Viral Marketing），又称病毒式营销、病毒性营销、基因营销或核爆式营销，是指通过类似病理学和计算机科学中的病毒传播方式，即自我复制的病毒式的传播过程，利用已有的社交网络去提升品牌知名度或者达到其他的市场营销目的。病毒式营销是由信息源开始，再依靠用户自发的口碑宣传，达到一种快速滚雪球式的传播效果。

病毒营销是利用公众的积极性和人际网络，让营销信息像病毒一样传播和扩散，营销信息被快速复制传向数以万计、数以百万计的观众，它能够像病毒一样深入人脑，快速复制、迅速传播，将信息短时间内传向更多的受众。病毒营销是一种常见的网络营销方法，常用于进行网站推广、品牌推广等。病毒营销的特点就是让用户变成企业的"活"广告，利用社交网络打通低成本高效传播的营销渠道。

病毒营销在于找到营销的引爆点，如何找到既迎合目标用户口味又能正面宣传企业的话题是关键，而营销技巧的核心在于如何打动消费者，让企业的产品或品牌深入消费者心坎，让消费者认识品牌、了解品牌、信任品牌并依赖品牌。病毒性营销是网络营销方式中性价比最高的方式之一，深入挖掘产品卖点，制造适合网络传播的舆论话题，引爆企业产品病毒营销，效果非常显著。

病毒式营销是自发的、扩张性的信息推广，它并非均衡地、同时地、无分别地传给社会上每一个人，而是通过类似于人际传播和群体传播的渠道，产品和品牌信息被消费者传递给那些与他们有着某种联系的个体。例如，目标受众读到一则有趣的Flash，他的第一反应或许就是将这则flash转发给好友、同事，这样一传十、十传百，无数个参与的"转发大军"就构成了成几何倍数传播的主力。

曾经，一位网友在抖音上传的一个视频使得"海底捞番茄牛肉饭"成为网红吃法，也成为"海底捞"就餐标配之一，同时有越来越多的"海底捞"吃法被创意十足的网友开发出来。抖音拥有大量的用户，在配料种类允许的情况下，每一位抖友都有参与DIY的机会，诞生的产品数量也是非常多的。这也是"海底捞"抖音网红吃法种类越来越多的原因。利用社交网络构建无处不至的传播通道，任何一个人都有相互联系的可能。借助网络用户的口碑传播，产品的信息就会像病毒一样四处传播，以快速感染的方式向数以万计的消费者传播。

5. 互动模式中的体验营销

体验营销指的是，通过看、听、用、参与的手段，充分刺激和调动消费者的感官、情感、思考、行动、联想等感性因素和理性因素，重新定义、设计的一种营销方法。体验营销能够使那些没有机会展示的产品有机会利用互联网来让用户们一饱眼福，成为互动营销中的升级动力。

互联网所形成的网络有很多可以让商家直接与消费者对接的体验接触点。这种对接主要体现在：浏览体验、感官体验、交互体验、信任体验。通过上述这些体验活动给了消费者充分的想象空间，最大限度地提升了用户参与和分享的兴趣，提高了消费者对品牌的认同。

具体而言，浏览体验，是指消费者通过网络直接进行品牌信息接触并保证其顺畅。这种浏览体验主要表现在网络内容设计的方便性、排版的美观、网站与消费者沟通的互动程度等。让消费者通过自身对网络的情感体验，从而对品牌产生感性认识。感官体验，即充分利用互联网可以传递多媒体信息的特点，让顾客通过视觉、听觉等来实现对品牌的感性认识，使其易于区分不同公司及产品，达到激发兴趣和增加品牌价值的目的。交互是网络的重要特点，能够促进消费者与品牌之间的双向传播，通常通过论坛、留言板等方式实现。消费者将自身对网络品牌体验的感受再以网络这个媒介反馈给品牌，不仅提高了消费者对品牌的适应性，而且提高了消费者的积极性。信任体验，即借助网站的权威性、信息内容的准确性以及在搜索引擎中的排名等，构成了消费者对网络品牌信任的体验程度。

汽车、家电、科技数码等产品的单价较高，专业技术性较强，消费者在选择时有难度，不能仅靠广告的描述就去购买，而体验营销就可以解决用户的这个难题，让消费者和产品全方位接触。体验营销可以让消费者在体验当中发现产品的价值，若是以文字或语言描述的方式告知消费者，消费者就不会很清楚理解产品的性能，若是让消费者亲自体验，就会留下深刻的印象。体验营销是通过影响消费者的感官来销售自己的产品，让消费者切身感受到产品的优势。因此，体验营销就是从消费者的角度去考虑的一种营销方式，会赢得用户的信赖。

2021年，Purina和亚马逊广告通过一项借助Alexa实现的品牌体验营销活动让宠物和宠物主人跟随"Beggin' Boogie"音乐展开互动。作为亚马逊广告活动的一部分，Purina推出了Beggin'音乐主题的狗狗奖励互动游戏，并为此创作了一首独特的歌曲，该歌曲将通过Alexa的品牌体验进行播放，让消费者对支持Alexa的设备说"播放Beggin' Boogie"，随后，Alexa会播放一首定制的复古迪斯科曲目，其中包含DJ配音和用歌词"Do the Beggin' Boogie"进行的合唱。

6. 互动模式中的内容营销

内容营销，指的是以图片、文字、动画、视频等介质传达有关企业的相关内容来给客户信息，促进销售。通过合理的内容创建、发布及传播，向用户传递有价值的信息，从而实现网络营销的目的。他们所依附的载体，可以是企业的LOGO（VI）、画册、网站、广告，甚至是T恤、纸杯、手提袋等，根据不同的载体，传递的介质各有不同，但是内容的核心必须是一致的。

创作优质的营销内容分发在对应渠道进行推广传播，增加品牌曝光，影响有需求的客户群体关注和互动，缩短引流转化的路径。内容营销的对象是人，如何能感染人、打动人、影响人，如何传递真实、有价值、有态度、差异化和利他的优质内容，才是内容营销成败的关键。

数字内容在形式上多种多样，包括文章、博客、案例研究、图表、电子书、免费优惠、游戏/测验、社交媒体帖子/主题标签、信息图、知识文章、列表、音乐、新闻和观点文章、播客、评论、幻灯片、工具包、用户生成备注、视频、小部件、XML信息流和动画等。不同类型的内容意味着以不同的方式与消费者建立联系和互动。企业应当根据品牌和受众的接受情况来选择内容。

对于百事而言，"把乐带回家"长效IP，12年更迭创新的过程，正是为中国消费者打

第6章 互动营销

造现代专属春节仪式感的体现。2023 年，百事"把乐带回家"再次升级，瓶身设计融入"玉兔瑞兽"图，指尖数字红包登台拜年社交场景，联合国民品牌开心麻花打造系列微喜剧，产品+内容同步创新，共同营造春节氛围，以互动促转化，让经典 IP 持续焕发活力。这种仪式感既有传统文化、传统年俗的根，又融合了时尚文化、欢乐营销的创意表达，内容与互动贴合当下消费者心境，与他们心中对春节团圆共乐的纯粹渴望共鸣。

内容营销不仅是一种销售线索生成工具，还能提高品牌知名度、改善销售、覆盖度、消费者交互和互动以及忠诚度。它有助于企业向消费者和潜在消费者宣传产品和服务，构建更牢固的客户关系，并围绕品牌来塑造社区意识。内容营销正从产品推广转向为受众服务。未来，只有更易于共情、更具目的性且更加以消费者为中心的内容才是高质量内容。

案例6-1

声音的馈赠：言仓万物声笔记本

"声音是意念的回想""眼睛不堪重负，不如去听，万物的声音，里面收集了100种奇妙的声音。""风声雨声潮声，诵经声、小孩嬉笑声、市集声等，还附赠留声二维码，你可以上传自己的声音。"这是一本藏有100种声音的笔记本，翻开它，听见全世界。

来自独立文创品牌"言仓"，他们设计的笔记本都非常有趣，更有趣的是这位"95后"创始人温浩。之所以选择创办言仓，是因为依旧坚信精神生活的重要，并试图用不同的方式去表达。他热爱旅行、摄影，这本万物声，来源于温浩一次说走就走的旅行。在舟山的东极岛，听着海浪的拍打、山间的鸟鸣、细微的风声和不期而至的小雨——这些被庸常的奔忙所掩盖的声音，在此刻集结成队，向他麻木而迟钝的感官进攻，酣畅淋漓。原本就打算做一本藏有100个自然之声笔记本的念头更强烈了。不过他改变了最初的想法，除了原始的自然之声，他还想加上一些别的声音。

温浩希望的万物声，应该有濒临绝迹动物的叫喊声，委内瑞拉小孩的嬉笑声，雷克雅未克酒馆的喧闹声……甚至是日常生活中的刷牙、理发、开锁、磨石、裁缝等声音。因为这些声音，常常被大家忽略。100 多种声音，怎么才能放进笔记本里？温浩想到的办法是做一个 HTML5 页面，让大家扫码收听。除了从世界各地收集、录制这些声音之外，他还特意找来了设计师，为这 100 种声音，专门手绘了相应的 100 个图标，然后请程序员朋友开发了一个极简风格的网页播放器。他本人则为这 100 种声音写了 100 个短句，心愿是"希望能够稍稍触动你"。声音和图标都有了，温浩又开始思考应该怎么排列这些声音。思来想去，有一天他忽然想到，可不可以按照人的一生来排序呢？

第一页先是初生婴儿的啼哭，紧接着是关于童年的声音，如乡村夜晚的蟋蟀声、夏天的蝉鸣、学自行车、铅笔写字。第二页是步入青春期，开始去旅行，开始去恋爱，于是会听到来自世界各地的声音。第三页，迎来中年危机，面对柴米油盐，面对生活的琐碎日常。第四页，逐渐老去，走向死亡。最后一页，是病床旁边，心脏监视器的声音。听完整本笔记，就好像走过了一生。

如果听完这100种声音还未尽兴，或者是有更好的声音，就可以选择自己DIY上传。每本万物声都附赠了7张二维码贴纸，下载App，扫描该二维码，就可以自行上传声音、图片乃至视频。把录制好的二维码贴纸，贴到温浩为你预留的7页空白页里，这本万物之声就成为了独一无二的万物声，跟所有人都不一样。这个特别的笔记本，是声音的馈赠，也是送给友人的特别的礼物。

资料来源：https://mt.sohu.com

思考题

1. 什么是互动营销？互动营销有哪些特点？
2. 常见的互动营销的类型有哪些？
3. 举例说明互动营销在数字营销中的应用策略。

光遇手游——《光是遇见，就很美好》　　　即测即练　　　扩展阅读

自学自测　　　扫描此码

第7章 跨界营销

本章学习目标

通过本章学习,学员应该能够:
1. 了解跨界营销的内涵以及跨界营销的驱动因素、实施原则;
2. 掌握跨界营销的形式;
3. 了解跨界营销的策略。

7.1 跨界营销概述

7.1.1 跨界营销的内涵

随着市场竞争的日益加剧,随着行业与行业之间的相互渗透、相互融会,已经很难对某家企业或者某个品牌清楚地界定它的"属性",跨界(Crossover)已经成为国际最潮流的字眼,从传统到现代,从东方到西方,跨界的风潮愈演愈烈,已代表一种新锐的生活态度和审美方式的融合。

每一个优秀的品牌,都能比较准确地体现目标消费者的某种特征,但因为特征单一,往往受外界因素的影响也比较多,尤其是当出现类似的竞争品牌时,这种外部因素的干扰更为明显。而一旦找到了一个互补性的品牌,那么,通过多个方面对目标群体特征的诠释,就可以形成整体的品牌印象,产生更具张力的品牌联想。互补性品牌之间,也更容易产生品牌联想。需要注意的是,品牌印象并非品牌形象,而是基于品牌本身与目标消费群体特征的联系,形成的一种整体印象,它有别于品牌形象。由品牌可以联想到消费群体特征,由消费群体特征联想到品牌。

跨界营销是指根据不同偏好、产业、环境的消费者所表现出来的具有联系或者共性的消费特征。跨界营销使一些之前没有任何联系的要素进行延伸、融合或渗透,从而彰显出独特的价值观念、审美情趣和生活态度。这种营销方式通过赢得目标消费者的好感,最终实现跨界企业的利润最大化和市场扩大化。

跨界营销通过不同行业品牌之间的联盟,避免单独作战,提高了协同效应。跨界营销的本质是从多个品牌、不同角度来解读同一用户的特征,使不同行业的品牌在拥有消费者群体相似的商品特征基础上相互融合、渗透,使品牌更加多元化和立体化。跨界营销作为一种新的企业销售渠道,目的是通过创新赋予商品更深的文化内涵和完善的使用功能,解决企业在传统营销中遗留下来的问题，以促进跨界合作方的共同发展。在具体的跨界营销过程中，企业要具体问题具体分析，摆脱固有思维，打破常规惯例，创新开发新商品，与其他行业积极合作，整合资源，充分发挥各领域优势，为企业创造更多价值。

跨界营销是依靠品牌自身与目标消费群体之间的特征联系而形成的对合作品牌之间的一种整体印象，因此企业在开展跨界营销的过程中，必须注意以"品牌互补"和"用户体验"为两大核心内容。首先，在建立跨界联盟的过程中，两个跨界合作的企业或品牌不管是进行商品开发还是品牌联盟，双方之间一定要形成有效的互补，这种互补是体验上的互补，而非功能上的互补；其次，企业在开展跨界营销的过程中，应该围绕目标消费群体的行为、情感以及知觉等来开展体验。例如，对于酒水企业来说，可以推出健康饮酒的宣传活动，倡导更加健康的生活方式；也可以将酒水与公益联合起来举办活动；或者与婚庆公司合作，推出专门的婚宴用酒，丰富消费者的体验，让消费者对品牌形成一个更全面、更深刻的认知。

7.1.2 跨界营销的驱动因素

过去人们对商品之间的"互补性"的界定，通常是指在功能上互为补充关系的，比如相机和胶卷，计算机硬件与软件等。而"跨界"营销行为所需要界定的互补关系，不再是基于商品功能上的互补关系，而是基于用户体验的互补关系，在营销思维模式上实现了由商品中心向用户中心的转移，真正确保了用户为中心的营销理念。越来越多的著名品牌，开始借助"跨界"营销，寻求强强联合的品牌协同效应。

审视跨界现象的产生，不难发现，跨界的深层次原因在于，当一个文化符号还无法诠释一种生活方式或者再现一种综合消费体验时，就需要几种文化符号联合起来进行诠释和再现，而这些文化符号的载体，就是不同的品牌。跨界营销作为一种新型营销模式，其产生和兴起是由网络环境、消费需求、企业发展等多方面因素驱动的。

一是网络消费环境的形成，商品功效和应用范围的延伸。数字时代，各个行业间的界限正在被打破，在一个大的概念范围内行业之间早已是你中有我、我中有你，企业间资源整合的形式多种多样，互联网时代的资源整合更注重平台性和生态性思维。瓜子二手车就是一个典型的搭建平台整合资源的例子。它依托互联网整合了供应方和需求方的信息，打造了一个信息平台。买卖双方可以通过瓜子交换信息，完成交易，而瓜子则通过收取服务费而盈利。据了解，作为行业领先者，目前瓜子二手车已覆盖全国30个省份，通过卫星城策略服务能力覆盖200多个城市。

二是新型消费群体的崛起。伴随着互联网的发展而成长起来的新一代消费群体，他们的需求已不同于传统的消费需求。"Z世代""95后"等年轻一代消费群体，他们乐于和善于拥抱新鲜事物，对推陈出新的新兴业态有更高的接受度，他们对任何一款商品的需求不仅在于满足功能上的基本要求，而且渴望表达一种生活方式或个人价值的体现或自身的品位。要想"俘获"他们的心，就要站在他们的角度上融入圈层文化和审美喜好，尊重他们的价值观文化。品牌可以通过跨界联动打破次元壁和圈层界限，实现破圈传播，将用户群体对单品牌的文化认知转化为对双品牌的情感认同。

三是互联网时代各行业间的竞争日趋白热化，为了更好地适应这种形势的变化，很多企业都纷纷转型或者寻求其他出路，以应对市场的需求变化，并从中获得利益的最大化和利润最大化。跨界营销可以看作是企业在当前的发展阶段，为实现商品、服务、市场等方面目标所进行的创新活动。跨界营销对企业未来发展的效果举足轻重，因为它不仅可降低企业的宣传等营销成本，而且还可以在合作的同时提升品牌影响力、整合资源、发掘隐形功能等，企业可将更多的资源用在其他方面。通过不同行业之间的合作，可因更多信息、资源等的融入而满足消费者多样化的需求，实现品牌长效发展。

基于以上原因，跨界营销通过行业与行业之间的相互渗透和相互融合，品牌与品牌之间的相互映衬和相互诠释，实现了品牌从平面到立体、由表层进入纵深、从被动接受转为主动认可、由视觉、听觉的实践体验到联想的转变，使企业整体品牌形象和品牌联想更具张力，对合作双方均有裨益，让各自品牌在目标消费群体得到一致的认可，从而改变了传统营销模式下品牌单兵作战易受外界竞争品牌影响而削弱品牌穿透力、影响力的弊端，为品牌与消费者的深度融合打下坚实的基础。

7.1.3 跨界营销的实施原则

跨界营销可以帮助企业树立良好的形象，促进合作双方的发展，使消费者对其产生情感上的认同感和归属感；通过整合线上与线下的渠道，提高企业的知名度和影响力。对企业来说，实施跨界营销要遵循以下原则。

1. 资源匹配原则

跨界营销的核心是双方的目标消费者在消费能力或者消费特征等方面具有一定的相似性。正因为如此，两个不同品牌的企业在进行跨界营销时，在品牌、实力、营销思路和能力、企业战略、消费群体、市场地位等方面具有共性和对等性，从而发挥协同效应就显得尤为重要。在这种情况下，合作双方所掌握的用户信息也具有类似性，而且这些信息在消费领域具有一定的相关性。在这一前提下，双方在实现优质用户的资源共享之后，往往能够达到双赢的效果。

当然，在跨界营销合作过程中也需要注意：品牌渠道或者理念等彼此互补；合作品牌之间达到一定的资源与战略匹配；各方能在长期合作过程中达到利益最大化或互补效应；商品特征、效用等互相匹配；在消费者层面，价值观、目标定位等相互匹配等，这些都是合作各方实现双赢的前提。对参与跨界营销的各方品牌来说，企业需要考虑的是如何调整自身的战略以契合整个跨界联盟的互动，在对资源的利用最大化的基础上利用协同效用达到提升品牌价值的效果。

2. 品牌互补原则

在品牌联合或者商品开发过程中，更应该关注体验的互补而不是简单的功能互补，只有这样才能达到有效互补。简而言之，就是两个品牌在优劣势上相互补充，将各自已经确立的市场人气和品牌内蕴互相转移到对方品牌身上或者传播效应互相累加,从而丰富品牌的内涵、提升品牌整体影响力。

互补性品牌之间进行联盟,也容易让消费者产生购买联想,当几个品牌联合起来时,更容易引领一个时代潮流,打造一种生活方式,从而更容易吸引消费者。顺风和耐克,周黑鸭和御泥坊这两个跨界合作案例中,看似差别大、关联性不强,但实际上两者发挥各自优势,完美互补的合作模式,通过圈层发酵,精准地触达广大用户,产生了品牌叠加共振效应。

3. 非竞争性原则

非竞争性战略联盟可以通过合作,丰富各自品牌的内涵,有效地避免合作双方之间的相互竞争与内耗,实现双方在品牌或者商品销售上的提升,达到双赢的结果。在此基础上,参与双方才能真正为对方考虑,让彼此达成资源共享,以实现资源效用的最大化。同时,此原则要求合作各方在品牌上不具备竞争性,应是互惠互利、互相扶持增长的"一荣俱荣,一损俱损"的共生关系,否则,跨界营销就成为行业联盟了。而跨界的核心竞争力不仅在于资源交换与共享方面,还在于发现潜伏在资源内的隐性传媒作用。

4. 非功能性互补原则

非商品功能性互补原则,指的是进行跨界合作的双方在进行相关互补的同时,不失去自身独特的个性。商品彼此独立存在,各取所需,是基于一种共性和共同的特质,是基于商品自身以外的互补,如渠道、品牌内涵、商品人气或者消费群体等。

跨界营销不是简单的商品功能上的优劣互补,而是通过合作,更加凸显各自品牌的优势。量变引起质变,提高各自的影响力和知名度,实现渠道互补、品牌互补、知名度互补等,是跨界营销的重要措施。

5. 消费群体一致性原则

品牌之间的合作,合作目的明确且精准互补,要考虑目标消费群体的一致性,希望对方的品牌特质,包括调性、人群在内的相关事物连接到自己的品牌上,对自己的品牌产生联想。

相似的目标消费群体是不同行业品牌开展跨界营销的基础。每个品牌都有一定的消费群体,每个品牌都在准确地定位目标消费群体的特征。作为跨界营销的实施品牌或合作企业,由于所处行业不同、品牌不同、商品不同,要想跨界经营得以有效实施,就需要双方企业或者品牌必须具备一致性或者重复消费群体。

6. 品牌理念一致性原则

品牌理念的一致性,是指跨界营销双方的品牌在内涵上有着一致或者相似的诉求点,在品牌信息、视觉元素等方面提供相同的理念,面向的目标消费群体在特征、消费习惯等方面也具有相关一致性。商品的品牌能够体现消费者的审美观念和个人品位,其所表现出来的文化内涵也反映着消费者的价值观念。保持品牌理念的一致性,对于提高商品的销量起着重要作用。消费者可以在购买其中一种商品的同时,自觉地联想到另一种商品,从而提高商品的销售额。

需要注意的是，当一个品牌已经成为目标群体个性体现的一部分的时候，品牌的特性应该与目标消费群体的其他特性相协调。避免重新注入的元素和消费者的其他特性产生冲突，造成品牌印象的混乱。

7. 用户体验性原则

在企业跨界中，无论是企业的服务，还是商品研发，只有做到以用户体验为中心，才能真正赢得用户的喜爱。跨界营销策略中对合作伙伴寻找的依据，是用户体验的互补，而非简单的功能性互补。消费者在市场竞争中的地位日益凸显，满足消费者需求才是企业真正的目的，消费者的需求决定着市场的发展方向。营销的目的在于挖掘消费者的潜在需求，根据消费者需求来为其提供个性化的服务，加强顾客的消费体验，从而达到提高品牌黏性的效果。因此，对于企业来说，营销只是获得潜在消费者和巩固现有消费者的一种手段，在跨界营销过程中，只有把用户的体验感放到中心位置，才能实现合作的共赢。

7.2　跨界营销类型

从产业的角度来看，跨界营销可以分为水平跨界营销、纵向跨界营销和交叉跨界营销三类。水平跨界营销，是指不同行业、不同品类之间，根据目标一致性，实现优势互补，创造竞争优势的营销手段；纵向跨界营销，是指厂家与商家两个不同的个体连成一线，共同投入市场、共同建设渠道、共同服务消费者，实现利益共享，实现合力打天下，实现厂商之间的战略联盟；交叉跨界营销，是指企业、合作单位、消费者之间形成三位一体的联动式关系，企业、合作对象、消费者共同享受到各自所需的价值与利益。

跨界营销包含多种形式，企业需要根据自身的特点，选择合适的营销方式。总体来说，在实际使用中，跨界营销主要有以下6种形式。

7.2.1　商品跨界

商品跨界是跨界营销中最为常见的一种方式。商品跨界，通常是在同一件商品中融合两个品牌的特征和文化，成为两个品牌的"结合体"。双方可以借助对方的形象或文化去强化或是优化自身，进而产生品牌形象溢价，跨界合作后必须让原有品牌形象有所加强或改善，这是核心诉求。例如，RIO×HERO英雄联合天猫国潮跨界实验室推出"墨水鸡尾酒"，趣味卖点满足年轻一代猎奇心理，制造"病毒式"传播。

商品跨界有时候是企业发展重心推移的风向标和对未来市场的预判，有时候是目前商品的重要补充，它的作用是拉伸商品线从而提升企业在各条战线的整体竞争力。随着移动互联网的发展，信息不对称的壁垒被打破，传统企业可以借助互联网的风口进行创新，推出功能更齐全、服务更完善的新商品，实现商品跨界。原本呈线性发展的产业竞争格局，开始被互联网带来的跨界竞争打破，不同产业的基因序列都需要进行重组。

例如，某电商平台以"社交、颜值、潮流、温暖、宅家、健康、悦己"七大主题为方向，筛选出以跨界创新度、榜单属性贴合度、商品功能及卖点、外观设计、用户需求度、好评度等八大指标为评分标准的榜单商品。经典案例中，中华小猪佩奇联名儿童牙膏，让品牌的陈旧形象转化为时尚、现代的品牌；高露洁则选择了与香氛品牌野兽派联名推出桂花乌龙香氛款，提醒年轻人要口气清新，时刻保持社交礼仪形象；安慕希小黑瓶原味酸奶选择了英雄联盟 TES 战队、JDG 战队代言，与 Z 世代热爱社交生活的理念进行了结合；清扬男士去屑洗发水则与王者荣耀 IP 联名，锁定男性游戏用户；玫瑰及珠宝品牌 ROSEONLY 则选择了与当下热门动画 IP 小黄人联名推出花盒，为浪漫的心意增加了萌趣。

7.2.2 技术跨界

技术跨界伴随着商品跨界的始终。一些企业为了满足消费者的需求，通过技术创新不断完善商品的功能，从而吸引了大量的消费者，提高了商品的销量。对于很多行业和企业来说，技术是商品的灵魂，企业只有拥有了核心技术，才可能生产出核心商品，才能为企业赢得超额利润。核心技术不可能一蹴而就，它是企业在商品开发过程中通过长期、持续、高投入研发形成的具有关键性、独特性的技术体系。由于核心技术在某种程度上不具有可复制性，并控制着同行业的技术制高点，因此，它能为企业带来商品技术竞争壁垒。

新兴技术具有技术和市场的不确定性特征，创新主体通过主动或被动的方式交换各种资源，推动了技术间的跨界融合和企业间的跨界合作。如 VR 技术不仅在教育、医疗、影视、设计、旅游、航空航天等领域普及，而且成为工程技术的核心技术数字孪生的重要基础。又如新华社媒体融合生产技术与国家重点实验室组织实施的数字航天员项目，旨在将新兴数字技术引入新闻生产，将我国航天领域最新探索成就用形象、易懂的方式表现与传播出来，达到科普大众的效果；元宇宙和日用洗护商品的技术跨界，促成了大连执象科技有限公司联合欧莱雅集团打造元宇宙虚拟展厅，在手机屏幕上创建一个属于自己的角色，操纵它在沙盘上前行，进入各个商品的 3D 展厅，去试用各种美妆或洗护用品。

7.2.3 内容跨界

内容跨界是跨界品牌双方共创融入彼此元素的内容，用内容触达双方品牌受众，在此过程中，消费者既是倾听者，也是共创者。品牌进行内容跨界，构建独特的品牌语言，以全新方式讲述品牌故事，以此塑造品牌大众识别度，实现品牌形象与精神价值的双重升维。此类合作的门槛低，在市场上易形成激烈竞争态势，要想成为爆款，对品牌内容的要求比较高。例如，vivo 品牌与《国家地理》杂志合作"vivo 影像寻城记"，科技与人文情怀的高度结合，成功塑造品牌"人情味"全新形象。

内容跨界的一个好处，是让消费者可以感受到自己购买的商品是具有独特价值的，和其他商品之间存在差异化。内容跨界能够让消费者本身建立一种认知，那就是自己用一份价格买到了多份服务，也能够让消费者认为品牌的确是做到了不一样的事情，能够对品牌留下深刻的认知。

好来牙膏这位年逾 90 的老牌国货,将目光瞄准"Z 时代"喜爱的"二次元"文化,进一步升级了年轻化营销方式,完成与年轻圈层的深度沟通。《食物语》是一款专门为年轻人量身打造的国风美食拟人养成手游,以中华美食为背景,将美食拟人化,赋予每个人物独特的个性与灵魂,展现了中国传统美食文化的博大精深。而好来牙膏则是致力于让每个人都能尽情享用美食般的牙膏品牌。好来牙膏旗下承载着一代人记忆的经典茶倍健等牙膏,也有小茶管、小苏打牙膏、星星牙膏等深受年轻人喜爱的爆款新品。两者调性的契合度以及人群的高度重合性,都使得好来牙膏更容易、更自然地与这款手游融合在一起。

7.2.4 渠道跨界

渠道跨界,是指两个合作品牌基于渠道共享进行的合作。意味着企业可以有多条盈利点用来立足,不再是单一的用一种形式来推广自己的商品和品牌,也意味着用户可以通过各种方式来获取商品,比如网站、微信群、App 等。在大数据和人工智能等技术的支持下,未来将出现更多模式的渠道跨界,企业的决策会更加精准。懂得开放、合作、共赢的企业更能获得发展的先机,享受新渠道带来的收益。

通过跨界合作借助对方的销售渠道,在其中植入自己的商品,或者通过自身品牌的文化特征与对方的销售场景相联系,借助其中的共通点,强化用户对商品的认知与认同。例如肯德基、麦当劳常见的儿童套餐赠品活动。

云南白药在跨界营销过程中很注重渠道的分类。针对不同属性的渠道,品牌方设置精准的营销策略,比如品牌利用小红书软件"互动性强""女性用户多"的特点,与该平台进行渠道跨界合作,发起了近十场宣传活动。以"云南白药×采之汲——国潮美妆大赏"挑战赛为例,品牌方邀请了美妆达人以分享美妆心得为引流点,吸引了大量女性用户的关注。这些用户在学习美妆教程的同时,逐渐对采之汲面膜建立了品牌忠诚。这种软营销的方式既提高了品牌的知名度,也抢占了小红书平台的流量。不同的数字渠道有不同的媒体形式,小红书上以图文和短视频为主、微博以 VLOG 为主、公众号以动图为主、电商平台以直播为主,多元化的报道方式说明社会对品牌的关注度提高,品牌的传播开始被媒体重视。

7.2.5 创意跨界

在互联网时代,企业注重的是创意和人才。找准痛点是创意跨界的关键。市场需求日新月异,跨界的各方时刻关注市场变化,抓住消费者新的消费倾向,可以使企业行进于跨界行业的前列。在此情况下,很多行业都能彼此碰撞,产生创意的火花。企业跨界的程度越大,越能产生意想不到的效果。在不同行业、不同商品的跨界融合后,赋予商品独特的内涵,提高商品的传播范围和影响力,吸引消费者购买,从而带来品牌效应。与此同时,也能对另一行业起到推动作用,提高它的知名度。

很多看起来风马牛不相及的行业之间往往能擦出璀璨的火花。如果说品牌与品牌之间的合作是"有形"的界,那么文化理念上的融合就是"无形"的界。商业与商业之间的跨界毕竟还是一个文化圈里,但是商业与文化、艺术、体育等跨圈子的融合能产生多元化的影响力,并能提升品牌的文化特性,给予品牌更多的精神内涵,带来的创新效果足以大幅度提升品牌价值,同时也能对"跨界"的另一端聚集到更多的人气,推动文化理念深入人心。

据统计,从1995年至2009年出生的Z世代人群约有2.6亿人,Z世代成为很多新消费品牌的主力群体,他们的消费需求不仅为后疫情时代的经济恢复持续加温,也为品牌和营销创新带来了新的机会。出生在互联网快速发展时代的网络原住民们,更加追求品质型消费与个性化消费,在消费过程中,他们更加看重品牌的文化附加值、创意附加值与情感附加值,消费更为个性化、场景化、种草化。同时,也更注重自我增值,盲盒、国风、网络综艺等各种形式的圈层文化正经由年轻人影响到其他年龄段消费者。消费品牌通过社交媒体平台,通过明星、KOL、热点话题营销以及IP联名跨界等营销活动拥抱年轻人,打入不同的新的圈层,已经成为普遍共识。

7.2.6 体验跨界

体验跨界,是基于消费群体特征、消费场景、文化习惯等多位一体的综合跨界,表现形式一般为话题活动或业务结合。一次好的跨界,不但能共享两个品牌的流量,还能在提升品牌形象、增加品牌附加值的同时,给消费者带来新的体验,也为品牌带来更多可能性。

在业务合作方面,比如沃尔玛和京东到家的合作,共同推动门店"智能升级",实现了最后一公里配送;沃尔玛与腾讯小程序的合作,推出沃尔玛"扫码购",顾客无须排队结账,直接线上支付就能拿货走人。对消费者而言,购物体验得到了极大优化。

话题活动方面,除了能给顾客带来新奇体验外,其目的更多在于事件营销。知乎在必胜客开了家网红主题店:在宇宙中心五道口上大学是怎样的体验?将必胜客门店打造成一个三维的知乎空间。在妇女节期间,别克联合音乐剧演员郑云龙推出了短片《雨刷器情书》,并在线下创作艺术装置《雨刷器情书》,整体设计采用别克汽车的前挡风玻璃,温暖的文字会出现在雨刷器拂过的挡风玻璃上,鼓励那些在成长中坚持梦想的独立女性。

在"万物皆可互联"的数字时代,要通过一次跨界营销去实现品牌互赢并非易事,想要凭借跨界破圈出道,品牌自身需要不断创新突破,找到适当的营销角度,才能取得理想的效果。

7.3 跨界营销策略

7.3.1 跨界营销策划

跨界营销策划,是为适应新商业形态的市场消费特征而进行的营销战略转型创新。因此,企业在进行跨界策划时,必须避免为跨界而跨界的盲目行为,要基于自身的商品或品牌定位,以及目标消费群体的特征,进行适当的跨界营销。跨界营销策划,聚焦于以下三个方面。

1. 以消费者为中心

企业营销战略的制定,须符合消费者的深层价值观以及消费者长期形成的消费行为特征。跨界营销策略的制定,也同样需要以消费者的内在消费观为中心,根据消费者在相关体验或者服务上的诉求,进行适宜的跨界融合,从而为消费者创造更多的价值体验。

成功的跨界策划的前提是需要与消费者进行快速有效的互动交流。通过互联网和大数据技术,探索和分析消费者表面行为背后的深层价值需求,根据消费者的需求制定合理跨界营销策略。这就对企业的营销人员提出了更高的要求。在以消费者为主导的市场中,营销人员需要改变固有的思维方式,将消费者置于营销活动的中心,更多地从消费者的角度考虑问题。只有这样,才能准确地感知和捕捉消费者的深层价值诉求,并为跨界策划奠定坚实的基础。

2. 以互补和契合为目的

跨界策划的目的是跨界合作多方实现优势互补,满足消费者不同的消费诉求,达到"1＋1>2"的效果,为消费者创造更多的价值,从而有效地提高品牌的用户黏性。因此,企业制定跨界营销策略时,需要高度重视合作对象的互补性和契合性,以便形成优势嫁接,实现企业创新。

简而言之,就是要更加注重多样性背景下的消费者需求,并选择与之兼容和互补的商品或服务,而不是具有相似质量和缺陷的同质化对象。这样,才能通过跨界对象之间的关联性和互补性形成协同创新效应,让消费者对企业商品有更好的体验,最终实现市场规模的扩大。

从本质上讲,跨界策划是通过整合和利用多样化的资源来弥补企业商品或服务的短缺,并为消费者提供更好的情景解决方案。因此,在资源连接和整合方面选择互补和契合的资源是非常必要的。发挥各个品牌之间的协同效应,寻求非业内的合作伙伴,利用多个品牌从不同的角度去诠释同一个用户特征。

3. 以创新驱动市场重塑

跨界营销可以看作是企业的一种创新行为。数字时代的消费者更加倾向多元化、个性化、一体化的商品和服务体验。企业在进行跨界策划时,必须将目光集中在产业层面,打破固有的市场秩序,突破自身行业的界限,围绕"消费者"而不是"商品"进行营销规划,建立以消费者为中心的市场新秩序,实现自身发展的突破创新。

总的来说,跨界策划是以消费者自身价值需求为基础的营销活动,根本目的是建立新的市场秩序,即通过跨界营销与更多的商品或服务进行整合和创新,满足消费者多样化、一体化的消费需求,优势互补,为消费者提供综合解决方案,实现营销战略目标。

跨界策划思维是企业在"互联网+"时代面临新的市场形态时的创新和变革行为。这是一种多元化的企业发展战略,企业在多元化过程中,可能会产生两方面问题:一是企业自身资源开发能力不强,盲目开展跨界业务,快速跟风布局各领域,从而因资源分散、浪费,导致影响企业核心竞争力的构建;二是当品牌的核心商品竞争力不强时,盲目扩大品牌业务,最终会稀释品牌价值,降低了品牌影响力。因此,企业跨界策划必须以整合自身资源和业务发展能力为基础,遵循适当的跨界营销原则。同时,要始终确保企业独特的品牌价值观和核心竞争力,这样才能够有效促进积极的跨界合作,提高消费者对品牌的认知和忠诚度。

总之,跨界策划是企业在新的商业生态中进行营销创新,实现战略转型的必然选择。跨界策划打破了原有的产业思维和市场秩序,突破企业发展瓶颈,助力品牌在"红海一片"的流量战中大放异彩。

7.5.2 跨界营销运营

1. 合适的合作伙伴

选择合适的合作伙伴是企业成功实现跨界营销的关键之一。随着数字时代的到来,日益激烈的市场竞争使人们的思维更加活跃,行业之间的壁垒逐渐在无形中消失。跨界合作给用户带来前所未有的新体验,让消费者感受到更立体、更深刻的品牌价值。在发展中看似不相关的行业日益渗透和融合,跨界合作已成为一种必然的发展趋势。

跨界营销作为一种新的营销思维模式,与传统的营销思维方式有很大的不同。在跨界营销中,不同的企业或品牌在追求跨界合作的基础上协同作战,这与传统营销观念下,企业或品牌的"单打独斗"是截然不同的。跨界营销实现了不同行业和品牌的合作共赢。各主体之间可以取长补短,节约宣传成本;共享营销渠道,提高品牌影响力;为目标消费者提供更加多元化的服务和商品。因此,企业在选择跨界营销的合作伙伴时需要考虑,双方企业的品牌、资源、消费群体、市场定位是否有共性?双方品牌调性是否相符?只有在双方目标一致且品牌调性相符的基础上才能更好地合作。还要考虑,双方品牌是否能够优势互补?双方品牌是否能够资源互补?只有品牌各自发挥所长、利用资源、达成合作,把各自优势、资源最大化,才能达成互利共赢的效果。

2. 良好的合作方式

在选择好合适的合作伙伴以后,企业互相之间选择合作的方式也是至关重要,这可以让双方通过这一合作方式进一步提升自己的品牌形象和企业竞争力。以下是企业在选择合作方式时,需要注意的3个方面。

(1)信任是合作的基础。企业在跨界合作中,因为有着不同的企业思维和市场定位,出现冲突是在所难免的,但是一定要明白既然选择了对方,彼此就是同一个战壕的战友,只有相互信任才能够放心地将"后背"交给对方、共同作战。当然,积极的沟通交流是双方提升信任度的有效方式。多少失败的合作都是源于信任危机,多少冲突的升级都是源自缺乏理解。及时建立起良好的沟通机制,换位思考,就能最大限度地减少因跨界而产生的问题。

（2）正确看待文化差异。跨界合作的企业通常都有一定时间积淀和独特的企业文化背景，所以企业在运作模式上会出现本质上的差异，这些差异就会导致企业在跨界合作时的侧重点不同。例如，对于欧美公司来说，利润与市场份额这样的直观结果是其评价合作是否成功的主要因素；对于日企来说，他们的关注点更侧重于彼此之间能否建立起长期有效的战略合作关系，双方的共同目标都是为了实现企业自身价值最大化。

另外，不同性质的企业，其运作方式也有一定的差别，娱乐媒体服务型企业会倾向于感性的思维方式，而制造型企业则更侧重理性思维。因此，在建立合作的运作机制时，只有充分考虑合作双方的文化背景差异，才能避免出现问题，即便出现问题，也能及时解决。

（3）细分保障工作流程。不同的企业有着不同的业务流程和工作习惯，因此在合作中必须充分考虑双方的流程和习惯。为了最大限度地发挥跨界合作的优势，企业必须确保合作流程有良好的运行管理机制。事实上，在管理跨界合作过程中，企业可以将其视为一个项目，合作各方可以派遣相关人员组成项目团队。然后，将项目划分为多个模块，每个模块可以单独进行管理、实施和评估，以最大限度地给各方带来利益。

3. 关注内在的契合

在跨界营销中，寻找合作伙伴要注重用户体验的互补，而非简单的商品功能性互补。跨界营销不是简单地联合两家企业或品牌进行联合促销，而是要充分考虑双方的各种内在因素，如双方的受众群体是否一致、双方的发展是否属于同一阶段、双方的规模是否相同以及双方内部属性是否一致性等。跨界营销能够吸引和打动消费者的关键在于这两个品牌的结合是否可以创造引爆点，是否能迅速获得消费者的支持，而不是通过形式上的促销活动来暂时获得品牌用户。

在跨界营销中，品牌关联连接的本质是一种关联度和支撑力，是驱动战略成功的"连动轴"。两个品牌毫无关联的混搭无法达到"1+1>2"的效果，只有根据品牌的内在联系、发挥想象力打造的跨界商品，才能对消费者的心智端产生强化印象，且不会毁坏品牌本身的固有价值。假如从品牌 A 跨界到品牌 B，若两者的关联度越强，其来自核心驱动的跨界创新支撑力也就越强，跨界战略的成功可能性也就越高。以下是在跨界营销实践中，品牌之间的三种内在联结形式。

第一种，元素联结。两种品牌之间的某些关键元素是否能够构成互相强化的效果，如果能，它将不失为一种非常合适的营销方式。比如德克士新品"南美烟熏鸡腿堡"与气味图书馆的香水商品，利用"嗅觉元素"作为沟通桥梁，联合推出"德克士烟熏之语"香水，收割一波讨论的同时，把南美烟熏鸡肉餐原本虚幻的味觉体验淋漓尽致地表现了出来。

第二种，场景联结。跨界品牌之间的使用场景是否能够产生交叉，跨界行为是否能够为这个场景赋予新的价值，比如网易云音乐和亚朵酒店联合推出了一个跨界快闪酒店商品"网易云音乐·亚朵轻居"酒店，命名为"睡音乐"主题酒店，利用网易云音乐的庞大音乐资源和亚朵酒店品牌联合，打造更具仪式感的睡前听音乐的场景，就是利用了跨界营销的场景联结方式的典型案例。

第三种，次元联结。让自己的品牌"突破次元壁"已经成了品牌进行娱乐化营销的常规操作。其中比较经典的方式就是游戏、影视剧道具植入和情节植入，比如德克士携手全家 Family Mart 和《绝地求生：刺激战场》展开的"吃鸡兄弟连"，覆盖全家、德克士全国5000 家门店，联动游戏内外资源，对接虚拟与现实世界，线上游戏进行道具植入，线下门店打通优惠场景，为年轻消费者带来高度立体化的场景体验，开创国内首例横跨零售、餐饮、游戏多业态的全新合作模式；又如，世界杯期间王者荣耀推出梅西皮肤。这些都是品牌突破次元壁，与热门游戏跨界联合的案例。

7.5.3 跨界营销整合

1. 跨产业共融与跨商品创新

随着时代的发展，消费者的需求逐渐趋向多元化，企业则需要与时俱进，把握消费者的痛点，所以进行跨界整合营销传播至关重要。单一的商品功能、封闭的企业，已不能满足消费者多样化的需求，跨界消费促使企业进行变革，催生出新的营销方式。

（1）跨产业共融：取长补短。在数字时代，传统企业的发展停滞不前，但也为企业转型提供了机遇。传统企业可以利用互联网、大数据等技术积极参与跨界整合，通过建立强有力的联盟实现自身的发展。通过跨产业合作，企业可以整合资源，优势互补，充分挖掘消费者的潜在需求，为其提供个性化、人性化的服务，形成品牌效应，同时也能有效规避恶性竞争。

跨产业共融是互联网发展的产物。本质上是通过创新进行跨界合作，增强企业的竞争优势。跨产业共融可以帮助改善企业结构，促进企业发展。企业通过跨界整合，增强整合资源的能力，充分调动员工的积极性，获得持续的创造力和活力，提高市场竞争力。

（2）跨商品创新：挖掘消费者需求。当跨界消费成为一种潮流时，企业设计开发的商品还需要融合更多元素，学习其他商品的优势，不断改进，顺应消费者的需求，以最终激发消费者的兴趣。

随着市场竞争的加剧，商品同质化越来越普遍，没有任何商品可以一成不变地吸引消费者，任何商品都可能被其他商品取代。因此，在跨界消费时代，企业应深度挖掘消费者的潜在需求，积极创新，为消费者提供定制化、个性化服务，增强市场竞争力。

2. 跨人群拓展与跨传播突围

（1）跨人群拓展：细分目标群体。企业在进入目标市场捕捉目标消费者之前，会进行消费者的潜在需求挖掘，这就需要企业在营销时精准定位消费群体，并根据消费群体的需求进行细分。因为每一种商品都有其对应的目标受众，而更加细分受众可以使企业为消费者量身定做营销活动，以满足顾客内心深处的需求。在跨界消费时代，企业对消费群体的准确定位越来越困难，这主要是由以下两个方面原因造成的。

①随着市场商品的繁荣和细分化，消费者的内在消费价值观不断趋于多元化，顾客的

消费满足阈值在提高，原来可能一种商品就能满足消费者的需求，但现在需要多种商品融合在一起才能满足消费者的需求。

②企业认为消费者的数量越多越好，因此会不断改变和扩大目标受众，从而不断扩大营销范围，经营多元化的商品。

事实上，企业扩大目标受众就是拓展商品市场。许多新型商品在上市的过程中都会经历一个跌宕起伏的过程，最终走向迎合消费者的兴趣，包括当今流行的智能手机和平板电脑在内的很多商品都经历了从低谷到普及的螺旋式上升的过程。当然，企业对市场和消费者的引导也起了潜移默化的作用。

消费者群体的跨界扩张可以增加商品的销量，但企业要想在跨界营销中获得更进一步的成功，关键在于准确挖掘消费者的潜在需求。

（2）跨传播突围：及时转变营销策略。随着移动互联网的发展，信息可以跨越时空障碍以及行业壁垒进行最大程度的传播，消费者无时无刻不被大量的广告包围。在这种情况下，企业时常考虑如何通过广告凸显自身优势，吸引消费者的注意力，实现精准营销。投放广告营销的最终目的是提高商品的影响力，让更多的消费者购买，从而增加商品的销售量。随着社会的发展和科技的进步，企业的广告渠道越来越多。除了报纸、杂志、电视等传统媒体外，企业还可以通过新媒体传播商品信息，提高商品意识，树立品牌形象。

在跨界消费时代，市场环境正在不断变化。经过多年的经营，公司积累了丰富的营销经验，加深了对各种传播渠道的了解，充分发挥传统渠道和新媒体渠道融合的优势，开展媒体宣传和举办营销活动，鼓励消费者参加，以更好地了解消费者的潜在需求，进行精准投放。当营销渠道不能取得成效时，企业应及时调整营销策略，寻找新的渠道，通过创新来满足消费者日益增长的物质需求和精神文化需求。

3. 跨渠道运营与跨文化重塑

（1）跨渠道运营：用户诉求至上。随着社会的发展和科技的进步，企业有了更多的营销渠道，传统的营销观念逐渐被颠覆，新的商业模式影响着企业的发展，不同渠道之间的界限越来越模糊，商品开始跨境销售。无论是线下实体还是在线销售平台都可以缩短企业与消费者之间的距离，吸引更多的消费者购物。例如，汽车4S店有奢侈品，高端酒店陈设艺术品，便利店有报纸和杂志。传统的局限性已经被打破，这就要求企业根据用户的诉求建立多样化的渠道。

（2）跨文化重塑：兼容不同文化。不同的商品、不同的行业都有其自身的特点，并蕴含着不同的文化底蕴。企业在跨界营销时，不能局限于自身环境，应积极参与外部合作，适应各种文化潮流。通过自身的影响力和号召力，扩大企业品牌的影响范围。在文化的重塑过程中，会催生出新的文化内涵，在文化跨界时，应兼容并包，深刻理解每种文化的底蕴，塑造自身的企业文化。

4. 全渠道整合营销

全渠道，意味着企业通过多种渠道与消费者互动整合营销传播，包括网站、App、实体店、服务终端、呼叫中心、社交媒体、移动设备、网络家电等。虽然全渠道听起来非常全面，但是在企业发展过程中，各种渠道的建立不是一蹴而就的，它们之间存在由于发展阶段不同而各自为营的情况。这些渠道分属于不同的管理部门，如果不能有效整合并发挥作用，就会出现信息孤岛、信息不对称等问题，将会导致企业决策所需的信息不能全面及时地进行反馈。

当今的数字消费者在各类渠道面前，并不会关心具体是什么渠道带来互动交流，而是更多地关注这些渠道能够给自身带来什么样的服务和体验，能否为其提供更大的便利以及更大的优惠。数字社会使人们的生活更加便捷，消费者通过线上、线下的不同渠道进行体验并对比筛选这些来源不同的商品或服务，从而决定选择那些自己最感兴趣的渠道。比如消费者既可以通过电子邮件获取信息之后去线下实体店体验，也可以通过搜索引擎进入网站消费。

在全渠道整合过程中，需要打破传统渠道，形成全渠道的跨界链条，形成颠覆式的渠道推广销售。这时，企业市场运作思维发生了改变，商品的营销推广模式也需要相应的变革来匹配。营销活动为大众提供"跨渠道"的便捷，使新的渠道链条完全区别于传统的单一渠道，并使消费者在其中感受到全新的更有意义的体验，将营销这一行为提升到更高的层面。

（1）基于数据打造个性化信息。在大数据技术的支持下，企业能够精准获取和分析消费者的习惯、需求、行为数据。纵览成功的商品案例，他们服务的目标用户通常都非常清晰，特征明显，在商品上专注、极致，解决消费者需求的核心问题。这得益于用户画像的正确运用。根据用户的属性、用户偏好、生活习惯、用户行为等信息而抽象出来的标签化用户模型，使企业可以准确获知消费者的个性化需求，针对消费者各种消费行为加以整合来打造以消费者为中心的个性化信息数据库。这些信息能够帮助企业制定出更有针对性的跨渠道营销策略，提供更具个性化的体验服务。

（2）全触点管理。在目前的营销环境下，营销人员不应当只关注独立的渠道，而应当通过与消费者在任何时间、任何地点的全触点互动和体验，建立起品牌黏性。

用户体验所经历的时空顺序，涵盖 5 个触点：预触点、首触点、核心触点、末触点和内触点。预触点，是用户在使用商品前的触点，有可能是线上的，比如搜索、点评，也有可能是线下的，在店周围的观察；首触点，是用户实际使用商品的第一接触点；核心触点，是用户在持续不断地使用商品；末触点，是用户购买或体验的最后时刻；内触点，是用户消费结束后与用户的触点，涉及多久以及用什么方式再次触达用户。企业采用线上线下手段来打造非凡体验，就是融合线上线下的数字化。上述 5 个触点是端到端的过程，是对全触点形成的链路进行管理。

（3）用户体验为中心。营销人员可以通过各种渠道与最新的消费者互动，从而为消费者提供更符合其需求的个性化服务，这是一种简单有效的营销方法。它不仅能够满足消费者的需求和期望，而且能够准确、及时地做出回应和反馈。这更有利于提高消费者忠诚度、品牌亲和力，有利于更好地为消费者服务。

当然，建立客户长期忠诚度并不是只靠与消费者进行简单的互动来获得，必须通过表层交互数据从深度和广度探究消费者的内在需求，以便更好地了解整个跨渠道链条的消费者，并在各个渠道节点进行沟通。这就需要平台、营销人员、客服、消费者都参与其中，深耕各种信息的内在价值，以完成更加立体的交互。

中国邮政跨界小度 相互赋能的双向奔赴

"不能回家的时候，我们帮你寄去思念。"

2022年3月23日，中国邮政首家小度智能体验店落地北京工体北路邮政所，除了推出陪伴系列的定制明信片、邮册外，还有小度智能屏、小度智能降噪耳机、添添智能健身镜等科技商品，用户还能现场体验"寄一份思念回家"的服务。

熟悉小度的用户对该操作应该都会有些亲切感，因为早在网络上就有网友自主分享家中长辈与小度之间或温情、或搞笑的互动场景，甚至在2020年开始，小度就从品牌的角度，以用户的真实故事为例，与用户一起讲述关于"小度在家的故事"了。"小度在家的故事"连载，更像是一本由小度与用户共同书写的没有完结的故事绘本，充满着温情与生活点滴。在这个过程中，小度不仅仅是一个人工智能助手，而且充当了家庭沟通与陪伴的桥梁。

这一次，除了通过画展的方式讲述"小度在家的故事"之外，小度还联合中国邮政将这些来自用户的真实故事打造成定制明信片和绘本邮册，"老与新"的结合让人耳目一新。看完画展想爸妈的你，可以现场写一封明信片邮寄思念和陪伴，抑或是寄一份小度甄选礼物给父母表达心意；也可以现场用小度给家人打一通电话，通过这种方式完成回家看看的心愿。在车马邮件都慢的时代，人们通过书信传递思念，中国邮政帮助人们把天南海北的挂念送达彼此身边；而如今，作为信息时代最新通讯方式之一，小度用智能设备将人与人连接起来，实现"穿越时空"的异地陪伴。不同的方式，同样可以打破距离的限制实现连接，传递相同的思念，这大概正是小度与中国邮政一拍即合的原因。

作为一个承载着几代人通信记忆的"老字号"，中国邮政此次跨界小度这一代表着科技与时代进步下的潮流智能商品，对整个企业发展都有着划时代意义。一方面，邮政和小度的此次合作不仅是传统企业和科技品牌"老与新"的结合，而且是传统邮寄文化与新时代数字技术的碰撞融合，将邮政文化浪漫、充满年代感的底蕴和内涵以创新形式激发了出来，同时也放大了小度"陪伴"的品牌属性；另一方面，不同于以往入局奶茶、咖啡等赛道，这一跨界将快速带动邮政进入科技国潮这一全新的领域，尤其是首次布局小度智能体验店，是一次极具破圈意义的尝试。此次合作打破了中国邮政以往零售门店的模式，通过全新场景和体验再次破圈，极大地提高了中国邮政的数字化服务能力；与此同时，小度可依托邮政的基层优势，拓宽线下渠道，让自身技术与服务能够触达更多的用户。

毋庸置疑，此次二者之间的跨界，其实是一次相互成全、相互赋能的双向奔赴。

资料来源：www.4anet.com

思考题

1. 什么是跨界营销？
2. 试阐述跨界营销的驱动因素及其实施原则。
3. 跨界营销的主要形式有哪些？
4. 试论述企业实施跨界营销的具体策略。

中华铅笔大英博物　　　　即测即练　　　　　　扩展阅读
　馆梦幻联动

第8章 关联营销

本章学习目标

通过本章学习，学员应该能够：
1. 理解关联营销的内涵；
2. 掌握关联营销的类型；
3. 了解关联营销的策略。

8.1 关联营销概述

关联营销是指商家通过资源整合寻找商品、品牌、品类等所要营销内容的关联性，在互利双赢的基础上，实现交叉营销，为业务实现深层次、多方位的引导。

零售企业通过大数据分析用户消费数据，将不同商品之间进行关联，并挖掘二者之间联系的分析方法，叫作商品关联分析法，一般称之为"购物篮分析"，也被喻为"零售分析皇冠上的明珠"。较早阐释大数据应用于商业关联分析的"啤酒+尿布"的故事，即是零售行业中被大家所熟知的购物篮分析中的一个案例。购物篮分析的目的在于，通过对用户消费记录数据的挖掘和分析，找出用户购买习惯的一些潜在规律，从而为用户提供他们想要的搭配或套餐。套餐销量的提升一般会带来客单价的提升，从而提高店铺收益。

在网店经营中，关联营销是指一个商品页同时放置了其他同类、同品牌可搭配的有关联的商品，由此达到让客户多浏览、多点击的目的，以便提高成交率。即一款商品的详情页除了要有商品本身的一些信息外，还要将同类型或有关联的商品添加在该页面，让多款商品同时曝光。这有利于加深消费者对店铺的访问深度。

关联营销是一种建立在互惠互利基础上的销售，利用爆款以及普通款为店铺其他款引流，达到店铺内流量的跳转，为其他商品争取到更多的流量；在其他商品与所要销售的商品之间寻找关联，以实现深层次的多方面引导。它是店铺用来提高收入、降低成本的销售方法，能够有效提升转化率、提高客单价，提高店铺内其他商品的曝光率。

通常，数字消费者在网店浏览的是一个一个的商品描述页，有时这件商品不是消费者想要的，而该网店里有他们需要的商品，这时，消费者却没有在该店铺查找，而是去其他店铺查找商品。如果网店选一批性价比高、爆款、新款、搭配的商品集中一起与商品描述页同步展示，消费者从任何一个商品的浏览页进入店铺时，就能借机了解该店铺的更多商品。推广成本不断攀升的今天，做好关联营销，可以有效地分摊成本，更好地利用宝贵的流量资源。

关联营销同样也是提高客单价、提升销量的有力武器。在关联营销中，一家企业的网站上或者其他平台有另一家企业所售商品的描述、评价、评级和其他信息的链接；也可能是同一家企业对同款商品的交叉但有关联的商品进行引导销售，即一款商品销售页面上除了商品本身的一些信息之外，将同类型或者有关联的商品信息放在上面，实现多款对比。这也提高了用户与网站的黏性。

店铺采用关联营销，有很明显的优势。一方面提高流量的利用率，特别是对于商品单价比较高、点击转化率低的店铺，店主可以充分利用进入店铺的每一个流量，让更多优质的商品吸引并增加消费者的购物欲望，提升转化率，让更多的人来购买商品；另一方面增加其他主推商品的成交机会，在详情页面关联上店铺推荐的几款主打商品的图片或者链接，会促使这几款商品有更多的机会展现，这样可以让进店的访客更好地了解店铺和商品。商品曝光多了，自然会增加其成交机会，并且很可能同时提高客单价，让顾客一次性买得更多。

具体表现为，当消费者点开链接访问商品详情页时，说明对商品很感兴趣，如果能浏览到页面最底部，有两种可能：购买或者不购买。此时，底部关联营销就像实体店里的导购员，关键时刻给顾客暗示和引导，从而产生购买行为。如果消费者决定购买，关联模块就起到暗示消费者"我们店里还有其他很不错的商品，说不定您也需要哈"，使顾客可能买得更多，提高客单价；如果消费者放弃购买，决定跳出页面时，关联营销引导消费者"如果不喜欢这个商品，您看看其他类似的商品吧"，加深顾客的访问深度，提升转化率；如果消费者连续点击关联商品，访问了更多店铺商品，"我们店铺商品款式很多，您多逛一下吧"，给店铺带来更多流量。

8.2　关联营销类型

8.2.1　互补关联

从商品展示的角度来看，互补关联就是在一种商品的陈列橱窗或是在电商平台的呈现页面中，摆放与其相关联的或者互补性的商品、促销的信息。互补关联强调搭配的商品和主推商品有直接的相关性，如果主推商品为短裙，就可以搭配上衣；主推商品为餐盘，可以搭配刀、叉、勺；主推商品为鼻贴，可以搭配面膜、洗面奶等同场景商品。

商品之间的互补互联，主要包括相关商品、互补商品、配套商品、主辅商品四种。

消费者能在商品的销售页面上点击一下，那就意味着他的需求和展示的商品有关；如果不符合需求，他就会选择关联的商品。在设置关联营销时，一定要注意同等消费层次。店铺不能将价格相差太大的相类似的商品放在一起，否则价格差异容易冲淡商品之间的相关性。当然，也可以摆放一些相互搭配的物品，这些物品也是有关联性的。如果有一个网页的访问量比较少，或者销量比较低，就可以通过商店里的热门商品，来增加销售。在商品销售量较高的网页中，总是会有类似的或相关的商品。比如，对于爆款的女鞋，页面关联同一种类型的不同风格的女士鞋子，可以为消费者提供更多的选择。

8.2.2 替代关联

用途可以相互代替的不同商品，称为替代商品。替代关联，指主推商品和关联商品可以完全替代，即相似或同类型商品。如果主推商品为计量 100 kg 的电子秤，就可以关联计量 100 kg 相似款的，也可以是同款式计量为 150 kg 或 80 kg 的；如果主推商品为针织开衫，那么关联商品就可以是 V 领的、圆领的、长款的或是短款的。在摆放关联商品时，这些商品一定要高度一致，关联的商品价格一定要分高、中、低三档，中档要多一些；上面放流量高、转化率高的商品，下面放流量低转化率高的商品。

简而言之，一件商品可以用相关联的商品所替代。出现替代关联的情况一般有两类：一是这种商品暂时空缺或是已经售罄，可以用用途相同或是相关联的商品来满足消费者的需求；二是一种商品相对落后，被另一种比它先进的商品所淘汰，彻底被替代。

随着科学技术的发展，大多数商品都会面临被淘汰、被替代的风险，这种情况是具有普遍性的。对于不同的行业，更新换代的速度也各不相同。当行业发展缓慢，市场空间有限，只有几家企业给市场供给，出现供不应求时，替代品的影响就会更大。

8.2.3 潜在关联

如果商品是一条裙子，可以用丝巾、包或各种外套搭配出不同效果，关联搭配的商品或许还能转化成新的成交，这也是能够提升转化率的有效方法。潜在关联，重点是强调潜在互补关系，这种搭配方式一般不提倡，店铺里如果商品种类繁多，可以考虑这种方式。比如，主推商品是收纳盒，那么潜在关联的商品可以是其他家具生活用品，潜在意义上，买收纳盒的消费者有可能刚搬家，还需要其他生活用品，此时推荐给消费者其他生活用品，可能正符合他的需求；如果主推商品为泳衣，潜在关联的商品可以为防晒霜，两种商品看似毫无关系，但是潜在意义上买泳装的人可能在户外游泳，防晒霜是必要的。

与大多数网络社区不同，小红书被称为"三次元社区"，这是因为用户在小红书不管是看了美食，还是浏览旅行目的地，都必须回到现实生活中消费，从而完成这个体验。用户在小红书通过"线上分享"消费体验，引发"社区互动"，推动其他用户到"线下消费"，这些用户又会进行更多的"线上分享"，实现从"种草"到"拔草"的商业闭环。以小红书美食博主的场景为例，经常会在平台上分享自己的烹饪视频，吸引了大批粉丝的关注：粉丝们在观看视频，被种草厨具、餐具吸引的时候，潜移默化中对博主的吸油烟机产生了兴趣，从而促使他们去电商平台购买同款吸油烟机。

8.3 关联营销策略

随着电商平台的发展，机器学习对海量信息和消费者进行精准分析、高效匹配，商家会发现现在想获取流量越来越难了。因为消费者的时间是有限的,所以如何吸引消费者进店消费,从而提高自己店内的客单价就成了卖家们最关心的问题。虽然高价格可以提高客单价,但也会对商品的转化率造成影响,甚至会导致转化率严重下滑,这是所有店铺最不愿看到的。关联营销可以很好地解决这个问题,下面就来看看商家实施关联营销的策略。

8.3.1 关联营销的时机

如果是在宝贝描述商品前加入关联商品、配套商品,必须控制展示商品的数量,否则直接影响用户体验。如果是静默下单的,在下单后越快地联系客户,推荐的成功率越高;客户已经确定有购买意向时,在拍商品之前适时推荐,成功率是最高的。

在购物流程中,以下环节容易产生关联销售。

(1)买家进店之前的暗示。每种流量来源都有可能发生暗示和推荐行为。比如说女装,社区红人的搭配推荐就可以带来很好的关联销售,而蘑菇街和美丽说这种社区类站点,在这方面也有很好的效果。

(2)买家进入店铺。试想:买家通过各种渠道进入店铺,看到一个漂亮的模特,穿着时尚的服装,同时标题是一个很震撼的数据"本月销售 20 000 套",很有冲击性,许多冲动性消费就是这么产生的。店铺首页的搭配推荐很重要,店铺首页的各个展示位置都是极其珍贵的资源,把一些精挑细选过的关联性较好的物品组合放在首页,能够提高日均客单价和转化率。因此,店铺首页可以根据店铺的实际情况,适当地做一些关联推荐,推荐当前主打商品。

(3)在对商品详情介绍中做关联推荐。这里可以有 3 种不同的设置:一是在商品大图下,放上关联推荐,然后再放上关于商品的描述,放上相似商品的推荐,还可以放上一些认可度最高的推荐。二是关联推荐置于商品的描述页中间。三是在商品的大图下,只有一个搭配套餐,直接放上商品描述,然后把所有的关联推荐、相似推荐,以及人群认可度最高的推荐,都放在商品描述的下方。这三种做法,对于不同的店铺、不同的类目,有各自适用的范围。推荐要做到少而精,以便影响买家的决策。

对于大多数类目,相似的推荐要尽量放在商品描述的下面,因为相似的推荐最容易让买家犹豫不决,从而错过了购买的机会。当买家看完整个商品描述还在纠结是否要购买时,相似的推荐会使得他再选择一些店铺内的商品进行对比,而不是直接离开店铺。关联推荐可以提高买家在店铺内的浏览深度,促进购买;但对于一个不喜欢闲逛的买家来说,同样位置的推荐不一定能起到同样的效果。商家一定不要盲目模仿别人的店铺,要弄清楚自己的买家群体再去做推荐。

(4)客服的推荐。客服的专业素养以及对商品的推销,会对订单是否成交,以及买家是否发生关联购买有决定性的影响。在一些功能和搭配关联不是很明显的场景下,如果买家下单支付后,客服再做新的推荐,买家更容易有好的体验。成交后再询问一句"请问还有什么可以帮助您的吗?"如果这时候买家犹豫了,往往可以有继续销售的机会。

8.3.2 关联商品的选择

对于关联商品的选择,很多卖家还没引起重视,认为只要店铺里有商品直接放上去就可以,这种关联营销是没有任何效果的。关联商品的选择要注意以下几点。

(1)选择同一价格、同一档次的。商品价格档次的选择,取决于目标人群的标签选择。要想知道所关联的商品是不是同一价格区间、同一类目下的商品,只要搜索核心关键词就可以看到价格区间了。例如,如果店铺中的商品既有连衣裙,又有女鞋,而此时要做关联销售的就不是同一类型的商品;如果想让买家在购买"连衣裙"的时候搭配上"高跟鞋",此时就要看进店商品是处于哪个价格区间的,然后再搭配相对应价格区间的商品。当搜索"连衣裙"时,进店商品刚好是在 53~159 元这个价格区间,属于第三个价格区间;再搜索"高跟鞋",看第三个价格区间是怎样的价格,最后取第三个价格区间中跟"连衣裙"的价格较为接近的"高跟鞋"设置为关联商品。需要注意的是,绝大多数情况下,价格区间是分为 5 档,个别情况下分为 4 档。当搜索结果是 4 档的时候,可以将即将关联的商品中 5 档的最后两档合并为一档进行综合判断。

(2)同类商品关联同种风格,但细节不同。很多卖家认为,同样的都是连衣裙,将店中所有的连衣裙做关联就可以。实际上,这种做法是不可取的。例如,如果店铺中的引流款是一件中式连衣裙,那么说明访问该店铺的消费者是喜欢中式风格的服装,未必对其他风格的连衣裙感兴趣。在这样的前提下,如果关联的是同类商品的话,在详情页的前端,可以关联一些细节差距比较小的商品,因为消费者在线上购物主要是通过关键词搜索来找到自己喜欢的商品,在第一时间能关注到自己喜欢的商品,就能够极大地促进成交。如果把关联商品放在详情页的尾端,就可以关联一些细节差距比较大的商品,因为消费者浏览后发现商品不符合自己的需求,但是如果有其他更好的商品,也不介意多停留,这样可以减少店铺流量的流失。

(3)搭配关联或者互补关联。网上购物时可能都有过这样的经历:想买一件上衣,经过一番搜索后发现自己喜欢的上衣,点击进入网页,觉得不错,准备下单时,忽然想起自己的衣柜里缺少可以搭配这件上衣的服饰,浏览详情页发现这件上衣有其他可以搭配的服饰,价格也能够接受,于是就一整套都买下来。这就是搭配关联。

此外,对于大流量、高跳失率、转化低的商品,一定要关联转化率高的,尽可能地把握住每一个流量,提高店铺商品的转化率和爆款链接的销量及排名;关联的主推款一定要有优势,并且要配合促销活动;关联销售的人群画像一定要一致,否则会影响转化效果。

8.3.3 关联商品的数量

选择好要关联的商品之后,就要确定关联商品的数量。关联的商品并不是越多越好,要根据店铺的类目和实际情况而定。

例如,对于服饰类目,做关联的目的是为了让消费者有选择的余地,增加停留店铺的时间,这时可以关联 2~3 行,每行关联的商品不超过 4 件,关联商品总数不能超过 9 件。

如果是准备做捆绑销售的商品，一般设置为 2~4 件商品，当设置为 5 件或 5 件以上商品时，消费者可能没有耐心再浏览更多商品，对提高客单价将没有任何帮助。

做搭配关联时，要注意搭配的数量不要超过两款，太多的推荐不仅没有意义，而且可能会引起消费者的反感。

8.3.4 有效推荐

通过挖掘现有消费者的多样需求，向消费者推荐更多具有相关性的商品。推荐互补商品、推荐"高客单价 + 高转化 + 低客单价"组合的优势套餐。通过"组合套餐"可以让消费者一次性购买更多的商品，提高店铺的购买转化率和客单价，增强商品曝光力度，让更多访客进店购买，节约店铺的营销资源，提升店铺整体销售业绩。

需要注意的是，当关联商品在详情页最上边时，对商品数量要加以限制，否则会影响用户体验；当在详情页的中间插入关联商品时，需要注意关联的质量，不要影响观感；当在详情页的最下面插入关联商品时，这种情况很可能会加快页面跳转，因为能浏览到最后，说明确实对这款商品很感兴趣，所以，最后再做关联，可以达到事半功倍的效果，提高关联商品的访客数量。因此，在详情页最后关联的商品，可以是热卖或者是配套的商品。

零售企业的购物篮分析

购物篮分析是商业领域最前沿、最具挑战性的问题之一，也是许多零售企业研究的重点问题。购物篮分析是通过对顾客在一次购买行为中放入购物篮中不同商品之间的关联分析，研究客户的购买行为，从而为零售企业制定关联营销策略提供依据的一种数据分析方法。

在超市中，人们经常会看到货架上的商品都是按照分类进行摆放的，酒水类摆放在同一区域，油盐酱醋摆放在同一区域，香皂、沐浴露、面巾、牙刷和牙膏摆放在同一区域，这种摆放和分类有助于消费者更好地分辨和购买相关的商品。除此之外，对商品进行分类摆放，有助于刺激相互关联的商品的销量。

比如，某个人准备去购买香皂，当他看到旁边还有沐浴露、洗发膏以及牙刷时，可能会提醒自己"过一段时间，牙刷和沐浴露也要购买了，既然来超市了，不如这次一起买回家"。某个人准备去购买蚝油的时候，看见了旁边的番茄酱或者鸡精，可能也会产生"多买一点调料品"的想法，甚至会主动尝试购买一些此前从未用过的调料品。很显然，当关联性比较强的商品摆放在一起时，就会引导消费者产生新的购买需求。

可是，一些没有严格按照分类要求摆放的物品同样会产生类似的效果，比如在沃尔玛超市中，人们会发现超市喜欢将尿不湿与啤酒摆放在一起。酒水类的饮品与婴儿用品放在一起看起来非常不合理，甚至有些不伦不类，但超市的管理者坚持这样做，原因很简单，一般购买尿不湿这类婴儿日常用品的都是孩子的父亲，母亲通常负责在家带孩子，还要做一些基本的家务，而孩子的父亲在下班时可以顺便从超市带一些婴儿用品回家。当孩子的父亲忙碌了一天，匆匆地赶到超市时，如果见到尿不湿旁边的啤酒，往往会产生想饮酒的冲动，这个时候新的消费需求就突然产生了，所以他们可能会在购买尿不湿的时候，买一两罐啤酒回家享受一下。事实上，正是因为让尿不湿和啤酒形成奇特的组合，超市的啤酒销量一直都非常不错。

借助大数据分析与挖掘工具，通过分析一段时间内所有顾客的购物篮商品的规律与特性，特别是哪些商品是经常被一起购买的，就像上面的啤酒与尿不湿一样，可以更好地指导超市对商品的排列、采购、推广与营销，最终提升用户体验，产生商业价值。

资料来源：https://blog.csdn.net

1. 什么是关联营销？关联营销的类型有哪些？
2. 什么是购物篮分析？购物篮分析的目的是什么？
3. 举例说明关联营销在数字营销中的应用策略。

第9章 数字营销工具和技术

本章学习目标

通过本章学习，学员应该能够：
1. 对数字营销工具和技术有一个全面、清晰的认知；
2. 了解几种主要技术及分析工具的应用。

9.1 网站分析

网站分析的起源要追溯到 20 世纪 90 年代初期。人们为了更好地统计服务器而开发出基于日志的网站分析工具，AWStats、Analog、Webalizer 都是网站分析初期免费工具的典型代表，常见的分析维度包括时间、地域、浏览器、反向链接、搜索词等，指标包括 IP 数、Session 数、浏览量、请求量等。本节介绍网站分析及其在数字营销中的应用。

9.1.1 网站分析概要

网站分析（Web Analytics）是网站优化的基础，它是指基于网站的用户浏览行为和网站运营状况，对网站的点击流数据和运营数据进行分析，从中发现访客访问网站的规律和特点，并将这些规律和特点与数字营销相结合，找出网站存在的问题，为重新制定营销策略提供依据。网站分析从网站访客行为的角度入手，充分体现了"以用户为中心"的理念，对提高网站的质量和用户体验提供了有效的决策依据。企业可以根据自身的具体情况制定相应的关键绩效指标（KPI）来明确网站分析指标，网站分析结果用以改善网站或者评价数字营销活动中消费者的反馈。网站分析的对象主要包括流量来源、网站内容和网站访客等三个方面。

1. 网站分析的作用

网站分析的最终目的是利用分析的结果来指导网站监控流量、吸引流量、保留流量，并利用流量完成转化等目标，其作用主要包括以下几点。

（1）监控网站运营状态。网站分析最基本的应用是监控网站的运营状态。收集网站日常产生的各类数据，包括浏览量、点击量、IP 数等，并通过统计这些数据生成相应的报表，对网站的运营状态进行系统地展现。从浏览量、点击量等数据的变化趋势，以及页面访问时长、页面跳出率等数据，能帮助运营者从各个角度了解网站的状况是否良好。

（2）提升网站推广效果。通过网站的数据分析，可以进行相关的推广效果评估，指导网站的推广方式。分析网站在各搜索引擎的搜索词排名和点击率情况,以及网站在搜索引擎的收录、排名和展现情况,了解从搜索引擎商业推广结果页导入的流量后续表现,进而调整网页在搜索结果页上的排名,针对搜索引擎用户展开营销活动。

(3) 优化网站结构。通过统计的数据对网站布局的合理性及吸引力、频道间的相关性等情况进行评估,分析网站内/外流量导入/导出的情况,了解合作网站,评估广告投放的真实效果,分析各个频道间流量的相互贡献程度,分析网站用户的访问路径,了解网站建设中的潜在问题。根据搜索的关键词分析,可帮助网站进行内容优化及页面布局,了解频道间相关性,帮助改善网站内容,了解外部导入网站带来的合作价值,分析市场活动的行为指向,了解市场运作及合作方带来的流量价值。

(4) 提升访客对网站的黏度。通过对网站浏览量、点击量、跳出率等数据的分析,运营者可以了解到访客从哪里来,关注些什么内容,访客从哪里流失的最多。由此可以了解网站的哪些内容是消费者感兴趣的,哪些内容是消费者不感兴趣的,了解访问者最常进入以及最终流失的路径,从而找到留住忠实访客及避免用户流失的方法。

(5) 网站数据分析还可以为多业务对象提供辅助数据支持。其数据支持种类包括市场营销管理类数据支持、用户管理类数据支持、网站运营类数据支持和销售管理类数据支持,它们在业务对象及其典型主题的应用方面各有不同,如表9-1 所示。

表 9-1　多业务对象的辅助数据支持种类

类别	市场营销管理类数据支持	用户管理类数据支持	网站运营类数据支持	销售管理类数据支持
业务对象	品牌部或市场部	会员或客户维系部	网站运维、页面运营、功能优化、用户体验等	线上采购和销售部门
典型主题	渠道画像、渠道投放效果评估、营销组合分析、价值模型分析等	典型用户特征提取、用户忠诚度分析、用户行为挖掘、用户活跃度分析等	网站诊断及优化、促销活动组织策略、定价分析、网站整体设计等	销售废单率分析、产品关联分析、商品站内资源位推荐分析、价格敏感度分析等

2. 网站分析的特点

与线下传统的实体商店相比,构建在网络虚拟空间的商店,由于其数字用户的信息消费行为可追踪、可记录,使得商家可以获得更多的消费者行为数据加以分析,这也是网站分析技术实施的基础条件。图 9-1 和图 9-2 分别给出了典型的实体商店数据和网站数据,我们可以看到,线下实体商店数据来自于购买行为成交以后的消费者交易数据,而网站数据则是实时、动态、完整地记录了消费者购买行为全过程的每一个环节,甚至包括购买决策前的访问浏览。

由图 9-1、图 9-2 可知,网站分析有以下特点。

(1) 访客来源的可视化。

(2) 访客在网站内的行为流可视化。

(3) 通过可视化后的信息把握网站的运营状况。

（4）根据可视化的结果制定网站的改善方案。

（5）评估已实施改善方案的效果。

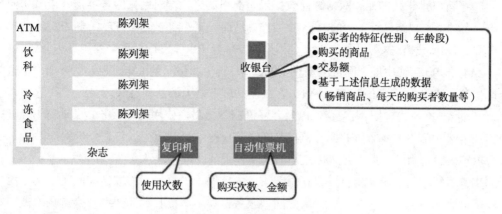

图 9-1　实体商店数据

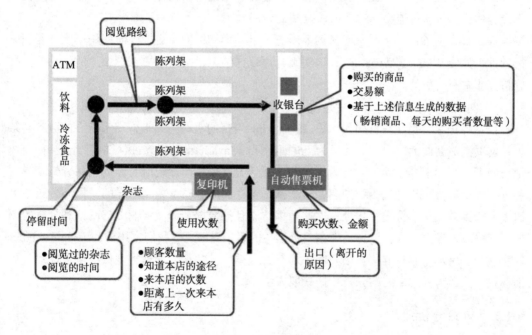

图 9-2　网站数据

3. 网站分析技术

目前，网站分析收集数据的技术手段主要有两种，分别是服务器日志（Server Log）和网页标记法（Page Tag）。

1）服务器日志

网站日志分析即读入网站服务器日志进行处理，也被称为网站服务器日志分析。市面上各网页服务器自建立伊始，随时都会把所有的交易记录存放在一个日志文档里面。当网管意识到网站这个特性以后，他们通过软件读取日志，以提供网页运行的相关统计数据，这就是最早的网站日志分析软件。

20世纪90年代初期，网站统计数据仅是简单的客户端对网站服务器请求或者访问的计数，当时每个网站只有单一的HTML文档。然而，随着图形进入HTML标准，网站扩增至多重HTML文档，这种计数不再满足需要。1994年IPRO发行了首个商用日志分析软件。

20世纪90年代中期，网页浏览量（Page Views）和访问量（Visits或者Session）这两个计量参数被引入，以更准确地评估访客在网站服务器上的活动总数。

20世纪90年代末期，大型企业以及互联网服务提供商使用代理服务器及动态IP地址，为鉴别某网站单一访客增加了难度。同期，网络爬虫技术问世。对此，日志分析软件以Cookie作为追踪访问行为的对策，并忽略已知的网络爬虫的读取请求。

浏览器缓存的广泛使用也造成日志分析上的问题。如果访客再度访问网页，第二次的读取请求通常由浏览器缓存达成，因此网站服务器端不会接收到此请求，这意味着该访问者本次浏览该网站的"足迹"丢失。当然，是否使用浏览器缓存，是可以在网站服务器进行设置的，不过这可能会导致降低该网站的访问效率。

原始日志文件记录了网站服务器上所有请求的详细访问历史，同时使用第三方开源分析软件，如AWStats、Webalizer，这些工具可以详细记录网络爬虫在网站上的活动，这种分析是非常有价值的。

2）网页标记法

网页标记法，是在网页插入一段JavaScript语言的跟踪代码来告知第三方的服务器某页被网页浏览器所读取及其交互行为。页面标记的JavaScript代码被执行之后，就会如实地把访问者在页面上的互动访问行为不间断地发送给这个页面标记所对应的网站分析工具的服务器，这与摄像头把拍摄到的图像传送给图像存储服务器是完全一样的。网站分析工具服务器收到数据后，会进一步处理这些数据，并且把数据翻译成人们能够阅读和分析的图形、表格以及数据文件，然后呈现在一个漂亮的用户界面上。我们常用的Google Analytics就是这样一种数据收集方法。因其简单易行、数据可读性高、管理难度低等诸多优势，页面标记方法成为主流的网站分析数据获取方法。

9.1.2 网站分析流程

1. 确定分析目的

明确数据分析的目的，才能确保数据分析有效进行，为数据的采集、处理、分析提供清晰的方向。在企业应用实践中，网站数据分析的目的可分为四类：以效果预测为目的的数据分析、以结论定义为目的的数据分析、以数据探究为目的的数据分析和以业务执行为目的的数据分析。这些目的贯穿于每个业务活动的始末，使得数据分析与业务执行成为一个完整、密不可分的有机体。

1）以效果预测为目的的数据分析

效果预测是对未来的预估和推断，常被应用在业务执行前的计划和评估阶段。预测可以帮助企业建立合理的预期目标,并为实现目标绘制资源需求图谱;预测还能够帮助企业提前识别未来可能发生的异常情况,通过建立相关机制减少或避免损失。常见的预测场景如下:未来一个月内,商品价格会下降 10%。本次促销活动预计响应率会达到 85%,带来 500 万元订单收入。预计下周会员活跃度会从一般活跃上升到非常活跃。

2)以结论定义为目的的数据分析

结论定义最常应用的场景是业务状态进行时和业务状态完成后。业务状态进行时的结论定义可快速帮助业务建立实时数据反馈机制,通过即时的数据结果判断是否符合预期,并可通过措施优化当前业务;业务状态完成后的结论定义除了可以做业务效果评估外,还为原因解析和数据探究提供了方向。常见的结论定义场景如下:昨日订单量超过 20000 单,超过正常水平 130%。过去的 1 小时内流量突然下降了 65%,这是一个异常的预警信号。过去一周内的注册会员量环比增长 5%,这是正常波动。

3)以数据探究为目的的数据分析

数据探究指对数据进行探索和研究以便发现进一步的数据观点和数据洞察。数据探究是挖掘数据深层次原因和关系的关键动作,也是数据论证的主要过程,表现在数据结果中大多是数据论证过程。数据探究是项目类、专题类数据分析和数据挖掘报告及项目的核心部分。常见场景如下:昨日网站访问量提高 87%,是哪些原因导致访问量突然增加。不同商品是如何进行关联销售的,最近网站订单转化率提升 15%,是由于购物车、流量提高还是站内活动等因素导致的。

4)以业务执行为目的的数据分析

用于以业务执行为目的的数据分析,指数据分析结果可以直接被业务使用。这类场景常见于业务有明确的行动目标,但需要找到特定特征的数据要素作为业务执行的参照。常见的应用场景如下:现要针对可能会流失的会员做会员重新激活,应该挑选具有什么特征的会员;商品 A 库存大量积压,现要将该商品进行捆绑和搭配销售,应该选择哪些商品作为捆绑对象;网站需要新增广告位以满足越来越多的商家广告需求,应该在哪些位置新增广告位;等等。

2. 数据收集

有效利用网站数据的关键是熟悉数据——数据能反映什么,不能反映什么,数据的局限性在哪里。当前,网站分析/统计工具中对访客行为的追踪,最常用的方式是 Web 服务器日志和 JavaScript 页面标记这两种。这两种数据采集技术我们在前文分别进行了介绍。现在主流的是采用页面标记技术,如 Google Analytics、Omniture Analytics 等都采用这一模式。

日志文件分析技术独立于访客浏览器,是在网页服务器上收集数据的一种技术。这是一种基于服务器端的数据收集技术,这种技术采集所有的发送到服务器端的请求,包括页面、图像、PDF 等。这种技术主要被独立的软件供应商采用。

页面标签技术是一种从访客浏览器端收集数据的技术,通常是通过放置在网站中每个页面的 JavaScript 代码作为标签进行收集的。有些网站分析供应商也会添加一些特定的标签收集额外的信息。这是一种基于客户端的数据收集技术,被主机托管供应商广泛应用。

页面标记方式之所以被第三方网站统计分析工具广泛应用，主要原因是：在技术上，页面分析技术更容易实现；另外，近几年的云计算大力发展，存储成本极大地降低，计算能力提高，采集到的数据都是在第三方服务器存储和计算，因此，数据的维护成本也极大地降低。

3. 数据处理

数据处理是指对收集到的网站数据进行加工、整理，以便开展数据分析，是网站数据分析前必不可少的阶段。这个过程是数据分析整个过程中花时间最多的，在一定程度上取决于数据仓库的搭建和数据质量的保证。

在数据处理阶段，原始在线采集数据和外部数据在数据处理及整合前，无法提供支撑后期请求的数据。在数据处理规则的约束下，数据经过处理后才能形成满足数据请求的数据仓库。数据处理规则是指对原始采集数据进行处理的规则要求，除满足日常系统功能的需求而设定的处理逻辑以外，还有部分通过人工或 API 设定的特殊处理规则，这些规则综合影响最终的数据仓库数据。常见的数据处理规则可以包含上述所有的数据采集规则的内容，除此以外还包括某些特定的用法，如数据提取、复制、转换、组合等。

在这个阶段，网站数据分析师还可以根据收集时确认的指标、标签，将数据归纳为不同的主题，进行数据分组操作，方便数据分析时使用恰当的数据，有利于从海量纷乱的数据中提取出有价值的数据进行分析。

4. 数据分析

在此阶段，网站分析人员要使用网站数据分析工具对整理过后的数据进行分析。

（1）流量分析。主要是对网站整个站点进行流量监测，细分维度有：时段、地域、来源、客户端信息等。其中，来源维度分为引荐、搜索引擎、关键词等不同渠道的流量信息，甚至可以实现区分同一渠道付费流量和非付费流量的分流；地域维度可以分省份、分城市，以地图形式和报表形式呈现出受众来源的具体地理位置，便于分析客户分布情况；时段维度可以按照 24 小时或者日序列这两种模式监测整站流量的 24 小时变化趋势，以及不同日期的变化趋势；客户端信息是从浏览器、操作系统以及屏幕分辨率等方面了解受众群体的客户端属性。

（2）站内运营。主要是对重点网页项目做监测，分析每个网页项目的流量、人数、二跳等指标。还可以通过其他维度来分析特定定制页面的情况。比如：地域、来源、时段统计等。具体可以从以下几方面进行分析：网页项目分析、站内搜索分析、站内广告分析、页面流向分析、着陆离开分析、场景转换分析、页面流量分析。

网页项目分析：如网站首页、导航页或者产品页，若是产品页，通过定制可以对不同 id 的产品进行细化分析。可用于调整页面内容的排列位置，摆放顺序等。

站内搜索分析：对站内搜索页面上的关键词使用情况进行分析，主要展示数据为：关键字、关键词带来的浏览量、使用关键词的用户数、用户百分比、点击量、点击率等。主要作用是便于网站了解用户的主观喜好。

站内广告分析：展示点击站内广告后形成的转化情况及该站内广告的点击情况。

页面流向分析：以定制的起始页面为起点，记录用户 10 步内的页面浏览情况，默认展示使用最频繁的浏览路径。

着陆离开分析：记录用户从哪些页面进入网站，从哪些页面最终离开网站，了解网站的主要入口、出口情况。

场景转换分析：可以根据网站自身的结构定制场景。查看用户的行走路径是否遵循定制的场景，如果不是，则可以根据场景中的流程来实时改进。

页面流量分析：呈现网站流量较大的 URL 的流量数据，了解不同页面的流量情况，根据这样的数据查看网站是否有数据异常，或者是否有需要重点关注的页面。

（3）转化分析。主要是对网站的转化效果进行分析。转化目标可以通过多个角度去监测数据：外部来源、关键词、着陆页面、地域分布、时段统计、广告转化。该功能的主要目的是清晰呈现网站的转化结构，便于网站优化推广渠道分析，进而最大限度地提高网站的转化率。其中，"外部来源"显示不同渠道对转化带来的影响；"关键词"显示不同搜索引擎关键词对转化带来的影响；"着陆页面"显示不同着陆页面对转化的影响；"地域分布"显示转化的人群都来自哪些省份；"时段分布"显示统计转化来自于哪些时段或者时点；"广告转化"显示不同广告媒体、广告位带来的转化数量。

（4）广告管理。主要是实现站外广告投放的营销监测，投放形式有：品牌广告、竞价 SEM、直邮 EDM、渠道广告。还可以通过定制报表来实现自定义选择活动到邮件的功能。通过该功能，不仅可以掌握精准的投放数据，而且有利于发现不同渠道的效果好坏（比如流量质量、转化效果等），对投放渠道进行优化，提升推广的 ROI。

（5）会员分析。主要是了解会员在重点页面、重点频道的流量贡献，了解会员在网站的行走路径，了解会员地域、年龄等属性分布，并详细分析不同会员在网站的关键行为，比如产品浏览、入篮、下单等指标，为网站的精准营销提供有力的数据支持。

（6）业务分析。通过对每种产品的销量情况分析查找产品存在的缺陷，进而找出解决方案。对每种产品进行浏览/入篮/订单分析，发现热门但点击率、入篮率不高的产品，从而进行策略调整，也可以细分不同品牌、品类、分店等维度来分析。

5. 优化及评估

根据可视化的分析结果制定网站的优化方案，评估方案的实施效果。对网站分析情况进行客观描述，根据数据分析，预判网站的发展趋势，给出具体的改进措施和优化方案；根据改进措施和优化方案的实施，及时了解网站运营数据相应的变化，持续地监控和反馈，形成网站分析的闭环，不断寻找从最根本上解决问题的最优方案。

9.1.3 网站分析在数字营销中的应用

1. 智能广告

智能广告区别于传统广告之处在于智能广告能够基于用户的个体行为进行有针对性的

广告投放，在受众识别、发布方式、内容生成和效果监测等方面的智能化特征最为显著。

1）受众识别的智能化

智能广告首先要解决的问题就是如何精确地识别广告的目标受众。受众的细分是一个鲜明的趋势，细分的同时伴随着的是新的聚合方式，而受众识别的任务就是发现细分后个性化了的人以及重新聚合了的群体。从现有的模式来看，受众的选择和识别方式有以下几种。

（1）基于网络用户使用行为的识别方式。这种识别方式主要结合 IP 和 Cookie 方式追踪和收集用户信息，发现用户的浏览兴趣和使用行为。通过使用探针检测、Netflow 采集、DNS 访问统计、鼠标轨迹分析（鼠标点击热图）、基于系统日志收集技术等数据采集技术，可以获取大量网络用户使用行为方面的数据。除此之外，用户的属性数据和价值数据、本企业和竞争对手的经营数据等业务数据还可以从业务系统或者通过情报分析获取。

采集到原始数据之后，要对数据进行分析。根据网络数据、用户数据和业务数据，制定相关的数据过滤、预处理、数据综合分析处理等程序，从中获取有价值的分析结果，并以准确直观的方式表示出来。

（2）基于页面内容的识别方式。基于网页内容识别用户的定向网络广告（Content-Targeted Advertising）大大拓展了广告投放的空间，增加了被用户浏览的机会。这种识别方式是对基于关键词识别方式的一种演进。该方式使用智能技术分析页面内容，进而对用户使用习惯作出判断。通过用户浏览过的页面进行内容分析，根据信息主题对页面进行聚类。把用户浏览行为对其兴趣的作用列入聚类结果，得到综合评估模型。

（3）基于内容过滤的识别方式。这种识别方式是网站分析技术和社会网络分析技术应用的产物。网站通过诸如类型、关键词、标签等表述、分类或评价方式来建造个性化的发现和推荐机制。通过这类网络服务，可以很好地发现具有不同个性特征的用户。比如，国内用户熟悉的音乐推送网站"潘多拉"（Pandora.com）。只要在"潘多拉"网站首页的播放器中输入用户最喜欢的歌手名字或者歌曲标题，网站就会自动建立一个网络电台，源源不断地播放最符合用户偏好的曲目。用户喜欢或者不喜欢一首歌，可以点击相应的反馈按钮，让系统更明白自己的喜好。

（4）基于协同过滤的识别方式。协同过滤（Collaborative Filtering）技术，是推荐系统中应用最为广泛的技术之一。它基于一组兴趣相同的用户进行推荐。如当当网、豆瓣网等就是使用了协同过滤技术的代表性网站。这种过滤方式基于一定的推荐算法，通过这些算法可以推测出用户喜欢的内容。协同过滤除了运用机器智能技术以外，还借助了消费者自身的互动数据完成推荐任务。协同过滤方式使网络能够更加智能化和个性化地向用户推荐他们所喜欢的物品，也包括适合他们的广告信息。

2）广告发布方式的智能化

自动化的广告发布，能将几种价格模式和定向方式混合在一起，以保证广告设置最优化，使广告主获得最大的投资回报。它能够根据一些因素自动选择将广告放置在哪里，这些因素包括用户信息、站点分析、内容和广告的表现等。由于把不同的定向方法联合起来，该广告可以采用几种价格模式，如 CPA、CPC 和 CPM 等。机器学习平台可以预测什么样的广告和价格模式结合后，能给广告主带来最多的收入，给消费者带来最大的相关性。广告主可以选择发布商站点，并且可以根据效果反馈和回复分析来调整广告活动。

3）广告内容生成的智能化

广告内容的生成能够根据受众识别的结果并配合广告发布系统进行精确匹配、智能组合，生成适合特定用户的特定广告信息。

当然，这只是在广告推送过程中使用了智能匹配技术，广告内容生成更具智能化的目标、广告内容生产本身的"智能化"，这种生产过程通过人工智能挖掘人类智慧潜能，进而生产出最具传播力的广告创意。

4）广告效果监测的智能化

为了网络广告的科学投放，需要对广告效果进行系统有效地监测，对受众行为进行科学分析，从而保证网络广告投放的效果。在网络广告效果监测方法，最有效的方式便是采用智能监测系统。比如 DART（Dynamic Advertising Reporting and Targeting）广告智能管理监测系统，能够对在线广告和其他数字传播渠道进行管理、跟踪服务和报告，帮助网站在现有架构上最大限度地实现广告的命中率。

2. 个性化 EDM

电子邮件营销（Email Direct Marketing，EDM），是利用电子邮件（E-mail）与受众客户进行商业交流的一种直销方式。个性化 EDM 可以针对用户站内的访问行为，通过 EDM 载体进行有针对性的广告和内容投放。可以精确筛选发送对象，将特定的推广信息投递到特定的目标人群；根据社群的差异，定制个性化内容，通过个性化邮件发送系统发送的每一封邮件，其标题和内容都可以根据接收者的姓名或昵称变化而发生变化，当收到这种标题和正文的称呼都是个性化的邮件时，客户会认为是特意发送的，邮件被打开仔细阅读的概率非常高；文本、图片、动画、音频、视频和超级链接都可以在 EDM 中体现；具备追踪分析能力，根据用户的行为，统计打开邮件，点击数并加以分析，获取销售线索。

3. 个性化广告着陆页

着陆页也称落地页、引导页。在数字营销中，引导页就是当潜在用户点击广告或者利用搜索引擎搜索后跳转显示给用户的网页。个性化广告着陆页指的是着陆页内容根据用户站外、站内历史行为进行动态推荐，以实现不同用户登录网站后看到个性化、自己偏好的内容。例如，当一个新用户在百度搜索了"匡威"并点击该关键字广告进入网站时，企业根据用户站外搜索词信息了解到用户对"匡威"感兴趣。因此，当用户到达着陆页时，根据挖掘结果展示了以"匡威"为主的内容和商品信息。

9.2 社交分析

与传统媒体不同，社交媒体使信息的传播者和接受者形成互动，成为当今互联网世界不可忽视的重要组成部分，从脸书、微博、推特、微信这样的社交网站，到抖音、快手等视频网站，再到各式各样的互动百科，社交媒体与人们的生活越来越近。本节介绍社交媒体相关分析技术及其在数字营销中的应用。

9.2.1 社交分析的内涵

社交媒体（Social Media）指互联网上基于用户关系的内容生产与交换平台。社交媒体是人们彼此之间用来分享意见、见解、经验和观点的工具和平台，现阶段主要包括社交网站、微博、微信、博客、论坛、播客等。社交媒体在互联网的沃土上蓬勃发展，爆发出令人眩目的能量，其传播的信息已成为人们浏览互联网的重要内容，不仅制造了人们社交生活中争相讨论的一个又一个热门话题，而且吸引传统媒体争相跟进。

社交分析，又称为社交媒体分析，顾名思义，就是通过分析社交媒体数据来进行商业决策。这些数据通常来自于博客、论坛、社交媒体网站，通常使用文本挖掘和自然语言处理等相关技术，将定性数据转化成定量数据。常见的社交媒体分析目的包括：扩大业务，通过社交媒体发布广告，通过社交媒体监控减少客服成本，获取产品和服务的反馈，获取公众对某个产品或部门的意见等。

社交媒体分析可以帮助企业发现与产品和品牌相关的趋势；理解用户间的对话，包括说者表达什么，听者如何解读；得出针对产品和服务的客户观点；测量社交媒体和其他渠道的反应；识别产品或服务的高价值功能；发现竞争对手在说什么及其效果；弄清楚第三方合作伙伴和渠道可能如何影响表现。

1. 社交媒体分析从以下几个方面影响企业的战略决策

（1）产品开发。分析汇集的各类社交网站帖子、推文和产品评价，可以更清晰地看到客户痛点、不断变迁的需求和期望的产品功能。可以识别和跟踪趋势，以塑造现有产品线的管理，以及引导新产品开发。

（2）客户体验。研究发现，"各个企业正在从产品引领型业务演变为体验引领型业务"。客户行为分析可以应用于各个社交媒体渠道，以利用"微时刻"来取悦客户，提高忠诚度和生命周期价值。

（3）品牌形象。社交媒体可能是世界上最大的焦点小组。自然语言处理和观点分析可以不断地监视肯定或否定的期望，以维持品牌健康、优化定位并开发新的品牌特色。

（4）竞争分析。了解竞争对手在做什么以及客户反响如何，始终是至关重要的。例如，竞争对手可能宣称自己将放弃某个目标市场，这就带来了机遇。或者，一款新产品被非常多的人提及，企业就需要警觉，未来可能会出现市场颠覆者。

（5）运营效率。社交媒体深度分析有助于企业改进其测量需求的方式。零售商等可以使用该信息来管理存货和供应商、减少成本并优化资源。

2. 进行社交媒体分析的实施方案

1）实施步骤

第一，制定目标。目标的范围可以很广，从提高收入，到查明服务问题等。其中，可以选择主题或关键词，并可以设置参数，如日期范围。第二，指定社交媒体来源，例如，对抖音短视频的回复、QQ 好友动态的对话、微博话题的争论、淘宝购买产品的评论、来自新闻网站的评论，等等。第三，选择与给定产品、服务或品牌相关的来源，通常会建立数据集以支持目标、主题、参数和来源。第四，数据分析结果通过可视化进行检索、分析和报告，这样更容易理解和操控。

2）分析方法

利用社交媒体分析平台中的功能，可以增强其分析效果。进行社交媒体分析的一般方法包括以下几种。

（1）自然语言处理与机器学习技术。识别非结构化数据中的实体和关系，这些数据是未预先格式化为适合数据分析的信息。几乎所有社交媒体内容都是非结构化的。这些技术对于得出有意义的洞察至关重要。

（2）细分。是社交媒体分析中的一种根本性的需要，按地理位置、年龄、性别、婚姻状况、监护人情况和其他人口统计信息对社交媒体参与者进行分类。可以帮助识别这些类别的影响因素。通过了解谁在关键主题上互动，可以更好地调整和定位消息、计划和响应。

（3）行为分析。用于通过分配用户、推荐者、潜在用户和批评者等行为类型，了解社交媒体参与者的关注点。了解这些参与者的关注点，有助于制定有针对性的消息和响应，以满足、改变或转移他们的关注点。

（4）观点分析。度量社交媒体评论的风格和意向，通常涉及自然语言处理技术，以帮助了解实体和关系，揭示肯定、否定、中性或矛盾的属性。

（5）声音份额。分析有关品牌、产品、服务、声誉等对话中的普遍程度和强烈程度。有助于确定关键问题和重要话题，还有助于将讨论观点分类为肯定、否定、中立或矛盾。

（6）聚类分析。聚类分析可以揭示隐藏的对话和意外的洞察。在频繁出现的关键词或短语之间建立关联，并衍生新的话题、问题和机会。例如，商家使用聚类分析发现新用途和新机会。

（7）仪表板和可视化。图表、图形、表格和其他表示工具，可汇总并共享社交媒体分析发现结果，这是就所学经验进行交流和采取行动的一项关键功能。它们还支持用户更快掌握含义和洞察，更深入考察具体发现结果，而无需高级技术技能。

9.2.2 社交媒体分析技术及工具

社交媒体分析技术与自然语言处理、情感分析、社交网络分析和新闻分析等领域的技术相关。本节介绍与社交媒体分析有关的技术及工具，这些技术在改善业务和决策方面具有重要作用。

社交媒体分析过程分为三个阶段，即收集阶段、分析阶段和呈现阶段。社交分析工具包括用于社交媒体数据收集、监测和分析的信息科学方面的工具，其中信息抽取技术适用于社交媒体对话和交互过程中的数据分析。此外，社交媒体分析还涉及不同领域的建模和分析技术，例如，网络图可应用于社会网络分析，用以描述网络基本结构特征及理论属性，并对网络内部各个节点的不同权重进行划分。下面分别介绍几种主要的技术及工具。

1. 信息抽取技术

信息抽取（Information Extraction，IE）是把文本里包含的信息进行结构化处理，变成表格一样的组织形式。抽取系统的输入信息是原始文本，输出的是固定格式的信息点。信息点从各种各样的文档中被抽取出来，然后以统一的形式集成在一起。这就是信息抽取的主要任务。信息以统一的形式集成在一起的好处是方便检查和比较。信息抽取技术并不试图全面理解整篇文档，只是对文档中包含相关信息的部分进行分析，至于哪些信息是相关的，将由系统设计时定下的领域范围而定。

信息抽取技术对于从大量的文档中抽取需要的特定事实来说是非常有用的。互联网上就存在着这么一个文档库。在网络空间中，同一主题的信息通常分散存放在不同的社交媒体中，表现的形式也各不相同。若能将这些信息收集在一起，用结构化形式储存，将是非常有意义的。由于网上的信息载体主要是文本，所以，信息抽取技术对于那些把因特网当成知识来源的人来说是至关重要的。信息抽取系统可以看作是把信息从不同文档中转换成数据库记录的系统。因此，成功的信息抽取系统将把互联网变成巨大的数据库，这也是信息抽取技术对于社交媒体分析的重要意义所在。

信息抽取技术是近十年来发展起来的新领域，遇到许多新的挑战。信息抽取原来的目标是从自然语言文档中找到特定的信息，是自然语言处理领域的一个子领域。所开发的信息抽取系统既能处理含有表格信息的结构化文本，又能处理自由式文本（如新闻报道）。信息抽取系统中的关键组成部分是一系列的抽取规则或模式，其作用是确定需要抽取的信息。网络空间中，文本信息大量增加，这方面的研究得到高度重视。

2. 情感分析

情感分析，也称为意见挖掘，是依据消费者在社交网络中的行为，如评论、口碑等，以逻辑学、语言学、心理学理论为基础，采用自然语言处理、文本分析和统计学等方法，分析消费者对实体（如产品、服务、个人、事件等）表达的观点、情绪、态度。它的原理是通过将文本分类为正面、负面或中性来得到文本的情感。这种分析通常用于二分类决策，即用户喜欢或不喜欢什么，或者产品是好还是坏。在社交媒体中，情感分析有多种用途。例如，这种分析可以应用于识别营销和客户服务部门的消费者的感受，从而发现消费者对产品是满意还是不满意。

情感分析在不同场景可能应用不同的技术，如情绪识别、情感分类、观点挖掘、观点分析、观点抽取、主观分析、情感计算、评价分析，等等。综合来说，情感分析是分析人类对某个目标对象所蕴含的观点。其中情感极性（valence）和情绪类别（emotion）只是其中很小的一部分。

自然语言处理方法已有多年的研究历史，情感分析仍然是一个研究热点。其原因有二：一是在线社交网络情感分析有着广泛的应用，尤其是在工业界。二是随着社交媒体的发展，在线社交网络的情感分析面临一些新的挑战和新的视角，如海量数据对情感分析算法的影响。在线社交网络的新特点给传统情感分析带来了新的研究课题，进而催生了一些新的社交情感分析技术。例如，专门处理短小文本的情感分析技术、利用社交网络中群体间的相互作用的情感分析技术，以及应对社交网络中的垃圾用户、垃圾意见可能对真实情感分析带来的影响的一系列垃圾数据处理技术等。

面向短文本的情感分析技术。随着新浪微博等社交媒体的迅速发展，人们可以随时随地地在网络上发表自己的观点及意见。不同于传统媒体的长文本，社交网络中的文本短小、语法不规范，并含有大量的"噪音"，针对社交网络中的短文本的情感分析技术具有十分重要的意义。

基于群体智能的情感分析技术。在社交媒体中，用户能随意表达自己的观点、发表个人意见。基于社交网络的交互性，用户的情感会不自觉地受到网络中其他相关情感的影响。社交媒体提供的交互功能更加增强了用户情感的交互，使得情感信息沿着社交网络结构进行扩散，利用社交网络中群体间的相互作用的情感分析技术是复杂而有挑战性的。

社交网络的垃圾意见挖掘技术。社交网络中的垃圾用户、网络推手等为提高产品销售量或炒作某件商品而发布大量的虚假信息，检测分析社交网络中的垃圾意见，对于抽取真实的信息，识别垃圾用户，具有重大的现实意义。

3. 社会网络分析（SNA）

社会网络分析法（Social Network Analysis，SNA）是一种社会学研究方法。社会学理论认为，社会不是由个人而是由网络构成的，网络中包含结点及结点之间的关系，社会网络分析法通过对网络中结点与结点关系的分析，探讨网络的结构及属性特征。这里的属性包括网络中的个体属性及网络整体属性。网络个体属性分析包括：点度中心度，接近中心度等；网络的整体属性分析包括小世界效应，小团体研究，凝聚子群等。

在社会媒体分析中采用社会网络分析的方法，是基于用户节点和连接的网络理论，从社会媒体中找到不同用户之间的社会关系。社会网络分析已经成为社会媒体应用中的一项关键技术，如欺诈检测和社交群落。这种分析在医学、人类学、生物学和信息科学领域也获得了广泛的关注。SNA已经成为人们推断演化趋势及研究的热门话题。随着来自社交媒体、网页和传感器等数字渠道的海量信息，SNA经历了又一次复兴。社交网络被嵌入众多数据来源和大量不同规模的数据中，这些来自于文本、数据库、传感器网络、信息通信系统和社交媒体的海量数据，形成了规模庞大的社交网络。

软件市场上有许多用于社交网络分析的数据可视化开源工具，例如 NetworkX、R 和 Gephi 中的 iGraph 包等。在所有工具中，Gephi 被认为是最值得推荐的工具，它可以帮助实现超过 100 000 个节点的可视化。其他免费工具包括 Social Networks Visualizer 和 NodeXL，它们也是开源的，易于使用。此外，还有 Cytoscape，可以在桌面版本和 Java 版本中供开发人员使用，主要用于生物学领域；Ucinet 主要用于学术研究，提供广泛的分析功能和大量指标；NodeXL，该软件可直接与 SNAP 库接口进行分析，使其能够访问一系列有效的度量计算算法；NetMiner 是商用 SNA 软件，用于基于社交网络的大型网络数据的探索性分析和可视化，它的主要功能包括网络分析、数据转换、统计、网络数据可视化、图表和基于 Python 脚本语言的编程语言；Pajek，具有类似于 Ucinet 的功能，被称之为 Ucinet 的免费替代品，能提供强大的分析工具，提供免费文档；Social Networks Visualizer，这个开源工具是一个跨平台的图形应用程序，它使开发人员能够创建和修改社交网络并更改节点属性，可以与随机网络一起应用于社交数据集。利用这个工具，研究人员可以计算基本的图形属性。

4. 文本挖掘

文本挖掘（Text Mining）是指从文本数据中抽取有价值的信息和知识的计算机处理技术。它是从非结构化的文本信息中抽取潜在的重要模式或知识的过程，可以把它看作数据挖掘或数据库中知识发现的延伸。文本挖掘有时也被称为文字探勘、文本数据挖掘等，一般指文本处理过程中产生高质量的信息。高质量的信息需要通过分类和预测来产生，如模式识别。对文本信息的挖掘主要是以数理统计学和计算语言学为理论基础，让计算机发现某些文字出现的规律以及文字与语义、语法间的联系。文本挖掘涉及多个学科领域，如信息检索、文本分析、信息抽取等。

文本挖掘作为社交媒体分析中的主要技术，用于从众多类型的非抽象内容中提取信息，如文本、图像和多媒体等形式的信息。文本挖掘从文本抽取有用信息，并将此文本中包含的关键构想或概念分组到相应数目的类别。可以针对所有类型和长度的文本执行文本分析，但分析的方法在某种程度上会有所不同。较短的记录或文档最容易进行分类，因为它们不那么复杂，意思模糊的单词或模糊的响应较少。例如，针对较短的开放式调查问题，如果要求受访者列出三个偏好的假期活动，就可能会看到很多较短的答案，如海滩度假、国家公园度假或不进行什么活动。另一方面，较长的开放式响应可能是复杂和冗长的，尤其是受过良好教育的响应者，主动且具有足够时间来完成调查表时。已有的研究包括对社交媒体上的文本挖掘场景的调查，如使用文本挖掘技术和自然语言处理（NLP）分析方法来评估在社交媒体中的情感困扰等。

文本挖掘的类型，包括基于单文档的数据挖掘和基于文档集的数据挖掘。基于单文档的数据挖掘，不涉及其他文档，主要使用文本摘要、信息提取，包括名字提取、短语提取、关系提取等挖掘技术；基于文档集的数据挖掘，是对大规模的文档数据进行模式抽取，包括文本分类、文本聚类、个性化文本过滤、文档作者归属、因素分析等挖掘技术。

文本挖掘方法主要包括文本分类、文本聚类、信息抽取、摘要、压缩等。其中，文本分类和聚类是两种最重要、最基本的挖掘功能。文本分类是一种典型的机器学习方法，一般分为训练和分类两个阶段。文本聚类是一种典型的无监督式机器学习方法，聚类方法的选择取决于数据类型。

常见的数据挖掘工具，包括 IBM DB2 intelligent Miner、SAS text miner、SPSS Text Mining、DMC TextFilter 等。

文本挖掘的应用场景。网络浏览：分析用户网络行为，帮助用户更好地寻找有用信息；文本检索：研究对整个文档文本信息的表示、存储、组织和访问，根据用户的检索要求，从数据库中检索相关的信息资料；文本自动分类：按照预先定义的主题类别，为文档集合中的每一个文档确定一个类别，方便用户查阅文档，限制搜索范围。基于归纳学习的决策树、基于向量空间模型的 K-最近邻、基于概率模型的 Bayes 分类器、神经网络、基于统计学习理论的支持向量机等；文本自动聚类：无监督式机器学习，没有预先定义好的主题类别，将文档集合分成若干个簇，要求同一个簇内文档内容的相似度尽可能大，而不同簇间的相似度尽可能小；文档总结：从文档中抽取关键信息，用简洁的形式，对文档内容进行摘要和解释，用户不需阅读全文就可了解文档或文档集合的总体内容。

9.2.3　社交分析在数字营销中的作用

数百年来，口碑宣传一直是企业最具影响力的营销工具之一。21 世纪，口碑宣传融入了一种新的形式——在线社交媒体。作为营销人员，微信、抖音和小红书等社交网站可帮助提高品牌知名度并触达新客户。作为营销战略不可或缺的一部分，社交媒体营销成为企业的重要营销手段。借助社交媒体，企业可以直接与消费者交互，社交媒体帮助企业向消费者分享实时的发展动态和新产品信息，提供消费者需要的信息内容，创建关于本企业的热议话题并提高可见性。消费者对品牌、产品或服务的评论，社交媒体反馈以及发帖作出评价，都会增强网络传播的热度，越来越多的新客户关注也将提升企业的品牌形象。

社交媒体不仅能够满足人们的网络社交，而且在极大程度上改变了人们的消费模式。由于社交媒体的影响力逐渐增强，企业意识到社交媒体中营销的重要性，越来越多的企业从理解消费者需求，吸引潜在的消费者，以及找到准确的目标客户并与之建立沟通，再到品牌推广，等等，社交分析技术在其中都发挥着极其关键的作用。

1. 社交媒体分析加强企业聆听客户的心声

成功、持续的品牌和客户关系不再只是交易性质的。相反，它们通过跨越交易、内容和社交接触的综合体验，随着时间的推移而不断增长。社交媒体互动为企业提供了转变这种新的、持续的、始终的客户关系所需的工具。

监控和倾听客户的意见，及时回复帖子和信息，并密切关注竞争对手的动态，将使企业在激烈竞争中脱颖而出。更重要的是，社交媒体分析技术能够设置帖子发布时间、个性化受众、并自动安排帖子大规模发布到多个社交媒体平台的账户，同时通过统一界面将企业转变为敏捷的组织。

企业通过社交媒体分析技术，听取消费者的意见并实时解读相关信息，利用这些信息来洞察掌握更重要的发展趋势规律。只有通过这种理解，品牌才能创建有意义的内容，使企业与消费者之间的纽带关系更具有价值和影响力。

企业借助社交媒体为消费者提供信息交流及诉求表达的途径，使消费者在交流的过程中获取对自身有用的信息，进而帮助其选择合适的产品或是服务。同时，企业通过社交媒体打造交流平台,对消费者的需求进行统计和分析,以此为依据对产品与营销计划进行不断调整,提升自身的竞争优势。社交媒体能够使企业在提高品牌影响力的同时,有效减少市场宣传成本,进而达到企业价值的最大化。

2. 社交媒体分析加强企业的市场调研

目前,对企业来说,社交媒体分析的主要关注点是找到、分析和了解消费者,与消费者达成简洁、快速的沟通。通过挖掘和分析社交网络数据,企业不仅可以发现用户的活动轨迹是否在商圈覆盖范围内,掌握其消费能力、喜好及最近的购买习惯、购买产品的概率,而且可以了解竞争对手的策略,甚至可以即时监控网络中突然发布的一条可能对企业造成危机的信息,追踪其传播路径,找到其中的关键节点。基于社交分析的舆情监测,可以让企业围绕行业市场中某个监测领域或事件,经由科学部署与数据分析过程,了解自身的口碑状况。

企业可以充分利用社交媒体分析技术,将消费者使用产品的各项数据实时收集,通过数据分析,企业可以根据不同客户的不同要求,将产品进行优化改良,进而不断满足消费者的需求,提高产品销量。通过社交媒体分析,企业可以挖掘市场上真正的消费者,进而为产品的创新设计提供有力依据。社交媒体分析可以识别消费者的基础信息,包括地域、性别、年龄层次等,企业能够根据这些基本信息了解受众,推断不同用户的兴趣爱好、生活习惯,进而判断用户的消费习惯、了解用户的消费行为。新浪微博的广告推送即是通过后台对用户大数据分析,有针对性地将与消费者关联度最高的广告推送给消费者,从而避免了无效广告的投放。社交媒体分析,使营销活动更具有针对性,在更好地满足消费者需求的同时,提高了自身营销效率,促进销售,创造效益。

3. 社交媒体分析增强企业的入站营销活动

企业入站营销是指创建和共享内容,以激发和吸引消费者对企业的品牌或业务的兴趣,达成交易并将潜在客户转化为新客户,然后保持联系。

入站营销的目标是吸引合格的潜在客户,将其转变为销售线索和客户,并维护这些关系,以促进再次消费。社交媒体分析和社交云解决方案,在扩大入站营销方法的范围方面发挥着不可或缺的作用。

客户聚焦主要包含吸引客户和寻找客户两项内容。在吸引客户方面,需要企业在社交网络平台上注册品牌命名账号,以方便用户直接搜索和关注,商家也能够将之作为宣传和营销平台,对相应产品信息进行定期发布。为了吸引更多用户关注,能够对不同用户兴趣加以把握,并提供与之相对应的宣传和营销服务,使客户对产品动态加以关注,甚至还可以借助定期发送优惠券、节日折扣等方式,以增强客户黏性。在寻找客户方面,企业可以利用关键词对客户提到自家品牌的相关评论进行搜索,然后采用私信、参加体验活动等方式,邀请用户进行关注,还可以与热门的社交网站展开密切合作,对自身产品相关信息进行转发和评论,以增强产品知名度。另外,还可以选择在该领域中的活跃人群,通过在微博、微信、网站等平台中发布信息和评论,吸引更多用户关注。

4. 社交媒体分析加强企业品牌建设

社交媒体能够加强企业品牌建设。研究显示，一、二、三线城市的消费者在社交媒体的注册率高达 95%以上，企业发布的产品或品牌信息能够被社交媒体广泛传播，加之用户推送分享自己喜爱的品牌，其他用户会受到影响，口口相传，提高企业品牌知名度。社交媒体的互动性使得消费者能够表达自身对企业的态度，在交流的过程中，企业能够根据消费者的看法与建议不断完善企业形象，也能够在负面言论出现时积极回应，以危机公关降低恶劣影响的扩散。

博客和社交媒体可以共同建立更多的品牌忠诚度。人们习惯于经常查看自己喜欢的社交媒体流和博客，知道在哪里找到想要而且让他们感兴趣的内容。博客可推动长期流量。博文发布后会无限期保持在线并不断在搜索中出现。企业也可以重新利用旧博客的内容，作为电子书或白皮书，或者采取相反的方法，将电子书或客户案例转变为博客文章。博文的长度取决于企业的受众和主题。在线内容的一般规则是简明扼要，始终力求清晰、易读，并且能够为消费者带来价值。消费者希望从企业的博客中获得一些有用的内容，无论是操作技巧、有价值的信息还是产品的优惠活动。

综上所述，企业应用社交媒体分析软件从微信和抖音等社交网络流媒体，以及微博、新闻和富媒体网站的评论中收集信息，以更好地了解消费者态度和特征。这些信息的收集与分析，为社交媒体营销活动提供依据。这些活动使用相同的渠道作为营销渠道。社交媒体营销软件自动执行与营销活动关联的、面向这些渠道的流程和活动。

社交媒体为希望提高客户参与度的企业创造了新的机会。真正的客户参与将客户与企业联系在一起，推动收入增长并降低客户流失成本。然而，通过社交媒体进行互动，需要新的方法来管理和了解与客户的交互。正确管理社交媒体客户互动的关键在于首先聆听客户，无论是以一对一的方式还是以集体的方式进行。使用社交媒体聆听收集的数据，并将这些数据与来自内部和外部的其他数据相连接，可以更好地了解客户的需求和渴望。这些洞察技术帮助营销专业人员全面了解如何以最佳方式接近客户并向其传达信息。然后，利用社交媒体的网络传播特性，通过社交媒体渠道将这些经过设计的引人注目的内容，巧妙地传递给目标受众。最后，企业继续倾听，理解来自市场的反馈意见，以更正和微调信息，评估其有效性，并寻找信息可能产生的其他效果。

换言之，社交媒体营销就像其他所有营销活动一样，是一个需要监控和管理的过程。不同之处在于，社交媒体营销过程是具有迭代性，并且比传统营销活动更快地改变和适应。这种自适应要求的平台，可以帮助营销人员正确设计、发起和管理社交媒体营销活动，并执行社交媒体分析，以便深入了解客户并监控这些活动的效果。

9.3 搜索引擎优化

9.3.1 什么是搜索引擎优化

在数字时代，信息跨时空的传播，使消费者的更多购买行为依赖于建立良好的产品口碑。而这些口碑的聚集地来自于互联网，在纷杂的信息中，如何能够使企业的产品以绝对优势更快、更及时、更准确地出现在搜寻者的面前，变得极为重要。

搜索引擎优化（Search Engine Optimization，SEO）是一种利用搜索引擎的规则提高网站在有关搜索引擎内自然排名的方式。它是一种可衡量、可重复的过程，在了解搜索引擎自然排名机制的基础上，通过网站内部优化，比如网站结构调整、网站内容建设、网站代码优化等，以及网站外部优化，比如网站站外推广、网站品牌建设等，使网站满足搜索引擎收录排名需求，在搜索引擎中提高关键词排名，从而吸引精准用户进入网站，获得免费流量，产生直接销售或品牌推广。

网站搜索引擎优化任务主要是认识与了解其他搜索引擎怎样紧抓网页、怎样索引、怎样确定搜索关键词等技术后，以此优化本网页内容，为目标关键词创建新内容。通过改进网站，以便更好地被搜索引擎爬虫理解等方法，确保能够与用户浏览习惯相符合。在不影响消费者体验的前提下，使网站搜索引擎排名得以提升，进而使该网站访问量得以提升，最终提高本网站宣传能力或者销售能力。基于搜索引擎优化处理，其实就是为让搜索引擎更易接受本网站，搜索引擎往往会比对不同网站的内容，再通过浏览器把内容完整、直接、快速地提供给网络用户。

搜索引擎优化技术是优化网站以在具有特定关键词和短语的搜索引擎中获得更高排名并获得"免费"有机流量的过程，是在搜索引擎中为企业的网站、业务和内容获得自然流量的最佳方法之一。搜索引擎优化对企业网站的好处体现在以下几个方面。

1. 在正确的时间被发现

搜索引擎优化的目标是让消费者在网络上轻松找到企业的产品和提供的服务。大多数消费者在做出最终购买决定之前，都会通过搜索引擎上进行搜索，使用正确的关键词，可以在消费者搜索时增加成交机会。较高的搜索引擎自然排名可以建立与客户的信任，因为它告诉客户该网站已被其他人浏览和搜索。人们对搜索引擎（如百度）搜索的总体信任度很高，因此该网站会被排在靠前的位置。

要注意的是，有利可图的关键词和高排名通常不是偶然获得的，良好的排名需要时间、正确的策略及其执行。最佳排名和结果可能需要几个月的时间，通常至少需要 6 到 12 个月。如果一切都做得正确，并且策略和内容总是相关的，那么就可以保持在高排名的位置。

2. 获得竞争优势

搜索引擎优化可以让企业深入了解竞争对手在网上做什么以及如何从数据中受益。通过创建基于搜索引擎优化的竞争对手分析，企业将找到如何超越竞争对手的机会。利用关键词和 SERP（搜索引擎结果页面）的变化并迅速做出积极反应，这可以使企业在市场上获得竞争优势。

3. 二十四小时"免费"数字营销

由于预算或时间等因素限制，其他营销方式可能有"保质期"，而搜索引擎优化可以全天候工作，为用户提供有效的结果。

搜索引擎导致的在线访问增加了公司的营销归因，随着接触点的增加，将导致销售额增加，还将提高在线品牌知名度。对于任何在线开展业务的公司来说，找到合适的位置使搜索引擎优化，成为一种强大而持久的数字营销策略。

4. 搜索引擎优化对网站的改善

通常，优化网站具有更好的用户体验，可以让用户更长时间地享受网站（增加停留时长），从而提高排名和增加转化。提升用户体验和优化的思路包括：更快的网站加载速度；内容质量；独特且有针对性的内容；提高安全性；入站链接和反向链接；功能强大的手机版；提高整个网站的点击率；高质量的材料，如视频和图像；在网站上扩展内容；删除无用的页面和死链接；等等。

5. 搜索引擎优化成本

搜索引擎优化的成本取决于工作本身，无论是由员工内部完成还是外包给专业的搜索引擎优化公司。SERP 中的高质量自然流量和高排名如果做得好，从长远来看将减少整体在线广告预算。搜索引擎优化通常具有很高的投资回报率，并且在使用适当的结果指标时，可以轻松计算工作成本。在计算搜索引擎优化的 ROI 时，可以考虑以下方面：提高品牌知名度、增加收入、获客成本、来自自然流量的潜在客户、改进的用户体验、网页浏览量增加、搜索引擎优化服务费用、员工的工作成本、比较付费和自然搜索流量的每次点击费用等。搜索引擎优化是一个持续且不断变化的过程，由竞争、关键字选择和搜索引擎更新定义。对于中小企业来说，搜索引擎优化提供了最具成本效益的增长技术。

6. 搜索引擎优化使 PPC 广告营销受益

搜索引擎优化可以视为数字营销的起点，之后更容易将其他数字营销方法添加到策略中。例如，PPC（按点击付费）广告，搜索引擎优化在创建成功的 PPC 广告活动时起着重要作用。如果做得正确，它将降低 PPC 广告的成本。客户首先点击广告，然后借助百度进行相关研究，以寻找其他供应商，点击百度自然排名的结果之一就是先前点击广告中的公司，信任感和印象会更加强烈。

9.3.2 搜索引擎优化的技术手段

搜索引擎优化的技术手段主要有黑帽（black hat）、白帽（white hat）两大类。通过作弊手法欺骗搜索引擎和访问者，最终将遭到搜索引擎惩罚的手段被称为黑帽，比如隐藏关键词、制造大量的 meta 字、alt 标签等。而通过正规技术和合理方式，且被搜索引擎所接受的搜索引擎优化技术，称为白帽。

1. 白帽方法

白帽搜索引擎优化是一种公正的优化方法，是使用符合主流搜索引擎发行方针规定的搜索引擎优化方法。白帽搜索引擎优化一直被业内认为是最佳的搜索引擎优化手法，它是在避免一切风险的情况下进行操作的，同时也避免了与搜索引擎发行方针发生的任何冲突，它也是搜索引擎优化从业者的最高职业道德标准。

白帽搜索引擎优化的具体表现包括：网站标题中出现关键词，首页3~5个，栏目页和内容页最好单一核心；网站内容围绕关键词撰写，不要脱离主题；网站描述需带上关键词，以利于用户点击；更新高质量的原创内容，有规律地更新内容；文章内容前部、中部、后部合理出现关键词；页面关键词密度建议在2%~8%之间，最好的比例在5%左右；合理使用H1、H2标签，适当加入关键词；图片添加ALT属性，属性中包含关键词；锚文本链接包含关键词，不要滥用锚文本；外部链接要相关，持续有规律；合理设置面包屑导航，告诉访问者他们在网站中的位置以及如何返回；建立404页面和网站地图，设置301重定向和robots文件等。

2. 黑帽方法

黑帽方法通过欺骗技术和滥用搜索算法来推销与消费者需求毫不相关、以商业盈利为非法目的的网页。黑帽搜索引擎优化的主要目的是让网站得到他们所希望的排名进而获得更多的曝光率，这可能导致令普通用户不满的搜索结果。因此，搜索引擎一旦发现使用"黑帽"技术的网站，轻则降低其排名，重则从搜索结果中永远剔除该网站。选择黑帽搜索引擎优化服务的商家，一部分是因为不懂技术，在没有明白搜索引擎优化价值所在的情况下被服务商欺骗；另一部分则只注重短期利益，存在"赚一笔就走人"的心态。

黑帽搜索引擎优化，利用和放大搜索引擎策略的设计缺陷，来达到让自然搜索流量提升进而得到转化的目的。黑帽搜索引擎优化相比白帽搜索引擎优化，操作见效时间更短，在拥有某些资源时，效率也会得到提升。但黑帽搜索引擎优化的本质是在伤害搜索引擎使用者的利益，比如：提供垃圾信息，甚至诈骗、利用木马盗号盈利等。

9.3.3 搜索引擎优化的优化策略

搜索引擎优化技术可以提高主流搜索引擎对网站的认知度和排名，吸引更多的目标受众访问网站并获取更多的流量，从而促进业务增长和品牌推广，是企业网站运营中不可或缺的技术手段。以下是一些有效的搜索引擎优化策略。

1. 了解目标市场和用户需求

了解目标市场和用户需求，包括搜索习惯、使用语言等，以便确定关键词、网站内容和用户体验等方面的优化方向。

搜索引擎优化在设计制作网站之前，要清晰设定网站的主题、用途和内容。根据不同的用途来定位网站特性，可以是销售平台也可以是宣传网站，网站主题须明确突出，内容应丰富饱满，以符合用户体验为原则。对于一个网站来说，优化网站的主题与实际内容才是最为重要的。一个网站需要有鲜明的主题，有与主题相关的丰富内容，专注于某些领域的变化，及时更新。

2. 选择合适的关键词

选择合适的关键词是搜索引擎优化的基础，需要根据目标市场和用户需求来选择。在选择关键词时，需要注意搜索量、竞争度、相关性等因素。

网站的关键词非常重要，它决定网站是否能被用户搜索到，因此在关键词的选择上要特别注意。关键词的选择必须遵循一定的原则，如：与网站主题相关，不要一味地追求热门词汇；避免使用含义很广的一般性词汇；根据产品的种类及特性，尽可能选取具体的词；选取人们在使用搜索引擎时常用到与网站推广的产品及服务相关的词。关键词的数量以 5 至 10 个为宜。在标题（Page Title）、段落标题（Heading）这两个网页中最重要、最显眼的位置体现关键词；在网页内容、图片的 alt 属性、META 标签等网页描述上设置关键词。

3. 优化网站内容

网站内容需要与选择的关键词相关，同时需要满足用户需求，提供有价值的内容。网站的语言、风格、排版等方面应当符合目标市场和用户的使用习惯。

网页分为静态网页与动态网页两种形式。动态网页即具有交互功能的网页，也就是通过数据库搜索返回数据，搜索引擎在搜索时所费的时间较长，一旦数据库中的内容更新，搜索引擎抓取的数据就不再准确，所以，搜索引擎很少收录动态网页。而静态网页不具备交互功能，只是单纯的信息介绍，搜索引擎搜索时所需时间短而且准确，所以，搜索引擎愿意收录。网站要尽量使用静态网页，减少使用动态网页。

白帽搜索引擎优化的主要内容是始终如一地输出高质量的内容，该内容必须是原创的并且符合搜索意图。创建内容的最好方式是为企业的用户解决问题。虽然搜索引擎没有指定文章长度，但篇幅较长的文章更受欢迎。作为一般经验法则，最好将博客文章的字数设置为不少于 1 000 字。

4. 建立高质量的外部链接

外部链接是提高网站权威和知名度的重要因素，积极建立和维护高质量的外部链接，例如社交媒体、行业网站等，很有必要。导入链接对于网站优化来说也是非常重要的一个过程，能够间接影响网站在搜索引擎中的权重。目前，常用的链接分为：锚文本链接、超链接、纯文本链接和图片链接。

搜索引擎判断网站好坏的一个标准是外部链接的多少以及所链接的网站质量。创建有意义的链接，提高链接广度，既能提高搜索引擎排名，也能起到互相宣传的作用。研究表明：当一个网站的链接 PR 值[①]达到 4~6 时，这个网页的访问量是比较好的；当链接 PR 值达到 7 以上时，网站的质量与知名度就很优秀了。一个网页被其他网页链接得越多，该网页越有可能有最新和最有价值的高质量网页。尽可能增加与行业网站、地区商务平台和合作伙伴网站之间的链接，被 PR 高的网站引用，能更快地提高本站的 PR，开发人员可以在访问量较大、PR 值较高的网站上发表与网站主题以及业务相关的信息，用户在别的网站看到这些信息，也会访问该网站，即通过外部链接来提高该网站的访问量。

---

① PR 值的全称为 Page Rank（网页权重级别），PR 值级别分为 0~10，是 Google 用来监测网页重要性的一个指标。PR 值越高，说明这个网页受欢迎的程度越高。

5. 优化网站结构和技术

网站结构和网站管理技术也会影响排名。需要优化网站的结构、代码质量、网速、移动端适配等方面，以提高用户体验和搜索引擎抓取效率。

网站结构尽量避免采用框架式，导航条尽量不使用 FLASH 按钮。首先，重视网站首页的设计，因为网站的首页被搜索引擎检测到的概率比其他网页大得多。通常要将网站的首页文件放在网站的根目录下，因为根目录下的检索速度最快。其次，网站的层次（即子目录）不宜太多，一级目录不超过两个层次，详细目录也不要超过四个层次。最后，网站的导航尽量使用纯文字，因为文本比图片表达的信息更多。

网站地图可增加搜索引擎友好度，可让爬虫程序快速访问整个站点上的所有网页和栏目。爬虫就是自动提取网页的程序。要想让网站更多页面被收录，就要让网页被爬虫抓取。如果网站页面经常更新，爬虫就会更加频繁地访问页面，优质的内容，尤其是原创内容是爬虫喜欢抓取的目标。

6. 利用本地化搜索引擎优化

利用本地化搜索引擎优化来提高网站在当地的搜索排名。优化网站内容和元数据，包括当地关键词和相关词汇，并使用本地化的语言和术语。本地化搜索引擎优化是一种针对特定地理区域的搜索引擎优化策略，旨在提高当地受众的搜索结果排名并增加本地业务的流量和销售。它是一种通过优化网站、内容和在线列表，以满足当地受众的搜索需求，并在本地搜索引擎结果页面上显示的策略。

7. 监测和分析数据

搜索引擎优化是一个持续的过程，需要监测和分析网站的数据，包括访问量、跳出率、转化率等，以了解搜索引擎优化策略的效果和网站的改进方向，从而不断优化搜索引擎优化策略和提高网站的搜索排名。

网站搜索引擎优化效果检测可以根据以下几方面来进行：网站收录情况，总收录、分类收录、有效收录等；排名检测，首页目标关键词排名、分类页面目标关键词排名、文章目标关键词排名；外部链接数据，外链数量、质量、类型等；流量数据，查看网站流量变化情况，及时分析情况。此外，根据网站规模大小，进行定期备份的时间不同；同时，需要定期通过一些网站安全工具监测网站的安全问题；做好行业数据分析报表，包括行业热门话题、竞争对手等，以方便拓展新的行业关键词和数字营销方式。

9.4 用户体验设计

搜索引擎优化早已成为企业数字营销策略的重要组成部分。在搜索引擎优化中，提升用户体验（UX）是极其重要的一环。用户体验是用户与数字产品或服务进行交互时的主观感知，是优化网站用户产生良好体验时需要考虑的关键因素。用户体验设计就是要找到用户需要和商业目标之间的平衡点，进而确保品牌价值。本节介绍如何在数字营销领域为用户创造良好的用户体验。

9.4.1 用户体验及用户体验设计

1. 什么是用户体验

用户体验（User Experience，UE/UX）是用户在使用产品过程中建立起来的一种纯主观感受。对于一个界定明确的用户群体来说，其用户体验的共性是能够经由良好设计实验来认识到。计算机技术和互联网的发展，使技术创新形态正在发生转变，以用户为中心、以人为本越来越得到重视，用户体验也因此被称作创新 2.0 模式的精髓。在中国面向知识社会的创新 2.0——应用创新园区模式探索中，将用户体验作为"三验"（体验、试验、检验）创新机制之首。

国际标准化组织（ISO）在 2019 年发布了两个关于用户体验的标准——ISO 9241-210：2019-Human-centred design for interactive systems（以人为本设计的交互系统）和 ISO 9241-220：2019-Processes for enabling，executing and assessing human-centered design within organizations（以人为本设计在组织内的实现、执行和评估过程）。这两个标准将用户体验定义为"用户在使用或预计要使用某产品、系统及服务时，产生的主观感受和反应"。通俗来讲就是"这件产品好不好用，用起来方不方便"。可见，用户体验是主观的，其注重实际应用时产生的效果。国际标准化组织对用户体验定义还有如下补充说明：用户体验，即用户在使用一件产品或系统之前、使用期间和使用之后的全部感受，包括情感、信仰、喜好、认知印象、生理和心理反应、行为和成就等各个方面。该补充说明还列出三个影响用户体验的因素：系统、用户和使用环境。

近年来，计算机技术在移动和图形技术等方面取得的进展已经使得人机交互技术渗透到人类活动的几乎所有领域。这导致了产品的评价指标从单纯的可用性，扩展到范围更丰富的用户体验。与用户的主观感受、动机、价值观等方面相关的用户体验，在人机交互技术发展过程中受到了广泛的关注。

在网站设计的过程中，要结合不同利益相关者的利益——市场营销、品牌、视觉设计和可用性等各个方面。市场营销和品牌推广人员必须融入"互动的世界"，在这一世界里，实用性是最重要的。这就需要人们在设计网站的时候必须同时考虑到市场营销、品牌推广和审美需求三个方面的因素。用户体验就是提供了这样一个平台，以期覆盖所有利益相关者的利益——使网站容易使用、有价值，并且能够使浏览者乐在其中。这就是早期的用户体验著作都集中于网站用户体验的原因。

2. 用户体验的构成要素

传统的营销观点将用户体验的构成要素分为人员（服务）、流程、技术支撑和过程一致性这四个要点。

在数字营销领域，用户体验体现在数字虚拟世界或是虚实融合的世界中，用户与产品互动的方方面面，贯穿于人机交互的整个过程，每个环节的失误都可能影响用户体验。因此要考虑用户与产品互动的各种可能性，并理解用户的期望值和体验的最佳效果。杰西·詹姆士·加勒特在《用户体验要素》中提出用户体验包含 5 个要素，可以用五层模型来体现，包括战略层、范围层、结构层、框架层、表现层，并从每一个层面包含的子要素入手提出符合用户体验的设计原则。

（1）战略层（strategy）：产品目标、用户需求。战略层决定了网站的定位，由用户需求和网站目标决定。用户需求是互动设计的外在需求，包括美观、技术、心理等各方面，可以通过用户画像的方式获得。网站目标则是设计师或者设计团队对整个网站功能的期望和目标的评估，也是企业想要获得的用户数量、品牌宣传或者盈利目的等商业目标。

（2）范围层（scope）：功能规格、内容需要。功能规格是对网站各种功能的详细描述，内容需求是满足用户需求的内容定位。内容与功能都是为用户目标和用户需求而服务的。根据范围层的具体内容，可以将产品分为两大类：工具型和内容型（有的产品两者兼有）。工具型产品要考虑的是功能规格，对产品的功能组合进行详细描述，功能规格的描述语言应该乐观、具体、客观。内容型产品要考虑的是内容需求，对各种内容元素的要求进行详细描述，内容可以包括文本、图像、音频、视频等。在确定产品要提供的内容后，要根据用户需求、产品目标（战略层的内容）和可行性评定内容的优先级。

（3）结构层（structure）：交互设计、信息架构。交互设计是对各种用户交互事件的描述以及对系统如何响应用户请求的定义。信息架构则是信息空间中内容元素的分布。流程是基于战略层与范围层两个方面进行需求的实现。交互设计应该至少包括概念模型和错误处理。信息架构有两种分类体系：从上到下和从下到上。其结构可以有层级结构、矩阵结构、自然结构和线性结构。一般来说，网站都是以上多种结构的综合，一种结构为主，其他结构为辅。

（4）框架层（skeleton）：对数字产品进行设计，包括界面设计、导航设计和信息设计。框架层是功能界面、界面交互、展示信息等设计的抽象化。所有的逻辑与大体的信息已经确认，这一个阶段就是根据以上阶段的所有信息，针对需求、功能界面、交互、详细信息的板块展示设计。框架层决定某个板块或按钮等交互元素应该放在页面的什么地方。结构层中形成了大量的需求，框架层中，我们要更进一步地提炼这些需求，确定详细的界面外观、导航和信息设计，使晦涩的结构变得实在。在设计框架层的内容时，要遵循用户日常使用习惯和恰当使用生活中的比喻这两个原则。

（5）表现层（surface）：数字产品的视觉设计。表现层是指视觉方面的设计、版块搭配、美化，所有用户能看见的信息元素的具象化，如字体的大小，导航的颜色，整体给人的感觉。在这一层，内容、功能和美学汇集到一起产生最终设计，从而满足其他层面的所有目标。成功的界面设计有两个特点：流畅的浏览路径，用户在浏览过程中有流畅感，不会出现"卡顿"；在不需要用过多细节的前提下，为用户提供有效选择的、某种可能的"引导"。

上述 5 个层面定义了用户体验的基本架构，各层之间是相互联系并相互制约的。在数字生态下，正确的产品形态绝不是由"功能"所决定的，而是由"用户自身的心理感受和行为"来决定的，产品设计和用户体验设计几乎是重合的。

3. 用户体验设计

用户体验设计（User Experience Design，UED），是以用户为中心的一种设计手段，以用户需求为目标而进行的设计。设计过程注重以用户为中心，用户体验的概念从开发的最早期就开始进入整个流程，并贯穿始终。

用户体验设计是一个拥有多个分支的具有多维度的概念。它的分支包括交互设计（Interaction Design）、信息架构（Information Architecture）、视觉设计（Visual Design）、可用性（Usability）和人机交互（Human-Computer Interaction）。

在商业中用户体验设计的目标是：通过从增强产品的可用性、简化操作和增加使用愉悦感三方面改善客户与产品间的交互体验，从而提高客户满意度和忠诚度。也就是说，用户体验设计是设计有用、易用且能从使用中获得愉悦感的（虚拟或实体）产品的过程。在提高用户与产品交互过程的体验的同时，保证产品能够成功地定向对客户传达其价值。

用户体验设计是用于设计用户与产品间互动行为的过程，这个过程将决定当用户与产品进行交互时的感受与行为。它是创造性地分析决策一个网站、设备或软件的发展趋势的过程。用户体验本身是不可计划的，但可以通过设计来影响用户体验。用户体验设计是艺术与科学共同构建的通过与产品交互而产生积极情绪的过程，是设计一系列为用户提供优质体验的系统的过程，在设计过程中充分考虑每一个可能影响产品体验或服务的关键节点，是在每个交互关键节点中想要传达给用户的价值理念，它是设计一种将所有用户需求都纳入思考范围的解决方法的过程。

国内用户体验设计团队及其网站

数字营销时代，各大企业都在想方设法地设计出更好的用户体验流程。我国互联网头部企业均设立了各自的用户体验设计 UED 团队，致力于研发互联网产品的用户体验设计。

用户体验设计是一个从无到有的过程，要回答标签布局是左对齐还是右对齐，回答工具栏按钮用图标还是用文字等具体问题，设计师必须经过深思熟虑，而不能只凭个人主观判断。例如，腾讯 CDC 提出了"有源设计"的概念，这个概念的核心在于，设计师应该主动探索每个可能的设计方案背后的依据（源），根据一定的客观规律和原则选出最适合的方案。有源设计的好处是，寻找源的过程是一个设计师深入思考和开阔思路的过程；讨论设计方案时从源头开始，统一出发点，使各方意见更容易达成一致；设计源是经过推理验证的，所以在此基础上的方案能较好地避免设计方案的反复修改，节省成本。

设计师在寻找设计之源时，可以考虑从商业决策、使用场景、用户的生活经验和系统经验等方面入手，随着产品设计的不断演变，优秀的设计元素被保留下来，会逐渐形成产品自身特有的设计风格和理念。

9.4.2 以用户为中心的数字体验

1. 数字体验

体验的力量不容忽视。通常，我们会忘记参加过的某项活动的细节，却不会忘记活动带给我们的体验。人们分享体验的方式也在不断演化。随着科技创新，世界上很多事物的联系越来越紧密，连接对数字和现实世界用户体验的影响意味深远。

数字体验是指依托数字技术的用户与组织之间的互动。网站、移动应用、电子商务站点、社交媒体内容和智能设备，都为与组织互动的客户、合作伙伴或员工提供了数字体验。

在数字营销环境下，客户的旅程能够以数字方式开始并结束，因而创建一个可满足客户需求、富有凝聚力且上下文相关的数字客户体验这一要求比以往任何时候都更加迫切。随着数字接触点数量的不断增加，数字体验管理已成为一项艰巨的任务，但它可以帮助企业吸引新用户、让公司脱颖而出并激发客户忠诚度。重要的是，要将数字体验视为是对整体客户体验（CX）和用户体验（UX）的补充。通过更好地理解数字体验，企业可以更加积极主动地创建个性化体验，从而更好地吸引潜在客户、满足当前用户需求并增强员工体验。

2. 数字体验平台

在数字时代，随着消费者的能力和互联程度日益提高，消费者的期望也不断上升，消费者的这些期望正在推动各行各业的组织变革。数字体验平台（DXP）能够有力支持组织适应数字时代的迅速变化，它提供了跨网站和门户、应用APP和物联网设备等渠道的自动化和智能发布等功能。它还借助大数据分析功能以及人工智能和机器学习技术来洞察这些体验的受欢迎程度和成效。

数字体验平台可简化互动，跨渠道提供并实时持续更新客户画像，将内容管理系统的分析功能提升到全新的个性化水平。简而言之，数字体验平台是助力企业打造个性化、跨渠道数字体验的工具或工具集。合适的数字体验平台可取代企业现有的大部分营销技术堆栈，并与其余部分顺利集成。

可见，数字体验平台是一个集成的软件框架，用于在广泛的数字接触点上吸引大量的受众。企业使用数字体验平台来构建、部署和持续改进网站、门户、移动应用和其他数字体验。通过与不同的业务系统和解决方案相互集成，帮助企业和机构建立、管理和优化跨渠道的数字体验。数字体验平台既可以通过创建的内容与用户交谈，又可以通过收集的数据倾听他们的需求，跨多渠道客户旅程组合、管理、交付和优化数字体验。

数字体验平台有助于跨网站、电子邮件、移动应用、社交平台、电子商务站点、物联网设备、数字标牌、POS系统等传播内容。除了为其中的每个渠道交付内容之外，数字体验平台还有助于实现营销自动化，并开发一致的数字体验，从而引导用户实现明确定义的成果。

数字体验平台作为功能强大的数字营销工具平台，以内容管理系统为核心，通常还包括以下功能：情境智能和相关性（客户档案引擎、语言翻译、全渠道等）；电子商务（产品内容管理、支付和收费、购物等）；资产管理（数字资产管理、网络印刷等）；互动（聊天机器人、移动应用App、营销自动化等）；数字流程（业务流程管理、营销资源管理、案例管理等）；认知（预测分析、机器学习、人工智能自动化等）；数据中心（客户关系管理、主数据管理等）。

数字体验平台既可以是单一供应商的解决方案，也可以是由不同供应商的解决方案构成的组合，具体取决于企业的需求。但是，随着数字体验平台不断发展以适应当今不断变化的竞争需求，大多数企业很难找到单一供应商的解决方案。而找到这种解决方案的企业几乎都需要使用其供应商的多个产品。因此，易于集成、具有面向未来的可扩展性、拥有广阔的合作伙伴生态系统等特征，对于企业选择数字体验平台供应商尤为重要。

3. 改善用户数字体验的技术

1）虚实结合的数字孪生

数字孪生（Digital Twin）是指充分利用物理模型、传感器、运行历史等数据，集成多学科、多尺度的仿真过程。它作为虚拟空间中对实体产品的镜像，反映了相对应的物理实体产品的全生命周期过程。数字孪生是对系统或对象在其整个生命周期中的虚拟表示，根据实时数据进行更新，并使用模拟、机器学习和推理来帮助制定决策。公司组织可以开发数字孪生来复制整个公司环境，洞察组织的所有接触点。利用这些数字副本，公司组织能够模拟、分析和优化客户旅程及员工体验，从而创造更加连贯的个性化数字体验。

数字孪生是一个物理产品的数字化表达，以便于我们能够在这个数字化产品上看到实际物理产品可能发生的情况，与此相关的技术包括增强现实（Augmented Reality，AR）和虚拟现实（Virtual Reality，VR）。

增强现实技术是一种将虚拟信息与真实世界巧妙融合的技术，广泛运用了多媒体、三维建模、实时跟踪及注册、智能交互、传感等多种技术手段，将计算机生成的文字、图像、三维模型、音乐、视频等虚拟信息模拟仿真后，应用到真实世界中，两种信息互为补充，从而实现对真实世界的"增强"。

虚拟现实技术，又称虚拟实境或灵境技术，是20世纪发展起来的一项全新的实用技术。虚拟现实技术集成了计算机、电子信息、仿真技术，其基本实现方式是以计算机技术为主，利用并综合三维图形技术、多媒体技术、仿真技术、显示技术、伺服技术等多种高科技的最新发展成果，借助计算机等设备产生一个逼真的三维视觉、触觉、嗅觉等多种感官体验的虚拟世界，从而使处于虚拟世界中的人产生一种身临其境的感觉。随着社会生产力和科学技术的不断发展，各行各业对 VR 技术的需求日益旺盛。VR 技术也取得了巨大进步，并逐步成为一个新的科学技术领域。

2）内容运营

内容运营（Content Operations）是一种战略型营销方法，专注于创建和分发有价值、高相关的内容，以吸引和留住明确定义的受众，最终推动有利可图的客户行为。内容运营是企业的基础架构，包括人员、流程和技术，可以跨多个渠道生产、部署和维护连贯的内容。内容运营与营销自动化相集成，考虑了客户编写环境、库存、资产管理、项目管理、调度、发布工具、分析和报告等。

在数字营销中，内容运营是对企业所有渠道中的所有内容类型相关的流程、人员和技术有战略性地进行规划、创建、管理和分析。从本质上讲，它是一个用于说明企业如何创建支持其客户体验（CX）的内容框架，但这仅仅是开始。

3）全渠道和无头 CMS

内容管理系统（Content Management System，CMS）是一种软件应用程序，可帮助用户在网站上创建、管理、编辑、存储和发布数字内容。CMS 可帮助用户构建网站和发布产品，而无需编写代码。

传统的 CMS 是一个单一的内容交付系统。使用传统的 CMS，前端和后端是耦合在一起的。无头 CMS（Headless CMS）是一种内容管理系统，其中前端和后端相互分离。使用无头 CMS，存储的内容可通过 API 提供给开发人员。无头 CMS 与前端无关，并且由设计驱动 API。这样，开发人员可以使用他们选择的框架和技术自由地将内容交付给受众。

无头 CMS 使用 API 向各种渠道交付内容，在设计上与前端无关，企业可以自由决定内容的交付地点和方式，这意味着企业可以调整内容、在任何地方进行全渠道交付，如网站、手机、智能手表、AR/VR，甚至是超大屏幕。使用无头 CMS，内容交付的渠道是无限的。通过统一的中心管理内容，可以集中创建内容，并跟踪和衡量各个渠道的客户参与度。

4）人工智能和认知计算

消费者在购物时有很多选择，他们习惯于寻找优质产品和优质服务相结合的企业。因此，越来越多的数字企业正在考虑 AI 营销，以改善消费者体验并获得客户的忠诚度和信任度。

人工智能（Artificial Intelligence，AI），是研究、开发用于模拟、延伸和扩展人的智能的理论、方法、技术及应用系统的一门新的技术科学。人工智能是计算机科学的一个分支，它试图了解智能的实质，并生产出一种新的、能以人类智能相似的方式做出反应的智能机器。该领域的研究包括机器人、语言识别、图像识别、自然语言处理和专家系统等。人工智能从诞生以来，理论和技术日益成熟，应用领域不断扩大。可以设想，未来人工智能带来的科技产品，将会是人类智慧的"容器"。人工智能可以对人的意识、思维的信息过程进行模拟。人工智能不是人的智能，但能像人那样思考，也可能超过人的智能。

认知计算是认知科学的核心技术子领域之一，是人工智能的重要组成部分，是模拟人脑认知过程的计算机系统。认知计算代表一种全新的计算模式，它包含信息分析、自然语言处理和机器学习领域的大量技术创新，能够助力决策者从大量非结构化数据中揭示非凡的洞察。认知系统能够以对人类而言更加自然的方式与人类交互；认知系统专门获取海量的不同类型的数据，根据信息进行推论；从自身与数据、与人们的交互中学习。

人工智能正在为客户体验（CX）和数字体验战略、设计和开发开辟一种新方法。人工智能支持的客户体验技术，允许品牌更密切地倾听客户的实际需求。除了利用人工智能快速获取洞察、自动开展营销活动和运行流程，人工智能和认知计算还可以观看、倾听、交谈，并从互动中不断学习，客户体验团队正在迈入一个崭新的时代，打造由人工智能驱动且感觉像与人类互动一样自然的数字客户体验。

5）客户数据平台

一旦客户体验到真正的个性化服务，他们就会期望在所有位置都获得同样的体验。为了留住这些客户，无论在哪一个渠道上，企业都需要提供同样甚至更加出色的客户服务。而要想做到这一点，需要一个客户数据平台，确保始终拥有最新、维护良好、可访问的客户数据。

客户数据平台（Customer Data Platform，CDP），是面向业务增长的以消费者为核心的客户全域数据赋能中台。通过汇聚多个触点的数据并加工，帮助企业打破数据孤岛，建立统一的人、货、场（什么人在什么场景下买了什么东西）标签体系和画像系统，赋能企业数字化转型，实现数据驱动增长。

客户数据平台分为四种类型。数据型客户数据平台，主要是客户数据管理，包括多源数据采集、身份识别，以及统一的客户存储、访问控制等；分析型客户数据平台，在包含数据型客户数据平台相关功能的同时，还包括客户细分，有时也扩展到机器学习、预测建模、收入归因分析等；营销型客户数据平台，在包含分析型客户数据平台相关功能的同时，还包括跨渠道的客户策略（Customer Treatments），比如个性化营销、内容推荐等实时交互操作；触达型客户数据平台，在包括营销型客户数据平台相关功能的同时，还包括信息触达（Message Delivery），比如邮件、站点、APP、广告等。

客户数据平台的任务是大量收集客户数据，为客户创建统一的个人档案，然后跨所有渠道为客户提供有效、个性化的互动体验。客户数据平台可在一个视图中汇总所有类型的数据，例如结构化/非结构化、线上/线下，从而改善客户体验。基于从每一个客户接触点（电子邮件、社交媒体、会员计划和门店交易等）收集的数据以及来自ERP、CRM和DMP等其他内部系统的现有数据，营销人员可以创建持续更新的360度客户视图。

9.4.3 用户体验设计的未来趋势

人工智能和机器学习（Machine Learning，ML）的快速进步，极大地推动了用户体验设计的发展进程。设计领域的革命性转变正在发生，未来的用户界面将出现更加真实的虚拟实境，设计焦点将会从屏幕转移到用户体验之上，设计出一种更自然、更人性化的人机交互方式。未来的用户体验设计，将会以人工智能为代表的新技术为支点，在技术与应用的交相辉映下呈现新的发展趋势。

1. 人工智能生成内容

生成式人工智能（Generative AI）或人工智能生成内容（Artificial Intelligence Generated Content/AI-Generated Content，AIGC），一般认为是相对于专业生成内容（Professional Generated Content，PGC）、用户生成内容（User Generated Content，UGC）而提出的概念。AIGC狭义概念是利用AI自动生成内容的生产方式。AIGC是继UGC、PGC之后的新型内容生产方式，AI绘画、AI写作、AI文本续写，文字转图像的AI图、AI主持人等都属于AIGC的分支。广义的AIGC可以看作是像人类一样具备生成创造能力的AI技术，即生成式 AI，它可以基于训练数据和生成算法模型，自主生成创造新的文本、图像、音乐、视频、3D 交互内容等各种形式的内容和数据，以及包括开启科学新发现、创造新的价值和意义等。

结合人工智能的演进沿革，AIGC 的发展历程大致可以分为三个阶段。具有超大规模、超多参数量的多模态大型神经网络将引领 AIGC 技术升级，正在成为学界、产业界共识，如 OpenAI DALL·E 2、百度文心大模型。普遍认为，1957 年 Lejaren Hiller 和 Leonard Isaacson 完成了历史上第一部由计算机创作的音乐作品。但直到 2022 年，才算是 AIGC 爆发之年。2022 年上半年，OpenAI DALL·E 2 and Stable Diffusion 公开发布，AI 作画大火；11 月底，OpenAI 发布 ChatGPT，次年 2 月注册人数突破 1 亿。京东探索研究院认为，AIGC 技术可以归纳为三点：智能数字内容孪生能力、编辑能力和创作能力。百度 CEO 李彦宏在"2022 年百度世界大会"上判断，AIGC 将走过三个发展阶段：第一个阶段是"助手阶段"，AIGC 用来辅助人类进行内容生产；第二个阶段是"协作阶段"，AIGC 以虚实并存的虚拟人形态出现，形成人机共生的局面；第三个阶段是"原创阶段"，AIGC 将独立完成内容创作。腾讯研究院在《AIGC 发展趋势报告 2023》中提出，AIGC 在引领 AI 技术新趋势和相关产业发展的同时，也可能带来一定的风险挑战，诸如知识产权保护、安全、技术伦理、环境影响等。各界需要秉持科技向善理念，负责任地、安全可控地发展应用 AIGC，打造安全可信的 AIGC 技术和应用。

随着深度学习技术的快速突破以及数字内容的海量增长，AIGC 领域相关技术打破了预定义规则的局限性，使得快速便捷且智慧地输出多模态的数字内容成为可能。在技术创新以及多模态模型的持续突破下，AIGC 根据功能和对象的不同，按顺序可包括三种主要实用功能：数字内容孪生、数字内容的智能编辑和数字内容的智能创作。这三种功能相互嵌套与结合，可以让 AIGC 产品具备超越人类的创作潜力。

现阶段的生成式 AI 通常被用来生成产品原型或初稿，应用场景涵盖图文创作、代码生成、产品设计、软件开发、广告设计、建筑设计、游戏设计、艺术平面设计等。未来，生成式 AI 将成为一项大众化的基础技术，极大地提高数字化内容的丰富度、创造性与生产效率，其应用边界也将随着技术的进步与成本的降低，扩展到更多领域。

2. 对话式 AI

对话式 AI 是指用户可以通过语音或文字形式与之交流的技术，例如聊天机器人、虚拟助手等，并可以通过将自然语言处理与机器学习相结合，不断改进 AI 算法，来帮助模仿人类交互，识别语音和文本输入，理解其含义并翻译成各种语言，适用于多种业务流程如客服、营销等，节省成本、提升效益。

对话式 AI 是一种综合运用多种技术的复杂的人工智能形式，能够使人机间实现类似于真人的交互。复杂系统能够识别语音和文本、理解意图、识别特定语言的习语和格言，并且能够以适当的自然语言做出回应。

对话式 AI 是应用机器学习来开发基于语言的应用程序，使人们能够通过语音与设备、机器和计算机进行自然交互。无论是虚拟助手在早上唤醒您，还是您询问通勤路线，或者您在网购时与聊天机器人进行交流,这些情况中,您均在使用对话式 AI。您用正常的声音说话,而设备可以理解并找到适当答案,然后用听起来自然的声音回复您。

对话式 AI 的应用程序有多种形式。最简单的是 FAQ 机器人,它们经过训练,可以从具有预先格式化答案的定义数据库中回复查询(通常是以书面形式表达)。一种更复杂的对话式 AI 形式是虚拟个人助理,例如百度的小度、Amazon 的 Alexa、Apple 的 Siri 和 Microsoft 的 Cortana。这些工具设备经过调节,可以回应简单的请求。虚拟客户助理是一种更专业的个人助理版本,它能够理解上下文,从一个互动到下一个互动进行对话。另一种专门的对话式 AI 形式是虚拟员工助理,它可以了解员工与软件应用程序和工作流程之间的互动情况,并提出改进建议。虚拟员工助理广泛用于机器人流程自动化这一热门的新软件类别。

AI 聊天机器人使用自然语言处理来帮助用户通过文本、图形或语音与 Web 服务或应用进行交互。聊天机器人可以理解自然人类语言、模拟人类对话并运行简单的自动化任务。此外,AI 聊天机器人还利用预测智能和分析技术来了解用户的偏好,并利用了解的这些信息来提供建议和预测需求。AI 聊天机器人可以用于各种渠道,例如消息传递应用、移动应用、网站、电话和支持语音的应用。它们可以针对不同目的而开发,无论是仅处理一些简单的命令,还是充当复杂的数字助理和交互式代理。AI 聊天机器人可以是大型应用程序的一部分,也可以完全独立存在。通过使用这些高质量的对话式 AI 工具,各个领域的企业在与客户交流时,均可实现前所未有的个性化服务标准。

3. 智能语音交互/搜索

在用户体验设计中,可触摸的用户界面通常在触摸屏上显示,一个可触摸的用户界面可以通过点击、轻扫等手势与设备发生交互。而语音交互界面是无形的界面,需要语音与其进行交互。市场上有越来越多的智能语音控制设备投入商用,语音用户界面正在帮助改善各种不同的用户体验。

语音用户界面(Voice User Interface,VUI),使用户可以通过语音命令与设备或应用程序进行交互。随着数字设备使用的增加,屏幕疲劳已成为一个普遍存在的问题,这为语音用户界面的开发和使用提供了更多优势。此外,在无人驾驶,智能家居,做饭、健身或是在工作时需要处理多个任务等特定的场景下,当用户不能触摸屏幕的时候,语音交互方式就是最便捷的交互方式。VUI 提供了免提、完全控制设备和应用程序,而无需查看屏幕。

智能语音交互(Intelligent Speech Interaction)是基于语音识别、语音合成、自然语言理解等技术,为企业在多种实际应用场景下,赋予产品"能听、会说、懂你"式的智能人机交互功能。

无论是 AI 助手、支持语音的移动应用程序,还是像智能扬声器这样的语音控制设备、语音界面和交互已经变得非常普遍。语音用户界面是多种人工智能 AI 技术组合的结果,包括语音合成、自动语音识别和姓名实体识别。由 AI 技术支持的后端基础设施和 VUI 的语音组件通常存储在私有或公共云中,VUI 在其中处理用户的语音。AI 技术了解用户的意图并向设备返回响应。这是语音 UI 设计的基础。大多数公司都为 VUI 提供图形用户界面

（GUI）和附加音效，以提供最佳的用户体验。视觉和声音效果使用户更容易知道设备何时在收听、处理语音或回应用户。

VUI 设备类型包括智能手机，智能手表等可穿戴设备、台式电脑、笔记本电脑、音响系统、智能电视，智能音箱，物联网传感器，锁、恒温器、灯等。

百度语音搜索解决方案使用语音识别、语义理解对语音输入内容进行精准识别及需求理解，结合搜索策略进行纠错改写、多轮交互可智能地理解用户需求，提供百度优质的搜索结果，针对童声提供优化的儿童搜索结果，更有语音唤醒和播报可在不同场景选用。百度 APP 为用户提供除文本输入外的语音输入方式，提升搜索的便捷度，并提供差异化的搜索体验，例如通过儿童声纹识别提供适合儿童的搜索结果、语音多轮交互理解用户需求、搜索结果语音播报等。浏览器语音搜索功能，提供优质的百度搜索结果满足用户搜索需求，在输入长句、不方便输入文字的情况下，语音搜索比文本搜索更便捷。手机助手解决目前市面上的语音助手中语义理解不精准、搜索结果满足度不高、用户搜索体验差等问题，同时补充语音助手不满足的搜索结果。

语音搜索正在快速发展，智能语音助手正在变得越来越受欢迎。用户对语音转文本和语音搜索的使用频率正在提高，许多消费者开始热衷于借助语音输入，来搜索产品、在线查询、获得购买决策，这也促使企业更加关注 VUI 在移动端设备上的使用。优质的 VUI 能够极大地提升产品本身的包容性和可用性，能否准确识别不同语音和不同口音，能否给出对应的优质回复，都是决定因素。

4. 零用户界面

如今大多数用户都依赖于屏幕来处理日常事务，从了解天气状况到午晚餐想要吃什么，UI（User Interface）界面的设计正引领着用户界面交互方式朝着新方向发展。随着技术的进步，人机交互变得更为简单。智能和语境感知设备的出现已经改变了我们与事物的交互方式。用户体验设计师需要构建无屏幕体验，运用数据和算法为用户创造价值。

依赖于屏幕的交互方式，是通过图形用户界面（GUI）与设备进行交互。GUI 是一种界面类型，与基于文本的界面、键入的命令标签或文本导航相反，它允许用户通过图形、图标和视觉图标（例如二级按钮）与电子设备进行交互。使用移动设备和计算机进行人机交互时，GUI 存在于屏幕中，需要用户通过点击和滑动鼠标、键盘组合来传输信息。

零用户界面（Zero UI）是一种新的用户界面交互方式，它是 UI 设计的一个分支，它将促使图形用户界面向新的交互方式过渡，并改变我们与设备交流和行为的方式。这就是零 UI 的理念，是人机交互进化的未来趋势。

零用户界面是指未来的界面将摆脱屏幕的束缚，转向触感、自动化和情景相关。用户将通过语音、手势和触摸来输入信息，而不是依赖点击、打字和敲击，交互将从手机和计算机转移到我们触手可得的物理设备。因此，零用户界面的目标是：改变用户界面交互方式，为用户提供更好的体验；减少用户在计算机上花费的时间，提高使用效率；让机器理解人类，学习人类的语言和行为。

零用户界面是为了远离触摸屏，借助触觉、计算机视觉、声音控制和人工智能等技术，以更自然的方式与周围的设备交互。例如，基于手势的用户界面，是利用触摸动作进行交互的界面。此类界面简单、易于识别，可通过一个、两个或更多手指完成的手势构成。使用基于语音的界面，用户直接与设备对话，设备将对请求做出相应的响应。随着聊天机器人的兴起，用户与应用的交互好像在与一个人交谈，这种方式比图形用户界面更自然。

尽管图形用户界面的交互方式正在发生着新的改变，但是屏幕依然不会在短期内消失，一个真正的零用户界面时代还没有到来。如果能够在屏幕上添加其他交互方式，如语音和手势命令，就可以大大加快交互速度。通过使用数据设计零 UI 交互，零用户界面将进一步促进人机交互，在未来的零 UI 时代，人工智能将可以根据上下文的数据筛选呈现给用户，为用户提供判断和决策的依据。零 UI 界面设计将为用户创造价值，用户研究将扩展到如何与界面交互，如何在日常生活中使用物理对象。零用户界面的未来在于利用数据和理解用户意图来设计和构建与之相关的个性化用户体验并预测用户需求，情景感知设备将创造超越屏幕的连接。

5. 虚拟现实（VR）和增强现实（AR）

在交互设计定义中，虚拟现实（Virtual Reality，VR）是一种"通过硬件和软件，让用户感觉沉浸在一个模拟的世界里的体验"，增强现实（Augmented Reality，AR）是"设计师用计算机生成的输入来增强用户物理世界的一部分的一种体验"。

简单地说，虚拟现实技术将用户带到一个由技术产生的不同的地方，如最常见的方式是通过一个沉浸式的头盔来观看，有时还有额外的外围设备。而在增强现实场景中，设计元素作为用户感觉和看到的东西的叠加或补充，而不是像虚拟现实那样的完全感官沉浸。随着移动设备上的摄像头和处理器变得更加强大和广泛，增强现实显示器已经变得越来越普遍。从把神奇宝贝的角色投射到桌子上，到把客厅里的沙发可视化，增强现实的应用已经成为主流。这两种技术都允许用户以过去不可能的方式体验产品和设计，并与之交互。

混合现实（Mixed Reality，MR）是虚拟现实技术的进一步发展，该技术通过在现实场景呈现虚拟场景信息，在现实世界、虚拟世界和用户之间搭起一个交互反馈的信息回路，以增强用户体验的真实感。混合现实以物理空间为载体，让用户在熟悉的环境中，与朋友、家人和虚拟的 3D 元素互动，将物理世界和数字世界合二为一。MR 和 AR 类似，但是它们与周围环境融合得更好，计算机通过扫描环境，将数字体验自然地添加到现实世界中。

VR/AR 技术的蓬勃发展开启了元宇宙时代，未来的设计不再是为用户的被动接受而设计，而是以用户的主动创造为中心，鼓励用户主动产出创意，然后进一步模糊虚拟和现实之间的界限。在元宇宙时代，所有形式的用户体验设计都将涉及沉浸感的设计。即便是那些在我们构建的虚拟世界之外的网站设计、内容生产和广告设计等传统场景，都需要沉浸式用户体验设计。随着虚拟和现实之间的界限越来越模糊，设计师需要专注于把产品、服务或广告不着痕迹地带到虚拟世界中去。在虚拟世界中，用户更倾向于选择用起来自然、真实的产品，同时，由用户自己创造的内容也会带给用户更好的体验。

科技的创新是无止境的。随着技术的发展，用户与产品的互动方式仍在不断变化，真正重要的是用户体验设计的原则以及利用新兴技术为用户重新定义用户体验的能力。

百度跨模态大模型技术创新带来 AIGC 应用突破

2022 年，随着"两会时间"开启，依托百度 AIGC（AI Generated Content，人工智能创作内容）技术的数字人主播度晓晓正式"上岗"，成为全国两会报道中一道独特的风景线。其中，工人日报应用百度数字人，第一时间推出《两会晓晓说》新媒体栏目，在代表通道、委员通道、新就业形态、劳动者权益维护、工匠精神和产业工人队伍建设等正能量话题方面进行报道，引发了大众的广泛关注。

冬奥会期间，百家号 TTV（图文转视频）技术验证了 AIGC 的发展潜力。来自人民网、中国青年网等多家媒体通过百家号 TTV 技术进行内容生产，持续发布实时赛况等题材的短视频作品，单条播放量超过 70 万。

2023 年 1 月 10 日，百度 Create AI 开发者大会上，百度创始人、董事长兼首席执行官李彦宏表示：AI 从理解内容，走向了自动生成内容，包括 AIGC 用于作画、图文、视频等多类型的内容创作。

基于 AI 跨模态匹配大模型进行生成画作的结果排序，将帮助人们通过语义筛选的方式，创作出美观度最佳的画作。由 AI 深度学习带来的文生图系统可为大众用户提供一个零门槛绘画创作平台，让每个人都能展现个性化格调，享受艺术创作的乐趣。目前，百度、OpenAI、谷歌等国内外的科技公司均已推了文生图 AI 工具。在这些工具中，用户可以输入文本，然后得到由 AI 生成的高清画作，包括国风、油画、水彩、水粉、动漫、写实等十余种不同风格，并支持不同的画幅选择。

事实上，文生图只是 AIGC 的外延之一。数据的井喷式增长、算力的持续突破、算法的持续创新，为人工智能带来新机遇，预训练大模型凭借优越的泛化性、通用性和应用效果，正成为人工智能发展的重要方向。让机器具备跨越文本、图像等多种模态的复杂场景理解与生成能力，是人工智能的重要目标之一，也是数字时代科技与产业的深度融合创新，催生新业态新模式，加快产业智能化升级的新动能。

资料来源：https://baijiahao.baidu.com/s?id=1741641013790450924&wfr=spider&for=pc

1. 网站分析的作用有哪些？试说明网站分析的流程。
2. 什么是社交分析？社交分析的一般方法包括哪些？社交分析的技术及工具有哪些？
3. 什么是搜索引擎优化？黑帽技术有何危害？
4. 什么是用户体验？试阐述用户体验的五层模型。

5. 什么是用户体验设计？举例说明用户体验设计的未来发展趋势。

第10章 数字营销伦理

本章学习目标

通过本章学习,学员应该能够:
1. 掌握数字安全与隐私保护;
2. 了解数字营销的伦理冲突;
3. 熟悉数字治理的法律框架。

10.1 数字安全与隐私保护

10.1.1 数字安全

1. 什么是数字安全

广义而言,数字安全是指在数字时代与数字化相关的一切安全要素、行为和状态的集合,既包括保障数字经济的安全性,也包括将数字技术用于安全领域。数字安全以数字身份为核心,以元安全为基础底座,涵盖了信息安全、网络安全、数据安全、应用程序安全、物联网安全、移动设备安全、隐私保护等领域或场景。除此之外,数字安全还包括利用数字技术保障数字基础设施的物理安全。

狭义而言,数字安全是指保护数字信息和通信技术免受未经授权的访问、窃取、破坏、篡改或泄露的一种实践。

数字安全对于现代社会至关重要,因为许多组织、企业和政府机构依赖于数字技术进行业务操作、数据存储和通信。数字安全问题可能导致个人隐私被侵犯、金融损失、商业机密被窃取、恶意软件攻击、网络瘫痪等后果。因此,人们需要考虑保护计算机系统和网络免受病毒、木马、黑客攻击、网络钓鱼等恶意攻击;保护移动设备上存储的个人信息不被泄露;确保敏感数据在传输和存储过程中不被篡改或窃取,等等。

为了保障数字安全,人们需要采取多种措施。其中,强密码、多因素身份验证、安全软件、加密技术、网络防火墙、备份等是常见的防御措施,这些措施可以帮助组织和个人保护其数字信息和通信技术免受攻击和滥用。此外,加强数字安全意识,学会辨别网络欺诈和垃圾邮件,不轻易泄露个人信息也是重要的措施。

数字安全涉及相关法律法规,如我国颁布实施的《网络安全法》《国家密码法》《数据安全法》《关键信息基础设施安全保护条例》《个人信息保护法》等,以保护个人信息权益、限制处理者公开、禁止非法侵权或危害公共利益、维护国家安全为价值取向。

总之，数字安全已成为越来越重要的话题，对于保护个人、企业和国家的利益具有极其重要的意义。只有通过不断学习和采取有效的措施来加强数字安全，才能更好地应对数字时代的挑战和威胁。

2. 数字安全的战略意义

随着数字化深入各行各业，数字经济已经成为推动我国经济高质量发展的新引擎。在推动数字经济持续健康发展的同时，更要做到安全发展，但这面临国际安全形势日益严峻和数字经济内在安全风险不可避免的双重挑战。

在未来的数字文明时代，数字安全能力落后就会"挨打"。数字化正渗透到国家、经济、社会、企业、个人等方方面面，赋能更多的传统企业拥抱数字化，推动技术、产业和数字经济的变革。面临新的安全挑战，互联网时代的"网络安全"亟须升级为数字时代的"数字安全"，只有建立保障数字经济发展的数字安全屏障，建设国家级分布式安全大脑，才能更好地保护数字经济发展、保障国家安全。

作为新型领域安全，数字时代对国家安全的影响是总体性和全方位的，不仅事关政治安全，更影响到经济安全、社会安全和科技安全等方方面面。与以往相比，数字时代的国家安全威胁主要呈现出以下新变化。

一是网络攻击活动持续，攻击手段不断翻新，防不胜防。网络空间是人造的技术空间，在其发展过程中始终伴随着安全风险。首先，借助高危漏洞、黑客入侵、病毒木马等工具进行的恶意网络攻击事件频发；其次，智能化、自动化、武器化的网络攻击手段层出不穷，电力、能源、金融、工业等关键基础设施成为网络攻防对抗的重要战场；最后，人工智能、区块链、物联网等新一代信息技术快速发展，还可能与网络攻击技术融合催生出新型攻击手段。

二是人工智能等颠覆性技术发展及应用所带来的潜在安全风险。随着互联网应用和服务逐步向大智移云、万物互联和天地一体的方向演进，颠覆性技术正在成为引领科技创新、维护国家安全的关键力量。但是，这些颠覆性技术发展的不确定性及其在军事领域的应用，大大增加了网络战争的风险和破坏力，其蕴含的巨大风险和不确定性往往使得行为主体倾向于追求对抗的、单边的行为策略，极大地增加了网络空间的军备竞赛风险。

可以看到，数字时代的国家安全威胁来源更加复杂化、多元化，内部安全与外部安全相互交织，技术性与安全领域相互融合，国家安全风险的总体性特征更为突出。面临更加复杂和多变的安全环境，需要在坚持总体国家安全观的基础上，汇聚和融合各领域、各部门的力量加以应对。习近平总书记高度重视保障国家数字安全，强调"要加强关键信息基础设施安全保护，强化国家关键数据资源保护能力，增强数据安全预警和溯源能力"。只有树立正确的数字安全观，统筹发展和安全，才能更有效地应对数字时代国家面临的安全风险和挑战。

总体国家安全观是我们党历史上第一个被确立为国家安全工作指导思想的重大战略思

想。2014年4月15日，习近平总书记在中央国家安全委员会第一次全体会议上，创造性提出总体国家安全观（《求是》2022年第8期）。总体国家安全观的关键是"总体"。强调大安全理念，涵盖政治、军事、国土、经济、金融、文化、社会、科技、网络、粮食、生态、资源、核、海外利益、太空、深海、极地、生物、人工智能、数据等诸多领域。其中，数据安全、网络安全、信息技术安全，作为数字时代的安全基石，已成为事关国家安全与经济社会发展的重大问题。

2021年以来，我国密集出台了《中华人民共和国数据安全法》《关键信息基础设施安全保护条例》《中华人民共和国个人信息保护法》《网络产品安全漏洞管理规定》《网络安全审查办法（修订版）》《工业和信息化领域数据安全管理办法（试行）》等法律法规，为维护总体国家安全观提供了更详细的法律支撑，构筑起维护数字安全和促进数字经济持续健康发展的法律制度保障。

10.1.2 隐私保护

1. 个人隐私威胁

伴随着数字时代的到来，人们的生活正在被数字化、被记录、被跟踪、被传播，大量数据产生的背后隐藏着巨大的经济利益。大数据犹如一把双刃剑，对社会及个人的影响是不可估量的。在数字技术的助力下，企业可以通过精准营销轻松打破传统营销的桎梏，给用户带来更周全的服务和更好的消费体验，但同时也带来了用户隐私安全隐患。

1）数据采集过程中对隐私的侵犯

数据采集主要是通过计算机网络。用户在上网过程中的每一次点击、浏览行为都会在云端服务器上留下相应的足迹，特别是在移动互联网和智能手机、各类终端高度发展、普及的背景下，消费者每时每刻都与网络连通，产生的网络信息行为数据会被随时记录、储存下来，形成庞大的消费者数据库。多数情况下，企业采集数据并没有经过用户的许可。很多用户并不希望自己的行为所产生的数据被互联网运营服务商采集，但又无法阻止。因此，这种不经过用户许可就私自采集用户数据的行为，构成对消费者个人隐私的侵犯。

2）数据存储过程中对隐私的侵犯

互联网运营服务商往往将他们所采集的数据放到云端服务器上，并运用信息安全技术对这些数据进行保护。网络设施的脆弱或加密措施的失效可能形成风险。大规模的数据需要严格的访问控制和身份认证的管理，但云端服务器与公众互联网相连使得这种管理的难度加大，盗取账户、攻击、身份伪造、认证失效、密钥丢失等都可能威胁用户数据的安全。受经济利益的驱使，众多网络黑客对准了互联网运营服务商，用户的隐私信息泄露事件时有发生，大量的数据被黑客通过技术手段窃取，为用户带来了巨大损失，并且极大地威胁个人信息安全。

3）数据使用过程中对隐私的侵犯

互联网平台企业采集用户行为数据并对这些数据加以分析和利用，在一定程度上也会侵犯用户的权益。近年来，网购消费在人们日常消费所占比重逐年增加，甚至成为主要的消费手段。由于网络交易过程涉及许多用户隐私信息，如真实姓名、身份证号码、收货地址、联系电话等，甚至用户购物的清单都被存储在电商平台的云服务器中，因此电商平台成为大数据的拥有者和垄断者。不可否认，大数据的利用对满足消费者个性化需求产生了积极的影响，但也不得不承认在电商平台面前，普通消费者已经没有了隐私。

4）数据销毁过程中对隐私的侵犯

数字信息具有低成本、易复制的特点，使得消费者数据一旦产生就很难通过单纯的删除操作彻底销毁，因此它对消费者个人隐私的侵犯是一个长期的过程。当用户的行为被数字化并被存储时，虽然互联网运营服务商承诺在某个特定的时段后会对这些数据进行销毁，但是在实践中往往会受到多方面因素的影响而导致销毁不彻底。

2. 个人隐私保护

在进行个人隐私保护相关工作的开展中，需要针对隐私威胁的实际情况进行改善。构建数字安全保护体系，在数据的整个生命周期当中，实现用户隐私的合理保护，建立和完善数据信息保护系统。针对个人隐私保护问题的治理，根据各领域专家提出的建议，主要可以采取以下措施。

1）技术层面

采取数据加密技术，这是一种相对传统的信息保护方法。数据加密可分为对称加密算法和非对称加密算法。为保证数据的机密性，可采取对称加密算法，即加密和解密时使用相同的密钥。这种算法具有速度快、效率高等特点。有关身份认证和数字签名等领域则可使用非对称加密算法，即加密和解密时使用不同的密钥，可以适应网络的开放性，但效率较低。也可以进行数据脱敏，即对某些敏感信息通过脱敏规则进行数据的变形，实现敏感隐私数据的可靠保护。相比于数据加密技术，数据脱敏技术可以更好地兼顾数据利用效率于隐私保护间的平衡。另外，用户可以设置数据访问权限，对个人信息的发布对象、编辑权限等方面进行限制约束，如最常见的微信、QQ动态的屏蔽功能、访问权限等。各平台和企业也应完善软件，提高数据库的安全性，对数据库进行加密和访问控制设置，降低数据库被外入侵与被内非法窃取的风险。

2）法律层面

法律是最权威有力的保护手段。国家出台法律法规明确个人隐私的保护权益，一方面通过对个人隐私进行划分而制定具有针对性的法律，另一方面对违法行为给予严厉的惩罚，以营造良好的市场环境。我国对个人信息保护的立法构建经历了由刑事规制到民事规制、由原则性规定到具体规则的发展过程，尤其是最近几年，注重在立法层面建立健全了与个人信息保护密切相关的法律体系。目前，我国已经形成了以《民法典》为基础，以《个人信息保护法》为核心，以《消费者权益保护法》《网络安全法》《电子商务法》《数据安全法》

为重要组成部分的个人信息保护法律体系。江苏、广东、重庆、浙江等地消协组织针对侵害消费者个人信息权益的行为提起公益诉讼，积极打造消费者个人信息保护有效手段。

3）消费者意识层面

数字技术的应用使得公共领域与私人领域的界限逐渐模糊，有时消费者自己都没意识到就在网页、社交媒体、评论区等平台把个人隐私泄露出去了。因此，除了技术与法律层面的保护，一定要注重培养消费者个人隐私权的保护意识。如通过学校、网站、公共屏等渠道播放有关隐私权保护的宣传片，加强隐私意识的教育，告知隐私泄露的风险与后果，普及个人信息分享的正确方法，宣传各类社交媒体等的隐私设置操作。

10.2 数字营销的伦理治理

10.2.1 数字营销的伦理问题

近年来，数字伦理问题一直备受关注。所谓数字伦理，是指立足以人为本，在数字技术的开发、利用和管理等方面应该遵循的要求和准则，涉及数字时代人与人之间、个人和社会之间的行为规范。比如，在社会层面，如何弥补"数字鸿沟"，让数字技术的发展更加公平可持续；在企业层面，怎样避免技术滥用、不当采集用户数据，以正向社会价值创造为目标；在个人层面，应该怎样区分现实与虚拟，化解网络成瘾、短视频沉迷等困扰，解决注意力缺失、知识碎片化等问题。只有正确应对数字时代带来的挑战，才能让人们成为数字时代的主人，而不是被数字和算法驱使。

现有研究中，数据营销伦理问题主要涉及数字身份、个人隐私、信息可及、信息安全和数字鸿沟等方面。这些现象均指向技术的异化，原本中立的技术在数字营销的应用中落入了商业利益的漩涡，陷入了技术与人的冲突，具体表现在以下三个方面。

1. 数字营销与数字人格

数字技术使得信息浏览、支付、出行等流程缩减，智能移动终端成为诸多社会行为的入口。这些借助网络的行为都留下了可追溯的数字痕迹，逐渐累积形成数字人格。数字营销使数字人格可被技术追溯、收集和分析。技术缩短了商家与用户之间的距离，在分析数据的基础上，商家可以进行个性化的商品或服务推荐。用户也不再游离于商品的设计生产之外，而是以数字人格的形式直接参与，实现商家与消费者的价值共创。数字营销实现了生产力的真正释放，商家和消费者都可以最大化地实现自我。然而，这是建立在个人信息让渡基础之上的。只有掌握大量个人信息时，数字营销才具有意义，个人享受数字红利的条件是信息让渡。这意味着冲突产生：实现人格自由的前提是"牺牲"数字人格自由。这个选择并没有选择性，在数字技术成为社会运行基础时，拒绝融入数字社会，将意味着被社会主流抛弃。

2. 数字价值与个人信息隐私

数据分享是数字社会运行的基础，个人信息分享是整个数字网络的基本组成部分。数字营销的精准度与其对个人信息的掌握程度成正比，一旦数据只涉及某一方面，算法体系所能挖掘的价值就大打折扣。个人信息的公开成为数字社会前进的内在逻辑，数据越充分，数字技术达成的结果就越准确。但这也意味着对个人信息领域的入侵，技术的完成度与个人信息并不兼容。大数据技术所进行的多维度、多类型、全方位的信息搜集将个人碎片化的信息粘合起来，这种复合型的分析使得个人隐私保护受到极大的挑战。

3. 个性化与统计歧视

数字营销相较于传统营销而言，其革新点在于技术的加持，能够更全面细致地洞察用户，做到以用户需求为中心，设定营销的传播、互动与反馈，进而精准匹配用户场景，满足其个性化需求。数字营销完成高度个性化的前提是掌握充分数据，充分数据使人的个性化生存成为可能。但充分数据仅为大数据充分计算提供了可能，数据的采集、分析和应用都需要通过人为设定的算法规则，使本该客观的数据蒙上了主观色彩。数据镶嵌在各种社会语境之中，在算法操作过程中总有一些信息受到重视，而另外一些信息被忽略。这种基于人的主观价值的数据抽选行为带有主观偏好，现实社会中的不平等和歧视现象可能在数据分析结果中体现。数字营销涉及的"用户画像"的不同界定即体现不同企业价值观上的差异以及商业取舍，这种不均衡的权力关系导向的是统计歧视。

对于数字营销发展中的伦理问题，主要是从保护消费者权益的角度，加强伦理治理。其一，建立严密的隐私保护制度。个人信息泄露是网络交易中消费者权益受到损害的一种主要情形。网络经营者掌握着消费者的大量数据信息，若在消费者不知情或未经许可的情况下将其肆意售卖，则会严重侵犯消费者的隐私权。因此，建立严密的隐私保护机制是平台维护消费者安全保障权的重要手段。其二，建立常态化的伦理监管制度。网络交易平台应从"被动"转为"主动"，从"背后"站到"前台"。平台应该通过加强技术研发，设计并完善人工智能排查技术，对平台中的商品进行自动排查，杜绝营销中产生的伦理问题，尊重消费者选择意愿，加大监管力度。从利益相关者的角度，将技术与人的冲突引发的伦理冲突，上升到伦理治理的层面，以更好地解决伦理问题。为了更好地维护技术发展的初衷，需要集中政府、平台、受众等不同主体力量，实现对数字平台伦理的系统性治理。

10.2.2 数据权属与数字治理的法律框架

习近平总书记指出："数据基础制度建设事关国家发展和安全大局，要维护国家数据安全，保护个人信息和商业秘密，促进数据高效流通使用、赋能实体经济，统筹推进数据产权、流通交易、收益分配、安全治理，加快构建数据基础制度体系。"

数字经济发展方兴未艾，数据作为新型生产要素，是数字化、网络化、智能化的基础，已快速融入生产、分配、流通、消费和社会服务管理等各个环节，深刻改变着生产方式、生活方式和社会治理方式。数据具有无形性、非消耗性等特点，可以接近零成本无限复制，对传统产权、流通、分配、治理等制度提出新挑战，亟须构建与数字生产力发展相适应的生产关系，不断解放和发展数字生产力。按照党中央、国务院决策部署，国家发展改革委牵头研究起草"数据二十条"，组建跨学科专家队伍，赴多地深入调研，并吸纳了各方面有关意见。习近平总书记主持召开中央全面深化改革委员会第二十六次会议，审议通过了"数据二十条"。

2022年12月19日，中共中央、国务院印发《关于构建数据基础制度更好发挥数据要素作用的意见》（即"数据二十条"），创造性地提出数据资源持有权、数据加工使用权、数据产品经营权"三权分置"的中国特色数据产权制度框架，符合产权分层规律。由于从数据的生产到数据的价值实现涉及多个环节，持有数据的人不一定参与数据加工，加工数据的人不一定参与数据经营，因此，将权利分置，保障权利分配的灵活性，给予各环节主体以合法性，使得数据的价值实现过程可以顺利流畅进行。

建立公共数据、企业数据、个人数据的分类分级确权授权制度。根据数据来源和数据生成特征，分别界定数据生产、流通、使用过程中各参与方享有的合法权利，建立数据资源持有权、数据加工使用权、数据产品经营权等分置的产权运行机制，推进非公共数据按市场化方式"共同使用、共享收益"的新模式，为激活数据要素价值创造和价值实现提供基础性制度保障。

"数据二十条"坚持促进数据合规高效流通使用、赋能实体经济这一主线，以充分实现数据要素价值、促进全体人民共享数字经济发展红利为目标。构建四个制度：建立保障权益、合规使用的数据产权制度，探索数据产权结构性分置制度，建立数据资源持有权、数据加工使用权、数据产品经营权"三权分置"的数据产权制度框架；建立合规高效、场内外结合的数据要素流通和交易制度，从规则、市场、生态、跨境等四个方面构建适应我国制度优势的数据要素市场体系；建立体现效率、促进公平的数据要素收益分配制度，在初次分配阶段，按照"谁投入、谁贡献、谁受益"原则，推动数据要素收益向数据价值和使用价值创造者合理倾斜，在二次分配、三次分配阶段，重点关注公共利益和相对弱势群体，防止和依法规制资本在数据领域无序扩张形成市场垄断等各类风险挑战；建立安全可控、弹性包容的数据要素治理制度，构建政府、企业、社会多方协同的治理模式。推进四项措施：加强党对构建数据基础制度工作的全面领导；加大政策支持力度，做大做强数据要素型企业；积极鼓励试验探索，支持浙江等地区和有条件的行业、企业先行先试；稳步推进制度建设，逐步完善数据产权界定、数据流通和交易等主要领域关键环节的政策及标准。

数字治理是随着数字技术在经济、社会、政治生活中日益广泛的应用而产生的新型治理。一般认为，数字治理既包括"基于数字化的治理"，即数字化被作为工具或手段应用于现有治理体系，其目的是提升治理效能，例如公共管理学所强调的借助数字技术和数字分析，精准研判、及早预警、紧急处置突发性重大公共事件；也包括"对数字化的治理"，即针对数字世界各类复杂问题的创新治理，是政治经济学和国际关系学等领域更加关注的角度。这些问题又可以分为两大类：一是数字生态下的经济、社会、文化发展中的问题和风险，如数字霸权、数字垄断、数字鸿沟、智能化带来的情感、暴力甚至仇恨等；二是数字技术及其运用产生的问题和风险，比如数据的泄露篡改、信息污染、网络病毒、网络黑客等网络安全问题、平台自身的生态系统问题等。从治理范围来看，数字治理涵盖了从宏观、中观到微观的全线范畴，全球治理、国家治理、社会治理等属于宏观层面，行业治理、产业治理等属于中观层面，平台治理、企业治理、社群治理等则属于微观层面。"对数字化的治理"往往离不开"基于数字化的治理"，两者不可分割。

长期以来，党中央高度重视数字治理，瞄准国际一流水平不断探索创新。《电子商务法》《数据安全法》《关于促进平台经济规范健康发展的指导意见》等法律法规文件相继发布实施，数字监管日趋完善，数据要素交易制度基本建立，数字经济和实体经济逐步有机融合。2022 年，我国先后出台《互联网信息服务算法推荐管理规定》《互联网信息服务深度合成管理规定》，向联合国《特定常规武器公约》缔约国大会提交了《关于加强人工智能伦理治理的立场文件》，进一步表明了加强人工智能全球治理，积极构建人类命运共同体的中国立场。

2023 年 2 月，中共中央、国务院印发了《数字中国建设整体布局规划》（以下简称《规划》），全面布局数字中国建设整体框架，同时也对数字治理提出明确要求。《规划》指出，要优化数字化发展环境。一是建设公平规范的数字治理生态。完善法律法规体系，加强立法统筹协调，研究制定数字领域立法规划，及时按程序调整不适应数字化发展的法律制度。构建技术标准体系，编制数字化标准工作指南，加快制定修订各行业数字化转型、产业交叉融合发展等应用标准。提升治理水平，健全网络综合治理体系，提升全方位多维度综合治理能力，构建科学、高效、有序的管网治网格局。净化网络空间，深入开展网络生态治理工作，推进"清朗""净网"系列专项行动，创新推进网络文明建设。二是构建开放共赢的数字领域国际合作格局。统筹谋划数字领域国际合作，建立多层面协同、多平台支撑、多主体参与的数字领域国际交流合作体系，高质量共建"数字丝绸之路"，积极发展"丝路电商"。拓展数字领域国际合作空间，积极参与联合国、世界贸易组织、二十国集团、亚太经合组织、金砖国家、上合组织等多边框架下的数字领域合作平台，高质量搭建数字领域开放合作新平台，积极参与数据跨境流动等相关国际规则构建。

奋进的中国，奔跑的"数据"，正迎风而起。数字中国建设，既解决当下问题，也擘画未来图景。以数字中国建设助力中国式现代化，做好技术研发和数字经济普及的大文章，既走在科技革命和产业变革的前沿，也抢占数字技术竞争的高点，谱写数字中国建设的恢宏篇章。

案例10-1

从滴滴被罚事件看企业数据安全合规管理

2022 年 7 月 21 日，国家互联网信息办公室对滴滴全球股份有限公司（以下简称"滴滴公司")依法作出网络安全审查相关行政处罚决定，对滴滴公司处人民币80.26亿元罚款，对滴滴公司董事长兼CEO程维、总裁柳青各处人民币100万元罚款。从处罚金额来看，滴滴公司此次被处罚无疑是《数据安全法》《个人信息保护法》施行之后，截至目前的最大罚单，滴滴公司因网络安全被处罚的事件再次把企业数据合规推上了风口浪尖。

从上述通报中不难看出，滴滴公司存在八个方面共十六项违法事实：一是违法收集用户手机相册中的截图信息1196.39万条；二是过度收集用户剪切板信息、应用列表信息83.23亿条；三是过度收集乘客人脸识别信息1.07亿条、年龄段信息5350.92万条、职业信息1633.56万条、亲情关系信息138.29万条、"家"和"公司"打车地址信息1.53亿条；四是过度收集乘客评价代驾服务时、App后台运行时、手机连接桔视记录仪设备时的精准位置（经纬度）信息1.67亿条；五是过度收集司机学历信息14.29万条，以明文形式存储司机身份证号信息5780.26万条；六是在未明确告知乘客情况下分析乘客出行意图信息539.76亿条、常驻城市信息15.38亿条、异地商务/异地旅游信息3.04亿条；七是在乘客使用顺风车服务时频繁索取无关的"电话权限"；八是未准确、清晰地说明用户设备信息等19项个人信息处理目的。

滴滴公司被处罚的原因是其企业数据不合规。要想弄懂什么是企业数据合规，就要认识企业数据合规里的"数据"。这里的数据，是企业在生产经营过程中涉及的一切数据。从数据对象上，既有客户的，也有企业员工的，还有第三方的；从数据形态上，既有静态的，也有动态的；从数据结构上，既有结构化的，也有非结构化的；从数据内容上，既有原始的，也有加工过的；从数据存储上，既有落地的，也有流动的。除了传统的个人信息外，像客户行为、应用日志、视频录像、位置信息、电话录音等，都应属于数据合规关注的数据范畴。数据合规远远不止个人信息防护和数据安全这些内容，数据文化、数据分类、数据存储、数据安全、数据共享、数据跨境等内容，也都属于广义数据合规的范畴。

伴随着《个人信息保护法》《网络安全法》《数据安全法》等多部法律法规的相继出台，我国信息及数据安全领域的基础法律框架已然形成，相应地，对企业数据合规也有了法律层面的清晰要求。在大合规背景下，对于企业来说，数据合规必然会面临更大的外部监管压力。滴滴被罚事件，警示着有关单位和个人在收集、存储、使用、加工、传输、提供、公开数据资源时，都应当依法建立健全数据安全管理制度，采取相应技术措施保障数据安全，在顺应数据安全保护的新形势下调整经营、治理理念，尽早对内部的数据管理现状进行梳理，找出潜在的风险点，区分整改优先级别，构建自身数据安全合规体系、落地合规制度，以促进数据的依法有序使用。

资料来源：https://baijiahao.baidu.com/s?id=1740042781554744238&wfr=spider&for=pc

思考题

1. 什么是数字安全？数字时代的国家安全威胁主要呈现出哪些新变化？
2. 数字时代的个人隐私威胁表现在哪些方面？如何进行治理？
3. 数字营销的伦理冲突的主要内容是什么？如何加强数字营销伦理治理？

4. 简述"数据二十条"的主要内容及其对数据权属的划分。
5. 阐释"三权分置"的含义。
6. 什么是数字治理？试论述《数字中国建设整体布局规划》对数字治理的要求。

参 考 文 献

中文文献

[1] [美]阿黛尔·里弗拉著. 用户画像：大数据时代的买家思维营销[M]. 高宏，译. 北京：机械工业出版社，2018.

[2] [德]安妮·M. 舒勒. 触点管理：全新商业领域的管理策略[M]. 宋逸伦，译. 北京：中国纺织出版社，2016.

[3] 卜彦芳. 数字生态系统：全媒体传播的市场图景[J]. 现代视听，2019(07)：1.

[4] 程明，龚兵，王灏. 论数字时代内容营销的价值观念与价值创造路径[J]. 出版科学，2022，30(03)：66-73.

[5] 陈素白，张晓旭. 数字营销时代重访"镜众"概念的理论与实践意义[J]. 新闻与传播评论，2022，75(06)：96-107.

[6] 陈炳祥. 跨界营销："互联网+"时代的营销创新与变革[M]. 北京：人民邮电出版社，2017.

[7] 陈国嘉. 互联网+：传统行业跨界融合与转型升级新模式[M]. 北京：人民邮电出版社，2015.

[8] 陈韵博. 程序化广告的道与术：数据技术时代的营销变革[M]. 社会科学文献出版社，2020.

[9] 陈志轩，马琦. 大数据营销[M]. 北京：电子工业出版社，2019.

[10] 陈凌云. 数字营销[M]. 大连：东北财经大学出版社，2021.

[11] 陈铁明，翁正秋. 数据安全[M]. 北京：电子工业出版社，2021.

[12] 陈晓红，寇纲，刘咏梅. 商务智能与数据挖掘[M]. 北京：高等教育出版社，2018.

[13] 陈国胜，陈凌云. 数字营销[M]. 大连：东北财经大学出版社，2021.

[14] 程海燕. 数字营销实务[M]. 桂林：广西师范大学出版社，2023.

[15] [美]大卫·普拉特. 用户体验乐趣多：写给开发者的用户体验与交互设计课[M]. 杨少波，译. 北京：机械工业出版社，2018.

[16] [美]大卫·S. 威廉姆斯. 大数据时代的市场营销：关联式客户关系管理[M]. 匡斌，译. 北京：电子工业出版社，2016.

[17] [英]戴夫·查菲，菲奥纳·埃利斯·查德威克. 数字营销：战略、实施与实践[M]. 王峰，韩晓敏，译. 北京：清华大学出版社，2022.

[18] [美]达米安·瑞安. 理解数字营销[M]. 高兰凤，译. 北京：电子工业出版社，2017.

[19] 戴烽，蔡立媛. 数字营销心理学[M]. 南昌：江西高校出版社，2022.

[20] 邓金梅. 移动营销[M]. 北京：人民邮电出版社，2021.

[21] 当宣. 跨界营销[M]. 北京：中国电力出版社，2015.

[22] 丁兴良. 工业品营销+：应对互联网的大转型与大变革[M]. 北京：人民邮电出版社，2016.

[23] 杜晓梦，唐晓密，张银虎. 大数据用户行为画像分析实操指南[M]. 北京：电子工业出版社，2021.

[24] 董新平，叶彩鸿，蒋怡，等. 物联网环境下个人隐私信息保护体系建设研究[M]. 北京：人民出版社，2018.

[25] 丁行硕，李翔，谢乾. 基于标签分层延深建模的企业画像构建方法[J]. 计算机应用，2022，42(04)：1170-1177.

[26] 晏燕. 大数据发布隐私保护技术研究[D]. 兰州理工大学，2018.

[27] [美]菲利普·科特勒，加里·阿姆斯特朗. 市场营销：原理与实践[M]. 楼尊，译. 北京：中国人民大学出版社，2020.

[28] 冯英健. 新网络营销[M]. 北京：人民邮电出版社，2018.

[29] 冯登国，等. 大数据安全与隐私保护[M]. 北京：清华大学出版社，2018.

[30] 费明胜，杨伊侬.消费者行为学[M]. 北京：人民邮电出版社，2022.

[31] 高德.超级IP：互联网时代的跨界营销[M]. 北京：现代出版社，2016.

[32] 高广尚. 用户画像构建方法研究综述[J]. 数据分析与知识发现，2019，3(03)：25-35.

[33] 郭萍，陈铮宇，项兰鸥，薛哲. 体验营销对顾客购买意愿的影响——基于迪卡侬的实证研究[J]. 惠州学院学报，2023，43(02)：97-102.

[34] 郭国峰，肖洪，胡亚南. 数字营销背景下销售信用体系构建助力品牌诚信建设——基于HJY卷烟的经验证据[J]. 征信，2022，40(08)：42-48.

[35] 黄春萍，王芷若，马苓，曾珍香. 跨界营销：源起、理论前沿与研究展望[J]. 商业经济研究，2021(04)：80-82.

[36] 黄春萍，文雯，章静敏，王芷若. 在线互动对跨界营销效应影响机制的计算实验研究[J]. 技术经济，2022，41(05)：145-162.

[37] 郝胜宇，陈静仁. 大数据时代用户画像助力企业实现精准化营销[J]. 中国集体经济，2016(04)：61-62.

[38] 杭肖. 大数据与个人隐私浅析[J]. 网络安全技术与应用，2022(10)：55-56.

[39] 江晓，马光菊. 消费者行为学[M]. 北京：机械工业出版社，2019.

[40] 金航飞. 互联网环境下电子商务营销渠道优化探索[J]. 商业经济研究，2017(22)：46-48.

[41] 康路晨. 一本书读懂互联网营销推广[M]. 北京：民主与建设出版社，2015.

[42] 黎媛. 精准内容：让你的内容营销品效合一[M]. 北京：清华大学出版社，2020.

[43] 林汶奎.跨界时代：从颠覆到融合[M]. 北京：人民邮电出版社，2016.

[44] 刘旸.跨界联动：如何告别单体经济[M]. 北京：化学工业出版社，2018.

[45] 路长全.大跨界：互联网时代的新商业模式[M]. 北京：世界知识出版社，2015.

[46] 李桂华，卢宏亮. 营销管理[M]. 北京：清华大学出版社，2020.

[47] 李玥，杨仲基，胡艳玲. 新媒体营销[M]. 北京：清华大学出版社，2022.

[48] 李维. 短视频营销：再不玩短视频，别说你懂营销[M]. 北京：中华工商联合出版社，2020.

[49] 李文龙，徐湘江，包文夏. 客户关系管理.2版[M]. 北京：清华大学出版社，2020.

[50] 梁丽丽. 程序化广告：个性化精准投放实用手册[M]. 北京：人民邮电出版社，2017.

[51] 刘业政，孙见山，姜元春，等. 数据驱动的品牌关系管理[M]. 北京：科学出版社，2019.

[52] 卢泰宏，周懿瑾. 消费者行为学：洞察中国消费者[M]. 北京：中国人民大学出版社，2021.

[53] 李捷.消费者行为学[M]. 北京：北京理工大学出版社，2020.

[54] 葛静. 社群营销：终端一公里的战争[M]. 北京：中国财富出版社，2014.

[55] 刘璇，李嘉. 大数据商务分析[M]. 北京：科学出版社，2021.

[56] 芦天亮，陈光宣. 大数据安全技术[M]. 北京：清华大学出版社，2022.

[57] 陆朦朦，方爱华. 移动阅读品牌跨界营销探析：概念、元素与模式[J]. 出版广角，2018(19)：32-35.

[58] 刘春雄. 数字化改变营销[J]. 营销界，2021(14)：63-66.

[59] 李娜. 移动互联网背景下的电子商务营销及应用[J]. 商业经济研究，2016(09)：51-53.

[60] 吕玉明，吕庆华. 电子商务对营销渠道管理的影响[J]. 商业研究，2013(06)：55-60.

[61] 刘录敬. 电子邮件营销存在的问题及对策分析[J].图书情报工作，2010，54(S1):238-240.
[62] 廖卫红. 移动互联网环境下互动营销策略对消费者行为影响实证研究[J]. 企业经济，2013，32(03)：69-73.
[63] 卢泰宏. 消费者行为学50年：演化与颠覆[J]. 外国经济与管理，2017，39(06)：23-38.
[64] 梁冬梅. 体验营销在旅游行业的应用分析[J]. 商场现代化，2018(05): 46-47.
[65] 梁意晨，王浩颖，高雨珊. 基于体验式营销的"萌经济"模式发展现状与对策[J]. 产业创新研究，2023(05): 91-93.
[66] 龙琼，袁尉恒. 企业利用微博开展互动营销探析[J]. 商业时代，2013(24)：32-33.
[67] 李明娜，张育慧，许莎，卢守兵. 大数据时代下环保监管网络安全构建研究[J]. 信息安全研究，2022，8(11): 1099-1103.
[68] 龙骏腾. 大数据时代反垄断法对个人隐私权的保护路径[J]. 人民论坛，2022(16)：85-87.
[69] 林小瑞. 数字营销活动策略对消费者购买意愿的影响研究[J]. 商业经济研究，2022，No.858(23)：67-70.
[70] 刘昀，刘晓康，贺清哲. 数字营销传播对消费者注意力和广告效果的影响[J]. 商业经济研究，2022，No.857(22)：74-77.
[71] 孟亮. 消费者行为学[M]. 北京. 清华大学出版社，2022.
[72] 孟迪云. 消费者行为分析[M]. 北京：人民邮电出版社，2020.
[73] 毛鹏. 营销内参：专属老板的营销决策书[M]. 北京：人民邮电出版社，2015.
[74] 马涛. 无互动，不营销[M]. 北京：清华大学出版社，2020.
[75] 马二. 数字平台营销[M]. 北京：科学出版社，2019.
[76] 李文龙. 实战广告案例. 第四辑，创意及互动营销[M]. 北京：企业管理出版社，2009.
[77] 牛温佳. 用户网络行为画像：大数据中的用户网络行为画像分析与内容推荐应用[M]. 北京：电子工业出版社，2016.
[78] 宁健，潘军. 挑战传统：互动营销新理念[J]. 商业研究，2002(02)：8-10.
[79] 倪海洁，李磊.新媒体视域下儿童食品数字营销策略研究[J].食品研究与开发，2022，43(12):229-230.
[80] 牛耀红. 数字媒介何以赋权社区？——基于媒介行动主义理论视角[J]. 新闻大学，2023(03)：61-75+121-122.
[81] 彭江根. 跨界营销：传统企业借跨界营销突出重围[M]. 北京：经济管理出版社，2016.
[82] 彭英. 人工智能营销[M]. 北京：清华大学出版社，2022.
[83] 屈娟娟. 人工智能及大数据技术在数字营销中的应用[J]. 商业经济研究，2020，(10)：78-80.
[84] 卿硕，乌东峰. 线上线下营销主体耦合、互动、营销创新与营销绩效的关系实证研究[J]. 企业经济，2015(08)：95-100.
[85] 邱红，殷智红. 消费者心理与行为[M]. 北京：北京师范大学出版社，2020.
[86] 渠成. 智慧营销：5G时代营销升级实战[M]. 北京：清华大学出版社，2021.
[87] 任昱衡. 大数据营销从入门到精通[M]. 北京：清华大学出版社，2016.
[88] 饶志宏编著. 物联网网络安全及应用[M]. 北京：电子工业出版社，2020.
[89] 阮卫著. 数字营销公司经营与管理[M]. 北京：科学出版社，2020.
[90] [比]史蒂文·范·贝莱格姆著. 用户的本质：数字化时代的精准运营法则[M]. 田士毅，译. 北京：中信出版集团，2018. 7.
[91] 司更亮.A淘宝店的网络营销策略研究[D]. 东华大学，2016.
[92] 孙湉，沈雷. 运动服装品牌跨界营销策略优化研究[J]. 毛纺科技，2021，49(03)：93-99.

[93] 索志林, 高鹏. 微信电子商务营销的衍生困境与市场规制探析[J].学术交流, 2018(03)：109-115.

[94] 帅亮, 刘业峰. 中小企业数字化营销渠道的使用[J]. 财会通讯, 2017(26)：98-103.

[95] 孙洁.互联网时代下市场营销策略创新思考[J].商业经济研究, 2017(13)：40-41.

[96] 孙丽英. 中小企业市场营销存在的问题及对策[J].山东社会科学, 2013(02)：182-185.

[97] 沈凤池. 商务数据分析与应用[M]. 北京：人民邮电出版社, 2019.

[98] 邵震寰. 移动互联网时代的消费心理与行为[M].上海：同济大学出版社, 2019.

[99] 苏朝晖. 客户关系管理[M]. 北京：高等教育出版社, 2021.7.

[100] 宋利利, 刘贵容, 陈伟. 大数据与市场营销[M]. 北京：经济管理出版社, 2020.

[101] 沈虹. 协同与互助：网络营销创意传播服务模式研究[M]. 北京：中央民族大学出版社, 2013.

[102] 陶业奎. 跨界的洞见：引流全网营销实战一本通[M]. 北京：中国财富出版社, 2017.

[103] 田娟, 朱定局, 杨文翰.基于大数据平台的企业画像研究综述[J].计算机科学, 2018, 45(S2)：58-62.

[104] 王晰巍, 刘婷艳, 程宇. 基于聚类方法的直播带货平台用户信息行为画像模型研究[J]. 现代情报, 2022, 42(11)：4-16.

[105] 王洋, 丁志刚, 郑树泉, 齐文秀. 一种用户画像系统的设计与实现[J]. 计算机应用与软件, 2018, 35(03)：8-14.

[106] 王佳玫, 武晓宇. 价值链重构与资源战略重组：新媒介生态下数字营销的创新路径[J]. 编辑学刊, 2022(03)：36-42.

[107] 王永强.基于网络的互动营销[J]. 企业活力, 2001(08)：36-37.

[108] 王娜娜. 传播学视角下大数据时代个人隐私保护问题研究[J]. 新闻前哨, 2022(20)：75-76.

[109] 王毅刚. 数字媒体技术的发展与应用现状[J]. 印刷与数字媒体技术研究, 2023(01)：1-9+19.

[110] 王靖飞. 跨界红利：互联网时代企业经营新思路[M]. 北京：化学工业出版社, 2017.

[111] 王力建. 新媒体和电商数据化运营：用户画像+爆款打造+营销分析+利润提升[M]. 北京：清华大学出版社, 2022.

[112] 王浩. 数字营销实战[M]. 北京：电子工业出版社, 2016.

[113] 王宏伟. 网络营销[M]. 北京：北京大学出版社, 2021.

[114] 王永贵, 姚山季. 消费者行为学[M]. 北京：高等教育出版社, 2021.

[115] 王永贵. 市场营销[M]. 北京：中国人民大学出版社, 2022.

[116] 王永贵, 马双. 客户关系管理.[M]. 北京：清华大学出版社, 2021.

[117] 王晓玉, 任立中. 大数据营销[M]. 广州：华南理工大学出版社, 2022.

[118] 王薇. 互动营销案例100篇[M]. 北京：清华大学出版社, 2014.

[119] 王晋, 胡四莲. 大数据营销[M]. 北京：航空工业出版社, 2021.

[120] 吴俊著. 程序化广告实战[M]. 北京：机械工业出版社, 2017.

[121] 吴海涛. 短视频营销实战：爆款内容设计+粉丝运营+规模化变现[M]. 北京：化学工业出版社, 2019.

[122] 文丹枫. 移动营销：企业营销的终极武器[M]. 广东：广东经济出版社, 2007.

[123] 魏家东. 数字营销战役：网络整合营销实战全解码[M]. 北京：电子工业出版社, 2014.

[124] 韦德泉, 杨振. 大数据与人工智能导论[M]. 北京：北京师范大学出版社, 2021.

[125] 薛新. 移动互联网时代新思维：企业如何快速转型与升级[M]. 北京：人民邮电出版社, 2016.

[126] 薛永基. 客户关系管理：理论、技术与实践[M]. 北京：人民邮电出版社, 2013.

[127] 徐立萍, 程海燕. 数字营销产品设计[M]. 南京：南京工业大学出版社, 2019.

[128] 谢静. 场景化：数字时代的元社区生成[J]. 南京社会科学, 2023(05)：112-122+134.

[129] 许甜华. 用户画像技术在电子商务系统中的研究与应用[D]. 北方工业大学, 2019.

[130] 杨宝珍. 企业市场营销战略创新[J]. 企业经济, 2011, 30(05): 76-78.

[131] 杨轩. 程序化广告的信任危机与对策[J]. 青年记者, 2018(34): 37-38.

[132] 余葵. 如何进行跨界营销, 实现跨界共赢[J]. 人民论坛, 2016(31): 138-139.

[133] 余庆泽, 卢赛妍, 邬燕娟. 移动互联网环境下服务品牌互动营销研究[J]. 科技管理研究, 2013, 33(14): 184-187.

[134] 姚曦, 韩文静. 参与的激励: 数字营销传播效果的核心机制[J]. 新闻大学, 2015(03): 134-140+295.

[135] 阳翼. 大数据营销[M]. 北京: 中国人民大学出版社, 2021.

[136] 阳翼. 数字营销[M]. 北京: 中国人民大学出版社, 2019.

[137] 余晓莉. 数字品牌营销[M]. 北京: 科学出版社, 2020.

[138] 袁国宝. 数字营销: 数据智能时代的品牌增长新引擎[M]. 北京: 化学工业出版社, 2019. 12.

[139] 易高峰, 常玉苗, 李双玲. 数字经济与创新创业管理实务: 跨界融合[M]. 北京: 中国经济出版社, 2019.

[140] 余来文, 温著彬, 边俊杰.互联网金融: 跨界、众筹与大数据的融合[M].北京: 经济管理出版社, 2015.

[141] 叶鹏飞, 杨强. 亚马逊跨境电商服装零售运营实战[M]. 北京: 电子工业出版社, 2021.

[142] 营销铁军. 短视频营销[M]. 天津: 天津科学技术出版社, 2020.

[143] 杨立钒, 杨坚争. 电子商务概论[M]. 北京邮电大学出版社, 2018.

[144] 闫涛蔚. 电子商务营销[M]. 北京: 人民邮电出版社, 2003.

[145] 张赵晋. 电子商务影响我国未来市场营销方式的机制探讨[J]. 商业经济研究, 2016(21): 74-77.

[146] 赵永胜. 互联网背景下企业市场营销创新研究[J]. 技术经济与管理研究, 2020(04): 72-79.

[147] 朱逸, 赵楠. 数字营销的多重关键性面向[J]. 商业经济研究, 2021(15): 72-76.

[148] 赵盈, 张跃. 电子商务环境下消费者行为的特点及其对网络营销的影响[J]. 江苏商论, 2004(04): 40-41.

[149] 中国电信股份有限公司广东分公司. 瞄准圈群跨界精准营销[J]. 企业管理, 2016(01): 60-63.

[150] 曾建勋. 精准服务需要用户画像[J]. 数字图书馆论坛, 2017(12): 1.

[151] 张明. 小红书 从"种草"到"拔草"[J]. 企业管理, 2022(08): 48-53.

[152] 赵正.重新审视数字营销[J]. 青年记者, 2017(34): 5.

[153] 钟书平, 王金燕. 广告学专业产教融合模式创新研究——以深圳大学传播学院未来数字营销师大赛活动为例[J]. 传媒, 2022, No.375(10): 82-84.

[154] 张东华, 尹泷杰, 卢俊. 数据伦理视角下档案用户数据隐私保护研究[J]. 档案学研究, 2022(02): 97-101.

[155] 周宁, 李鹏. 网络营销: 网商成功之道[M]. 北京: 电子工业出版社, 2008.

[156] 曾佳欣. 赋能: 互联网+跨界运营与融合实践[M]. 北京: 电子工业出版社, 2017.

[157] 曾杰. 一本书读懂大数据营销[M]. 北京: 中国华侨出版社, 2016.

[158] 朱磊, 崔瑶. 数字营销效果测评[M]. 北京: 科学出版社, 2020.

[159] 张明琪, 陆禹萌. 产品运营: 移动互联网时代, 如何卖好你的产品[M]. 北京: 电子工业出版社, 2019.

[160] 赵宏田. 用户画像: 方法论与工程化解决方案[M]. 北京: 机械工业出版社, 2020.

[161] 中国商业联合会数据分析专业委员会. 客户与产品数据分析[M]. 北京: 中国商业出版社, 2021.

[162] 张丽. 基于搜索·社交·电商视角的互动营销研究[M]. 北京：中国纺织出版社，2020.

[163] 张宇微. 用户增长与运营实战[M]. 北京：电子工业出版社，2018.

[164] 曾振华. 大数据传播视域下的品牌管理[M]. 北京：中国社会科学出版社，2019.

[165] 周茂军. 数字营销伦理与法规[M]. 北京：科学出版社，2023.

[166] 周茂军. 中国数字营销20年研究[M]. 北京：科学出版社，2019.

[167] 张晓岚. 全民营销：智能互联网时代企业营销的进化与突破[M]. 北京：中华工商联合出版社，2021.

[168] 张衡著. 大数据时代个人信息安全规制研究[M]. 上海：上海社会科学院出版社，2020.

外文文献

[1] Anu Bhardwaj, Bilal Mustfa Khan, Vikas Nath. Antecedents and dimensions of cause related marketing: A conceptual framework[J]. JIMS8M: The Journal of Indian Management & Strategy, 2019, 24(3): 54-59.

[2] Ana R, Nuria R, Pedro P. Special Issue: Innovative Methods to Measure Digital Marketing Analytics: Part 2[J]. Applied Marketing Analytics, 2023, 8(2): 228-229.

[3] Asante I O, Jiang Y, Luo X, et al. The Organic Marketing Nexus: The Effect of Unpaid Marketing Practices on Consumer Engagement[J]. Sustainability, 2022, 15(1): 148.

[4] Almansour M. Electric vehicles (EV) and sustainability: Consumer response to twin transition, the role of e-businesses and digital marketing[J]. Technology in Society, 2022, 71: 102135.

[5] Archana H N. Transformative Role of Data Mining in Digital Marketing[J]. Journal of Commerce and Management Thought, 2021, 12(2and3): 97-104.

[6] Alyahya M, Dhruvakumar S, Siddegowda S H, et al. Impacts of digital marketing on the pharmacies community in saudi arabia and determining the future model of the industry: A cross-sectional questionnaire-based study[J]. Indian Journal of Pharmaceutical Education and Research, 2020, 54(4): 1193-1206.

[7] Blattberg R C, Deighton J. Interactive marketing: Exploiting the age of addressability[J]. Sloan management review, 1991, 33(1): 5-15.

[8] Barwise P, Farley J U. The state of interactive marketing in seven countries: interactive marketing comes of age[J]. Journal of interactive marketing, 2005, 19(3): 67-80.

[9] Busca L, Bertrandias L. A framework for digital marketing research: investigating the four cultural eras of digital marketing[J]. Journal of Interactive Marketing, 2020, 49: 1-19.

[10] Broadhurst M. How businesses of any size can use AI in a digital marketing strategy[J]. Applied Marketing Analytics, 2022, 8(2): 122-132.

[11] Barykin S E, Smirnova E A, Chzhao D, et al. Digital echelons and interfaces within value chains: end-to-end marketing and logistics integration[J]. Sustainability, 2021, 13(24): 13929.

[12] Blomster M, Koivumäki T. Exploring the resources, competencies, and capabilities needed for successful machine learning projects in digital marketing[J]. Information Systems and e-Business Management, 2022, 20(1): 123-169.

[13] Cufoglu A. User Profiling — A Short Review[J]. International Journal of Computer Applications, 2014, 108(3):1-9.

[14] Chen Y, Kwilinski A, Chygryn O, et al. The green competitiveness of enterprises: Justifying the

quality criteria of digital marketing communication channels[J]. Sustainability, 2021, 13(24): 13679.

[15] Daniel Rudmark, Magnus Andersson. Feedback Loops in Open Data Ecosystems[J]. IEEE Software, 2022, 39(1): 90-93.

[16] Dwivedi R, Nath P. Digital marketing: Disruption, expansion and its impact on businesses[J]. Parikalpana: KIIT Journal of Management, 2020, 16(1and2): 25-43.

[17] Erisher Woyo and Elmarie Slabbert. Cross-border destination marketing of attractions between borders: the case of Victoria Falls[J]. Journal of Hospitality and Tourism Insights, 2019, 2(2): 145-165.

[18] Ezgi Pilavci and Steve Wright. Ad tech in a data privacy world[J]. Journal of Data Protection & Privacy, 2020, 3(2) : 172-185.

[19] Eshiett I O, Eshiett O E, Uwhubetine G O. Digital content marketing and customer loyalty in Nigerian University[J]. UNILAG Journal of Business, 2022, 8(1): 54-71.

[20] Febriani R A, Sholahuddin M, Kuswati R. Do Artificial Intelligence and Digital Marketing Impact Purchase Intention Mediated by Perceived Value?[J]. Journal of Business and Management Studies, 2022, 4(4): 184-196.

[21] Frick T. Return on engagement: Content, strategy and design techniques for digital marketing[M]. Taylor & Francis, 2013.

[22] Faruk M, Hossain Sarker M A, Al Mamun A, et al. Adoption of big data analytics in marketing: an analysis in Bangladesh[J]. Journal of Data, Information and Management, 2022, 4(3-4): 277-290.

[23] Fridhi B. The impact of digital marketing on the performance of firms in Tunisia[J]. Applied Marketing Analytics, 2022, 8(2): 192-205.

[24] Forghani E, Sheikh R, Hosseini S M H, et al. The impact of digital marketing strategies on customer's buying behavior in online shopping using the rough set theory[J]. International journal of system assurance engineering and management, 2022: 1-16.

[25] Fotova Čiković K. Impact of Brand Awareness, Perceived Quality and Digital Marketing Efforts on Brand Equity: Empirical Study of the Croatian Company Katema[J]. Zbornik radova Ekonomskog fakulteta Sveučilištau Mostaru, 2021 (27): 25-51.

[26] Faruk M, Rahman M, Hasan S. How digital marketing evolved over time: A bibliometric analysis on scopus database[J]. Heliyon, 2021, 7(12).

[27] Figueiredo F, Gonçalves M J A, Teixeira S. Information technology adoption on digital marketing: a literature review[C]//Informatics. Multidisciplinary Digital Publishing Institute, 2021, 8(4): 74.

[28] Goldman Sjoukje PK et al. Strategic orientations and digital marketing tactics in cross-border e-commerce: Comparing developed and emerging markets[J]. International Small Business Journal: Researching Entrepreneurship, 2021, 39(4): 350-371.

[29] Gerald L. Lohse and Steven Bellman and Eric J. Johnson. Consumer buying behavior on the Internet: Findings from panel data[J]. Journal of Interactive Marketing, 2000, 14(1) : 15-29.

[30] Gong Yitian. Appropriate Solutions for Traditional Media and New Media to Establish in Contemporary Society[J]. SHS Web of Conferences, 2023, 155: 01024.

[31] Garton K, Gerritsen S, Sing F, et al. Unhealthy food and beverage marketing to children on digital platforms in Aotearoa, New Zealand[J]. BMC Public Health, 2022, 22(1): 1-18.

[32] Giakomidou D S, Kriemadis A, Nasiopoulos D K, et al. Re-engineering of Marketing for SMEs in Energy Market through Modeling Customers' strategic behavior[J]. Energies, 2022, 15(21): 8179.

[33] Gupta P, Steward M, Narus J, et al. Pursuing Digital Marketing and Sales Transformation in an

Emerging Market: Lessons from India's Tata Steel[J]. Vikalpa, 2021, 46(4): 197-208.

[34] Hart, Andrew.Understanding the Media: A Practical Guide[M]. London: Routledge, 1991.05.

[35] Hewett Kelly et al. Cross-border marketing ecosystem orchestration: A conceptualization of its determinants and boundary conditions[J]. International Journal of Research in Marketing, 2022, 39(2) : 619-638.

[36] How Price Promotions Influence Postpurchase Consumption Experience over Time[J]. Jour nal of Consumer Research, 2014, 40(5): 943-959.

[37] Hillman V. Bringing in the technological, ethical, educational and social-structural for a new education data governance[J]. Learning, Media and Technology, 2023, 48(1): 122-137.

[38] Hien N N, Nhu T N H. The effect of digital marketing transformation trends on consumers' purchase intention in B2B businesses: The moderating role of brand awareness[J]. Cogent Business & Management, 2022, 9(1): 2105285.

[39] Hidayati W, Sitompul M G. Hybrid Channel: MSME Collaboration in Digital Marketing in Post COVID-19: Case Study on MSMEs in Pangkajene Kepulauan Region[J]. South Asian Journal of Social Studies and Economics, 2022, 16(3): 10-19.

[40] Huzaizi A H A, Tajuddin S N A A, Bahari K A, et al. Cyber-Security Culture towards Digital Marketing Communications among Small and Medium-Sized (SME) Entrepreneurs[J]. Asian Culture and History, 2021, 13(2): 1-20.

[41] Iglesias J A, Angelov P, Ledezma A, et al. Creating evolving user behavior profiles automatically[J]. IEEE Trans- actions on Knowledge and Data Engineering, 2012, 24 (5): 854-867.

[42] Ivankova G.V., Mochalina E. P., Dubolazova Y. A.. Digital ecosystem: trend in strategic development of Russian companies[J]. π-Economy, 2023, 16(99): 78-82.

[43] Jung S G, Jang J H. The study of consumer attitude by psychical distance of cause related marketing target and Korean and Chinese consumers: focused on the brand awareness[J]. Journal of Digital Contents Society, 2019, 20(7): 1299-1305.

[44] Javier P M, Mishel U, Andrea S, et al. Digital marketing of commercial breastmilk substitutes and baby foods: strategies, and recommendations for its regulation in Mexico.[J]. Globalization and health, 2023, 19(1): 1-14.

[45] John S P, Walford R, Purayidathil J. Factors affecting the adoption of social media in marketing of higher education: An empirical analysis[J]. FIIB Business Review, 2022, 11(4): 422-437.

[46] Joshi V D, Chahande S S. An Analytical Study to Understand the Impact of Digital Marketing on Consumer Buying Behaviour of Aurangabad City of India[J]. 2021: 350-357.

[47] Kim Soojung, Jang Jinju, Kim Insin. The role of passengers' involvement in cause related marketing: Moderated mediation effects of brand attitude and brand consciousness in the airline industry[J]. International Journal of Sustainable Transportation, 2022, 16(7): 585-596.

[48] Koch Matthias, Krohmer Daniel, Naab Matthias, Rost Dominik, Trapp Marcus. A matter of definition: Criteria for digital ecosystems[J]. Digital Business, 2022, 2(2): 67-71.

[49] Khan S A, Al Shamsi I R, Ghila T H, et al. When luxury goes digital: does digital marketing moderate multi-level luxury values and consumer luxury brand-related behavior?[J]. Cogent Business & Management, 2022, 9(1): 2135221.

[50] Korucuk S, Aytekin A, Ecer F, et al. Assessing Green Approaches and Digital Marketing Strategies for Twin Transition via Fermatean Fuzzy SWARA-COPRAS[J]. Axioms, 2022, 11(12): 709.

[51] Khan S, Zaman I, Khan M I, et al. Role of Influencers in Digital Marketing: The moderating impact of follower's interaction[J]. GMJACS, 2022, 12(1): 15-43.

[52] Kumar A R. A study on the effectiveness of digital marketing[J]. South Asian Journal of Marketing & Management Research, 2021, 11(11): 135-140.

[53] Kuazaqui E. Marketing, digital environment and big data: a preliminary discussion about the influences within a company[J]. J. Bus. Theory Pract, 2020, 8(4): 72.

[54] Lerro M, Raimondo M, Stanco M, et al. Cause related marketing among millennial consumers: The role of trust and loyalty in the food industry[J]. Sustainability, 2019, 11(2): 535.

[55] Leong C, Pan S L, Bahri S, et al. Social media empowerment in social movements: power activation and power accrual in digital activism[J]. European Journal of Information Systems, 2019, 28(2): 173-204.

[56] Lieb R. Content marketing: Think like a publisher-How to use content to market online and in social media[M]. Que Publishing, 2012.

[57] Lokeshwara A A, Kuruppu C L, Fernando D, et al. What Impact Does Digital Marketing Tools have on the Financial Performance of Sri Lankan Listed Hotels?[J]. Asian Journal of Economics, Business and Accounting, 2021: 34-44.

[58] Liu Y, Huang X. Brand Digital Marketing under Intranet Security Control Based on the Machine Learning Classification Algorithm[J]. Security and Communication Networks, 2021, 2021: 1-10.

[59] Massanari A L.Designing for imaginary friends:Information architecture, personas and the politics of user-centered design[J].New Media&Society, 2010, 12(3):401-416.

[60] M. Choshin, A. Ghaffari.2017.An Investigation of the Impact of Effective Factors on the Success of E-Commerce in Small and Medium Sized Companies. Computers in Human Behavior, 66(1):67-74.

[61] Malthouse E, Hofacker C. Looking back and looking forward with interactive marketing[J]. Journal of Interactive Marketing, 2010, 24(3): 181-184.

[62] Mackey T K, Liang B A. Pharmaceutical digital marketing and governance: illicit actors and challenges to global patient safety and public health[J]. Globalization and health, 2013, 9(1): 1-12.

[63] Mohammed K A A, Kalsoom S, Ruqia K, et al. New trends in digital marketing emergence during pandemic times[J]. International Journal of Innovation Science, 2023, 15(1): 167-185.

[64] Manko B A. How digital marketing can use a smart phone app to improve any business's bottom line[J]. Journal of Information Technology Teaching Cases, 2022, 12(2): 244-249.

[65] Matos J P, Rodrigues M B, Vandevijvere S, et al. Global case study of digital marketing on social media by a top soda brand[J]. Health Promotion International, 2022, 37(5): daac133.

[66] Mok Kim Man M, Yang L R. The future prospect of digital marketing in the Malaysian context[J]. International Business Research, 2022, 15(1): 72.

[67] Mitova R, Borisova B, Koulov B. Digital Marketing of Bulgarian Natural Heritage for Tourism and Recreation[J]. Sustainability, 2021, 13(23): 13071.

[68] Nasiopoulos D K, Mastrakoulis D M, Arvanitidis D A. The Contribution of Digital Technology to the Forecasting of Supply Chain Development, in IT Products, Modeling and Simulation of the Problem[J]. Forecasting, 2022, 4(4): 1019-1037.

[69] Omar H A, Hamad A U, Yusuf S. Influence of Digital Marketing on Consumers' Purchasing Decision in Tailoring Industries in Zanzibar: A Case of Special Department Industrial Development Unit (SDIDU)[J]. International Journal of Economic Behavior and Organization, 2022, 10(4): 106.

[70] Preacher Kristopher J and Rucker Derek D and Hayes Andrew F. Addressing Moderated Mediation Hypotheses: Theory, Methods, and Prescriptions[J]. Multivariate behavioral research, 2007, 42(1): 185-227.

[71] Pramana H P, Hastjarjo S. Digital marketing as a strategy for fulfilling Eid Al-Adha beef cattle: A case study of start-up companies[C]//IOP Conference Series: Earth and Environmental Science. IOP Publishing, 2021, 902(1): 012055.

[72] Piñeiro-Otero T, Martínez-Rolán X. Understanding digital marketing—basics and actions[J]. MBA: Theory and application of business and management principles, 2016: 37-74.

[73] Qian J, Lin P M C, Law R, et al. Lack of IT and digital marketing professionals in hospitality: is it education's fault?[J]. Heliyon, 2022, 8(12): e12002.

[74] Rekha Rao-Nicholson and Zaheer Khan. Standardization versus adaptation of global marketing strategies in emerging market cross-border acquisitions[J]. International Marketing Review, 2017, 34(1): 138-158.

[75] Russell Marshall, Sharon Cook, Val Mitchell, Steve Summerskill, Victoria Haines, Martin Maguire, Ruth Sims, Diane Gyi, Keith Case. Kowalewski. Design and evaluation: End users, user datasets and personas[J]. Applied Ergonomics, 2015, 46:311-317.

[76] Rudolf R. Sinkovics and Mohd. Haniff Jedin and Noemi Sinkovics. Marketing integration in cross-border mergers and acquisitions: conceptual framework and research propositions[J]. European J. of International Management, 2014, 8(6): 644-670.

[77] Riyad Eid&Hatem El-Gohary. The impact of E-marketing use on small business enterprises' marketing success. The Service Industries Journal, 2013, 33(1): 31-50.

[78] R.Rahayu, J.Day. 2015. Determinant factors of e-commerce adoption by SMEs in developing Country: Evidence from Indonesia. Procedia Social and Behavioral Sciences, 195(1): 142-150.

[79] Ronald A. Fullerton. The birth of consumer behavior: motivation research in the 1940s and 1950s[J]. Journal of Historical Research in Marketing, 2013, 5(2): 212-222.

[80] Russell A Carter. De-risking a Digital Ecosystem[J]. Engineering and Mining Journal, 2023, 224(3): 56-61.

[81] Reyes-Menéndez A, Ruiz-Lacaci N, Palos-Sánchez P. Innovative Methods to Measure Digital Marketing Analytics: Part 2[J]. Applied Marketing Analytics: The Peer-Reviewed Journal, 2023, 8(3): 228-229.

[82] Reyes-Menendez A, Ruiz-Lacaci N, Palos-Sanchez P. Innovative methods to measure digital marketing analytics: Part 1[J]. Applied Marketing Analytics: The Peer-Reviewed Journal, 2022, 8(2): 108-110.

[83] Rodrigues D, Martinez L F. The influence of digital marketing on recruitment effectiveness: a qualitative study[J]. European Journal of Management Studies, 2020, 25(1): 23-44.

[84] Ritz W, Wolf M, McQuitty S. Digital marketing adoption and success for small businesses: The application of the do-it-yourself and technology acceptance models[J]. Journal of Research in interactive Marketing, 2019, 13(2): 179-203.

[85] Romero Leguina J, Cuevas Rumín Á, Cuevas Rumín R. Digital marketing attribution: Understanding the user path[J]. Electronics, 2020, 9(11): 1822.

[86] Simsek A, Karagoz P. Wikipedia enriched advertisement recommendation for microblogs by using sentiment enhanced user profiles[J]. Journal of Intelligent Information Systems, 2020, 54(2):

245-269.

[87] Sujo Thomas, Sonal Kureshi. Consumer skepticism towards cause related marketing: exploring the consumer tendency to question from emerging market perspective[J]. International Review on Public and Nonprofit Marketing, 2020, 17(1): 225-236.

[88] Shankar V, Malthouse E C. Moving interactive marketing forward[J]. Journal of interactive Marketing, 2006, 20(1): 2-4.

[89] Su J, Zhang Y, Wu X. How market pressures and organizational readiness drive digital marketing adoption strategies' evolution in small and medium enterprises[J]. Technological Forecasting and Social Change, 2023, 193: 122655.

[90] Sakas D P, Reklitis D P, Terzi M C, et al. Multichannel Digital Marketing Optimizations through Big Data Analytics in the Tourism and Hospitality Industry[J]. Journal of Theoretical and Applied Electronic Commerce Research, 2022, 17(4): 1383-1408.

[91] Shahbandi M. Financial technologies for accepting transactions using block chain technology and crypto currency in digital marketing[J]. International Business & Economics Studies, 2021, 3(4): 23.

[92] Sakas D P, Giannakopoulos N T. Big data contribution in desktop and mobile devices comparison, regarding airlines' digital brand name effect[J]. Big data and cognitive computing, 2021, 5(4): 48.

[93] Saranya G, Gopinath N, Geetha G, et al. Prediction of Customer Purchase Intention Using Linear Support Vector Machine in Digital Marketing[C]//Journal of Physics: Conference Series. IOP Publishing, 2020, 1712(1): 012024.

[94] Tzavela E C, Karakitsou C, Halapi E, et al. Adolescent digital profiles: A process-based typology of highly engaged internet users[J]. Computers in Human Behavior, 2017, 69(4) :246-255.

[95] Tim Mazzarol.SMEs engagement with e-commerce, e-business and e-marketing, 2015, 22(1): 79-90.

[96] Tiago M T P M B, Veríssimo J M C. Digital marketing and social media: Why bother?[J]. Business horizons, 2014, 57(6): 703-708.

[97] Tuhin M, Biswajit B, Manas K S . AI-Based Sales Forecasting Model for Digital Marketing[J]. International Journal of E-Business Research (IJEBR), 2023, 19(1): 1-14.

[98] Tarazona-Montoya R, Peris-Ortiz M, Devece C. The value of cluster association for digital marketing in tourism regional development[J]. Sustainability, 2020, 12(23): 9887.

[99] Unar-Munguía M, Santos-Guzmán A, Mota-Castillo P J, et al. Digital marketing of formula and baby food negatively influences breast feeding and complementary feeding: a cross-sectional study and video recording of parental exposure in Mexico[J]. BMJ global health, 2022, 7(11): e009904.

[100] Vărzaru A A. Assessing Digital Transformation Acceptance in Public Organizations' Marketing[J]. Sustainability, 2022, 15(1): 265.

[101] Vinerean S, Opreana A. Measuring customer engagement in social media marketing: A higher-order model[J]. Journal of Theoretical and Applied Electronic Commerce Research, 2021, 16(7): 2633-2654.

[102] Xianglin He. Research on Cross-Border Marketing and Traditional Brand Image Remodeling—Take the Old Brand "White Rabbit" as an Example[J]. Applied Economics and Finance, 2020, 7(4) : 13-21.

[103] Wang C L. New frontiers and future directions in interactive marketing: inaugural Editorial[J]. Journal of Research in Interactive Marketing, 2021, 15(1): 1-9.

[104] Wang C. Efficient customer segmentation in digital marketing using deep learning with swarm intel-

ligence approach[J]. Information Processing & Management, 2022, 59(6): 103085.

[105] Wickramasinghek K, Hetz K, Zhiteneva O. Digital Marketing of unhealthy products to children: evidence from the WHO CLICK framework[J]. European Journal of Public Health, 2021, 31(Supplement_3): ckab164-186.

[106] Xiaoming Meng.2010.Study on Combining of E-commerce and E-marketing. Journal of software, 5(5): 546-553.

[107] Yasmin A, Tasneem S, Fatema K. Effectiveness of digital marketing in the challenging age: An empirical study[J]. International journal of management science and business administration, 2015, 1(5): 69-80.

[108] Yaneva R. Digital Strategies for Marketing Relationships with Customers[J]. European Journal of Marketing and Economics, 2018, 5(2): 73-86.

[109] Zahay D, Pollitte W A, Reavey B, et al. An integrated model of digital marketing curriculum design[J]. Marketing Education Review, 2022, 32(3): 205-223.

教师服务

感谢您选用清华大学出版社的教材！为了更好地服务教学，我们为授课教师提供本书的教学辅助资源，以及本学科重点教材信息。请您扫码获取。

》 教辅获取

本书教辅资源，授课教师扫码获取

》 样书赠送

市场营销类重点教材，教师扫码获取样书

 清华大学出版社

E-mail: tupfuwu@163.com
电话: 010-83470332 / 83470142
地址: 北京市海淀区双清路学研大厦 B 座 509

网址: http://www.tup.com.cn/
传真: 8610-83470107
邮编: 100084